中山大学立法研究大平台资助项目

# 法国用益权法律问题研究

# Research on Legal Issues of USUFRUCT IN FRANCE

## 兼论对中国民商事立法的启示

## Discussion on the Legislative Enlightenment to the Civil and Commercial Law in China

于海涌　赵希璇　著

法律出版社
LAW PRESS · CHINA
北京

**图书在版编目(CIP)数据**

法国用益权法律问题研究：兼论对中国民商事立法的启示 / 于海涌，赵希璇著. -- 北京：法律出版社，2023

ISBN 978-7-5197-8355-6

Ⅰ. ①法… Ⅱ. ①于… ②赵… Ⅲ. ①用益物权－物权法－研究－法国 Ⅳ. ①D956.53

中国国家版本馆 CIP 数据核字(2023)第 184287 号

**法国用益权法律问题研究**
——兼论对中国民商事立法的启示
**FAGUO YONGYIQUAN FALÜ WENTI YANJIU**
—JIANLUN DUI ZHONGGUO MINSHANGSHI LIFA DE QISHI

于海涌 赵希璇 著

责任编辑 韩满春
装帧设计 李 瞻

**出版发行** 法律出版社
**编辑统筹** 学术·对外出版分社
**责任校对** 王 丰
**责任印制** 陶 松
**经 销** 新华书店

**开本** 710 毫米×1000 毫米 1/16
**印张** 15.75 **字数** 243 千
**版本** 2023 年 11 月第 1 版
**印次** 2023 年 11 月第 1 次印刷
**印刷** 三河市龙大印装有限公司

地址：北京市丰台区莲花池西里 7 号(100073)
网址：www.lawpress.com.cn
投稿邮箱：info@lawpress.com.cn
举报盗版邮箱：jbwq@lawpress.com.cn

销售电话：010-83938349
客服电话：010-83938350
咨询电话：010-63939796

**书号**：ISBN 978-7-5197-8355-6
**定价**：78.00 元

凡购买本社图书，如有印装错误，我社负责退换。电话：010-83938349

# 自　序

## 一

跟随梁慧星老师研习民商法，博士学位论文的写作自然不敢有丝毫懈怠。在论文的选题中，的确有相当一段时间令我举棋不定，在与梁老师交换意见之前，我自己私下里就已经数次更换选题。由于对物权变动问题一直具有浓厚的兴趣，我打算写一篇与物权变动有关的论文，梁老师当即决定让我研究法国的物权变动。当时国内利用日文资料研究物权变动的著作已经有王轶博士的《物权变动论》、肖厚国博士的《物权变动研究》，利用德文资料研究物权变动的博士学位论文已经有田士永博士的《物权行为理论研究》，由于我的第二外语是法语，梁老师认为利用法文资料研究法国物权变动问题尚无人问津，梁老师希望我的研究能够填补这个空白。当时我对法国的物权变动制度既没有太多的想法，也没有任何资料，只是硬着头皮接受了梁老师的建议。

当我确定以法国的物权变动为研究重点时，我面临的首要困难就是资料问题，我几乎跑遍了北京所有的大型图书馆，却没有找到多少有价值的法文专业资料，我还专门到法国大使馆的图书馆办理了借书证，但仍收获甚微。“巧妇难为无米之炊”，在我最困难的时候，适逢师弟李滨刚刚从法国留学回国，他不仅爽快地允诺帮忙,而且还慷慨地替我垫付了不少外汇,在李滨的热情帮助下,我需要的法文资料得以源源不断地从巴黎寄来。资料刚刚到手,还没有来得及消化,就碰上中国社会科学院研究生院催要开题报告,我只好根据现有的法文资料,跟着感觉胡乱填写了一通诸如“选题意义”“论文结构”“创新之处”之类的表格,这样也就顺利以《法国物权变动制度研究》为题完成了开题。

既然要研究法国的物权变动,自然首先要了解法国的物权形态,当我真的钻入法文资料堆的时候,我才知道写作这篇论文的难度。因为我对法国的物权类型本身就不甚了解,所以在研究法国的物权变动之前,我必须首先研究法国的物权类型。通过法文资料,当看到诸如不动产一般优先权、不动产特别优先权、动产一般优先权、动产特别优先权、法定抵押权、裁判抵押权、不动产质权等物权形态时,我不禁望而生畏。对这些物权类型一无所知,如何研究这些物权的变动模式?在这种情况下,我被迫修正自己的研究范围。由于法国的不动产公示制度是以抵押权为核心建立起来的,所以我就转而采取分两步走的策略,第一步先研究法国的不动产担保物权制度,第二步再研究法国的物权变动制度。不过这样我的研究重心无形中就变为研究不动产担保物权制度,而法国的物权变动模式则变为了次重点,博士学位论文的题目也就随之修改为《法国不动产担保制度研究——兼论法国的物权变动模式》。

回想博士学位论文的写作过程,有一种摸着石头过河的感觉。的确,研究性学术论文的写作过程,本身就是学术研究过程。只有在论文写作完成之际,才能够最终清楚论文的框架结构和基本学术见解,也只有到论文写作结束的时候才可以知道自己的创新之处。论文写作完成时,回首当初的开题报告,有不少地方早已改变得面目全非。

二

中国的民法学研究因为历史的原因耽搁的时间太久,因此必然需要花大力气进行补课。当我在中国政法大学读书时,作为八七级“昌平一期”的拓荒者,怀着求知的热望,却苦于找不到解惑的教材。当时整个国内可供选择的民法教材屈指可数,我常常因为找不到一本好的民法教材而发愁。时至今日,民法教材早已令人眼花缭乱,民法学专著也层出不穷,现在学生的最大困难恐怕早已不是无书可买,而是别挑花了眼睛。中国民法学界在改革开放以后,不断地向纵深方向飞速发展。个人认为,中国民法的发展可以分为三次浪潮。第一次浪潮主要是大量借鉴我国台湾地区的民法学研究成果。台湾地区的民法学研究成果曾一度使多年中断的大陆民法学研究如久旱逢甘霖。第二次浪潮主要借鉴英语国家的研究成果。台湾地区法学资料极为匮乏的局面得到缓解以后,伴随全民"学英语热"和"出国热",不少学者开始将研究的目标转移向英美,诸如合同、国际货物买卖、票据、保险等制度都对中国深具参考价值。第三次浪潮主要是借鉴日本、法国、德国、意大利等大陆法系国家的民法学研究成果。随着大家英文水平的普遍提高,运用英文资料已没有什么稀奇可言,再说中国本属于大陆法系国家,英美法系的研究方法和思维方式也与我国有较大的差异,而大陆法系注重体系化、逻辑性的思维方式更便于我们迅速地了解其法律体系,可以更快地消化和利用,因此对大陆法系民法的研究便日益受到关注。

《法国不动产担保制度研究——兼论法国的物权变动模式》写作之时,可以说正处于第三次浪潮期间。论文的内容主要是介绍法国早已存在的制度,如果没有介绍错误,而这些内容对中国借鉴国外的制度又有所裨益,那就已经是我最大的学术贡献了。

三

在写作论文的过程中,那些法文资料逐步转变成我论文的章节。在打开这个法国的窗口以后,的确使我看到了另一道绮丽的风景,我常常为法国一个个精巧的法律制度设计发出由衷的感叹,对照国内在立法上的某些欠缺,我强烈地感觉到鲁迅先生"拿来主义"在当今的实践价值。

"胜诉了,但得不到执行,赢了官司赔了钱。赢了等于没赢,输了等于没输,判了等于没判。目前银行告企业欠账的胜诉率在95%以上,执行率却只有15%。"这些因执行难而让人触目惊心的现状,促使我想到了法国的裁判抵押权。

"监护人不履行监护职责或者侵害被监护人的合法权益的,应当承担责任;给被监护人造成财产损失的,应当赔偿损失。"对于《民法通则》(已失效)这种可操作性极差的规定,一旦遇到违反监护职责而监护人应当承担财产责任的案件,法官在适用时必然感到捉襟见肘,这让我想到法国保护被监护人的法定抵押权制度。

"典权是我国独特的不动产物权制度,最具中国特色。"这是教科书的通常观点,其实法国的不动产质权是用益质和销偿质,虽在理论上和我国的典权制度有所区别，但在实际功能上却有异曲同工之妙，我们似乎没有必要对我国的典权制度的中国特色如此津津乐道。

“王某余带着改变贫穷生活的美好憧憬，从17岁开始到城市打工，却在艰辛的生活中不断地痛苦挣扎，备受欺侮。数次讨要工钱却毫无结果，他愤怒之下连杀4人，重伤1人，然后到当地公安局投案自首。王某余最终被判处死刑，却赢得了舆论的广泛同情”，这个令人震惊的王某余案件使我想到了法国的工资优先权。

在我的研究过程中，让我感触最深的莫过于法国的工资保护制度。在我国，拖欠职工工资已经成为一个突出的社会现象，为了讨回工资，处于明显的劣势的劳动者往往历尽千辛万苦，有的甚至采取了跳楼、杀人等极端的手段。直到政府对这个问题采取了强有力的措施，问题才得到有效解决。这个问题在法国也解决得相当不错。在立法上，《法国民法典》明确规定工资享有优先权，其主要理论支撑就是法国的增值理论。根据该理论，劳动者通过自己的劳动可以使债务人的总财产增值或保值，而劳动者的工资正是其劳动力价值的货币表现形态，这样，在债务人的总财产中，其中就有一部分价值是劳动者的劳动所增加的价值。既然劳动者使债务人的财产得以增加，那么劳动者在该增值部分就可以享有优先于其他债权人而受清偿的权利。增值理论为不动产优先权制度提供了理论依据，它有效地解释了对工资债权人提供优先权保护的合理性。它表明工资优先权不仅没有违背公平原则，反而恰恰体现了公平原则。法国民法典赋予工资优先权十分强大的法律效力，它不仅优先于普通债权人，而且优先于抵押权人。为了确保劳动者的生活所需，法国法还进一步规定了工资的超级优先权。这种工资的超级优先权使工资在司法清算或整顿中可以获得更加强有力的担保，它适用于领薪者、学徒最后60天的酬金以及旅行推销员最后90天的酬金。工资的超级优先权不仅优先于抵押权，而且可以优先于法院的诉讼费用。如果政府支配有必要的基金，那么享有超级工资优先权的工资可以由政府根据法院的命令在司法清算或司法整顿程序的判决宣告之日起10日内支付，甚至在债权的金额确定之前，法院就可以预先判决给工资债权人相当于一个月的工资，而政府则有义务从其自由支配的基金中立即支付该款项。此外，为了确保在企业破产时工资优先权的切实兑现，法律又规定了强制保险制度，雇主必须就其因为破产而无法清偿工资所承担的风险向保险公司投保，以保险的方式为其雇工的工资支付提供可靠的担保。由此可见,法国对工资的保护可谓十分完备。法国工资优先权的理论和制度设计,对我国无疑具有一定的参考价值。

四

在我攻读博士学位期间,梁老师对我的严格要求使我在学业上始终不敢有丝毫懈怠。如果没有梁慧星老师的严格要求,我可能终生都不能下定决心去学习法语,正是在梁老师的“威逼”之下,我才坚持不懈地将法语攻克,学习的过程固然艰苦,但当我可以阅读第一手的法文资料而填补中国学术界对法国不动产担保物权领域的薄弱环节时,我还是很感谢梁老师的远见卓识!

2003 年我博士毕业之后,继续从事民法学的研究。杨峰博士是我在中国社会科学院的同学,当时在江西财经大学法学院工作。在 2008 年前后,我应杨峰的邀请,有幸到江西财经大学法学院去做一场关于物权变动的学术讲座。杨峰博士为我和学生安排了一个自由讨论的环节,期间有一个研究生用流利的法语向我提问。她提出的问题我早已忘却,但对她流利的法语却记忆深刻。2010 年我终于成为中山大学法学院的教授,2011 年开始招收民商法学方向的博士生。在报名的学生中,就有这位法语非常优秀的同学,在面试的时候我才知道,她就是赵希璇同学。当时博士生的招生名额还比较宽松,于是赵希璇就成为我招收的第一届博士生。由于我在博士期间研究的是法国不动产担保物权,但对法国的用益物权却知之甚少,因此在赵希璇进行博士学位论文开题的时候,我就希望她能够发挥法语优势,继续研究法国的用益物权,从而可以使国内的学术界对法国的物权有一个更为全面准确的了解,最终她接受了我的建议,这就是本书的由来。

赵希璇的博士学位论文写得不错,但是多年来一直束之高阁,我很担心她的研究成果会随着岁月的流逝和法国民法典的修订而逐渐贬损其参考价值,因此我一直敦促她早日出版。在赵希璇的博士学位论文的基础上,我进行了修改和补充,增补了两章的内容,主要是增加了法国用益权变动的内容,同时思考了法国用益权制度对中国民商事立法可能具有的参考价值。

书稿终于定稿出版,非常高兴。是为序!

于海涌

2023 年 4 月 25 日于中山大学康乐园

# 目录

**导　论** / 001

**第一章　法国用益权的发展变迁** /013

第一节　法国用益权的历史变迁 /013

第二节　法国用益权的创新发展 /020

**第二章　法国典型用益权:所有权派生权利** /030

第一节　典型用益权概述 /030

第二节　典型用益权人的法律地位 /032

第三节　典型用益权的产生、移转及灭失 /037

**第三章　法国准用益权:消耗性财产上的用益权** /046

第一节　准用益权的法律分析 /047

第二节　准用益权的制度设计 /051

第三节　准用益权的扩展适用 /057

**第四章　法国连续用益权:连续移转的用益权** /065

第一节　连续用益权的物权性质 /066

第二节　连续用益权的合法性 /075

第三节　连续的用益权的设立期限 /078

**第五章　法国公司权利用益权:双重用益权** /094

第一节　公司权利用益权的权利属性 /096

第二节　公司权利用益权的收益分配 /110

第三节　公司权利用益权人的股东权利 /128

**第六章　法国知识产权用益权:财产权利用益权** /137

第一节　知识产权用益权的性质 /139

第二节　知识产权用益权的客体 /168

第三节　知识产权用益权的设立方式 /184

**第七章　法国用益权的变动:债权意思主义模式** /204

第一节　法国债权意思主义模式的成功 /205

第二节　法国债权意思主义模式的缺憾 /210

第三节　法国债权意思主义模式下的用益权 /215

**第八章　法国用益权对我国民商事立法的启示** /217

第一节　法国用益权对我国民事立法的启示 /218

第二节　法国用益权制度对我国商事立法的启示 /223

**结　语** /227

**参考文献** /229

**后　记** /235

**致　谢** /238

# 导　论

## 一、法国用益权在民事和商事领域的广泛运用

用益权曾经长时间被认为是一项古老过时的法律技术，甚至不符合经济发展的趋势。而如今，用益权在法国不仅没有受到冷遇，反而被更为广泛地使用。财产从不动产到无形动产的演变、生命期限的延长、健在配偶法律地位的改变、以无偿名义转移财产而减少财务成本的意愿，这些都对用益权的广泛适用起到决定性的作用。当我们对历史进行追溯，发现用益权的成功令人十分惊讶！

法国用益权最初是作为家庭财产继承中为健在配偶提供特殊保护的一种财产分配技术，所以它适用《法国民法典》的一般规定。如今，随着经济社会的发展，用益权作为一种财产移转和管理的工具，已经突破1804年的法国立法者对用益权的定位。富有先见的是，《法国民法典》第581条规定，用益权可以设立在任何种类的动产或者不动产上，这为用益权的发展创新提供了充分的理论基础和广阔的法律空间。时至今日，法国用益权已经深入各种财产领域，积极而活跃地发挥着其财产分配和资源优化的功能，同时，极大地丰富了实证法的内容和冲击了传统的法国民法理论。因此，《法国民法典》关于用益权的一般规定已经不能满足实践的需要，法国学者纷纷结合各种用

益财产所涉及的特殊法律规定,对法国用益权进行深入的创新性研究,提出了一些极具现实意义的前沿观点。这些理论观点已经打破了我们对法国用益权的传统认知,甚至涉及对法国用益权本质属性的质疑和改观。对此,我们该如何着手去认识和思考这些理论变化?正如法国学者马洛里所认为的:法国用益权的两个基本要素为,一种临时性权利和一种物权。这也是法国传统民法理论的统一认识,以及我国对用益物权性质的共识。法国用益权的各种前沿理论也都或多或少的涉及这两个基本性质,因此我们可以从两方面着手去展开对法国用益权前沿理论的研究。

首先,用益权的临时性质,毫无争议地,被认为是所有权派生权利的必然性质。用益权作为所有权的派生权利,当然不能是永久性质的,否则永久性派生的所有权将是一种不复存在的权利。然而,这个临时性质是一种比较模糊的说法,《法国民法典》规定了用益权终止的原因和法人的用益权不得超过30年,那么一般而言,用益权的设立期限到底是以什么为标准的?有学者提出,根据《法国民法典》第617条的规定,用益权是养老性质的,应当以用益权人的生命期限为界。这个观点引起了学术界的批评,主要的观点是:根据用益权在用益权人死亡时终止的规定得出用益权主要是养老性质的逻辑是错误的,法律规定的本义是在没有明确设立用益权期限的情形下,可以在用益权人死亡时终止用益权,也就是说,养老性质不过是一种补充性质,这个符合用益权最初的法律意义。既然用益权不必然是养老性质的,这个临时性质又没有很严格的时间限制,一些杰出的学者在此基础上提出了连续用益权的理论,即在同一财产上所有权人可以为数人设立连续用益的权利,一个财产上有数个用益权人,但这数个用益权人不是同时用益,而是相继连续的受益。最为关键的是,这个连续用益权是所有权人生前对数人设立的,并且设立时数个用益权人都已经存在(出生或者受孕)。

其次,用益权必然是一种物权吗?这个问题的提出主要来自用益权涉及特殊财产,其物权性质被质疑。比如,无形财产上的用益权,更为具体地讲,权利上的用益权。对于这种情形下用益权的性质,法国学界进行了激烈的讨论,出现了很多新颖的观点。一些学者认为,所有权是一种典型的物权,而用益权是所有权的派生权利,必然也是一种物权;而权利作为一种动产财产,是一种无形物,设立在无形物上的用益权具有物权性质。然而,另外一些学者指出权利是一种财产却并不具有物权的特征,因此我们说知识产权或者公司权利而不是知识所有权或者公司所有权,传统的所有权派生权利的概念不能满足对特殊财产上用益权的解读,而应当采用更为广泛的财产权利派生权利的概念,这种观点已经涉及对所有权及传统物权定义的颠覆,和传统的用益权理论不符,然而却具有合理的理论逻辑和充分的实证基础,这些将在本书的分析中得到印证。

**二、法国用益权的强大功能和重要价值**

用益权是法国所有权的主要派生权利之一,广义的用益权包括了使用权和居住权,源于罗马法上的人役权。值得注意的是,法国民法中的用益权和我国民法中的用益物权是有区别的,实际上法国民法中并没有用益物权的概念,而相应地是指所有权派生权利。究其根源,是法国民法并没有使用典型的物债两分的构建体系,所以也不存在所谓的物权法,只是我国学者在对法国民法制度进行研究和介绍时,为了更便于和我国的民法理论进行对接和比照,一般地将法国财产法称为法国物权法,而法国法上的所有权派生权利对应的就是我国用益物权的概念。换言之,用益物权包括用益权,用益权是用益物权的一种,在法国民法体系中,用益物权还包括地役权。这种理解简单直接,然而正如不能将财产法和物权法简单等同,用益权属于用益物权的观点也存在争议。因为财产权利不等同于物权,用益权的性质正是法国学界所研究的前沿问题,我们应当回到法国民法体系中去分析法国用益权的问题,而不是用我国的物权理论和民法思维去看待法国用益权,因此,本书抛弃了用益物权的概念,完全遵循法国民法以所有权为中心的理论基础,对法国用益权法律问题展开研究。

(一)法国用益权强大的功能价值

最初,用益权反映出有用性是针对家庭的需要,当生命期限延长和大多数人具有在生前安排自己遗产的意愿,为了提前保护好所喜爱的健在配偶,扣留遗产以预防不肖子孙的贪婪,当事人不得不考虑用益权这项立法技术。如今,用益权对家庭财产的管理作用更为明显。正如 Philippe Delmas Aint Hilaire 教授在法国第 95 届公证大会的评判:用益权和家庭的概念相衔接,用益权这个工具经常在家的圈子里起作用。它构成财产管理的较好的方式之一,保障重要的人在生存期间享有财产的收益,在其死后返还到家庭财产中。[1] 这点从 2004 年《财政法》颁布后更加明显,在该法的第 19 条的条文中加入了一个新的用益权估价计

〔1〕 Philippe Delmas Aint Hiltaire, L. P. A. n° 84, 28 avril 1999, p. 89.

算方式,即如今的《法国税法典》中的第669条之一。这种新计算方式增加了用益权2/10的财务价值,毫无疑问地促使了捐赠财产而保留用益权,可以复归于所有权或者在增加用益权价值时,从虚有权的税基中减去这部分的应纳税款。

另外,随着社会经济的发展,用益权在财产管理中的大面积运用找到了新的适用领域,如在保险合同受益条款上设立派生权利。事实上,规定合同的受益人是健在配偶享有用益权,和子女是虚有权人,开启了双重免税的方式。被保险人死亡时,通过对保险合同受益[1]规定的正常启动,健在配偶成为保险人所支付保险金的准用益权权利人,一般情况下完全免税。根据《法国民法典》第587条的规定,健在配偶可以使用保险金,但有替代返还的义务,在用益权结束时,或者以同质同量的物返还,或者以返还之日估计的价值返还。继承人,作为虚有权人受益人,成为这些钱款的债权人,可以从原健在配用益权人的遗产中提取出来,不用支付登记税。

连续用益权也可以优化财产管理技术,即使它没有系统化地扩展到保险合同或者准用益权领域,也完全可能编定保险合同的收益条款规定开启各种不同的连续准用益权并配有各自的终止条文:前准用益权人的死亡。[2] 在这个假设

---

〔1〕 Ripert et Boulanger(Traité de Droit Civil d'après le Traité de Planiol,t. Ⅱ. Obligations-Droits réels, LGDJ,1957,n° 629.)定义对他人的规定是双方当事人之间签订合同产生了第三人的权利的一种法律技术程序,两位订约者分别作为订约者和承诺者。订约者设立了第三人的权利,而承诺者接受对第三人的义务。第三人通过合同规定其为第三人受益人而成为债权人。Philippe Mainvaud 教授(Droit des obligations,Litec, 7e éd.,2001,n° 263)简单地以家庭之父的人寿保险合同为例,其配偶和子女作为受益人。合同在家庭之父(订约者),和保险公司(承诺者)之间订立。保险公司承诺支付保险金,在订约者死亡时给作为第三人受益人的配偶或者子女支付一定的本金。19世纪末,通过1888年的数个法令的颁布(Cass. civ. 16janv. 1888,6 févr. 1888 et 27 mars 1888,S. 1888,1,121,note T. C.,Cass. civ. 7 août 1888,S. 1889,1,97,note LABBE),最高上诉院对人寿保险合同适用为他人订约的理论。这个司法的构建被1930年7月13日的保险法令所采用,编纂在《法国保险法典》第L132-12条及以下。或者,更准确地讲,是死亡保险合同,人寿保险原则上假设签署者在合同期间一直生存,是其本人作为保险金和利息返还的受益者。如果签署者在合同期限到来之前死亡,我们说这是一个混合的保险。

〔2〕 对此参考 P.-C. Imbert,le démembrement de la clause bénéficiaire,Revue de droit bancaire et financier,2003,n° 5,p. 338 et s. 对连续的准用益权的更为细致的评判参考。M. Grimaldi 提出:准用益权可以设立连续用益权吗?其回答:准用益权是一种用益权。我们可以设立连续的准用益权。我们知道在连续用益权的情况下,我们可以设立相继收益的用益权人:完全所有权人在权利派生时希望两个人连续享有财产收益。可能是除他本身之外的两个人,也可能是他和另外一个人。他所不能确定的是如果设立用益权给某人,某人的死亡时间和用益权转移给另外一人的时间。所以,所有权人要设立两个用益权,第二个用益权在第一用益权人死亡时开启。这是连续用益权的路径。如果我们将这个适用到准用益权,在金钱上设立,保留金钱的用益权进行捐赠,且希望死后由配偶享有钱款上的用益权。在第一个准用益权人死亡时,其权利灭失,应当将金钱返还给第二个准用益权人而不是返还给虚有权人,虚有权人只有在第二个用益权人死亡时才能获得返还。

中，保险条款的受益人，虚有权人，只能对前一个准用益权人的遗产主张权利。因此，连续用益权在财产管理中的地位，使对这种特殊用益权的研究显得必要。

（二）法国用益权创新的理论价值

随着财产类型的多样化，用益权设立范围的扩张，用益权设立方式的二元化，出现了许多新型的用益权，这些用益权无法完全适用《法国民法典》关于用益权的一般规定，不仅是因为设立用益权财产本身的特殊性质，还主要因为与用益权相关的法律问题上产生了激烈的争议。比如，在知识产权用益权方面，所有权的定义和用益权是否必然与所有权派生权利的问题紧密相关；在公司权利用益权方面，他物权概念的演变以及孳息概念的解读尤为关键；在连续用益权方面，用益权是否必然是养老性质产生了疑问；在准用益权方面，概括性财产的定义以及准所有权的观点的提出。诸如此类，无法一一列举，只有对这些具有冲击力和创新性的法律问题进行深入研究后，我们才能真正地认识法国用益权的面貌。

（三）法国用益权先进的制度价值

法国用益权的种类难以穷尽，但大致可以区分为典型用益权、准用益权、非典型用益权，连续用益权和财产的种类无关，而是一种特殊的设立方式，在实证法中应用颇多。法国用益权相关制度设计已经比较完善，相比我国的用益物权，呈现许多值得借鉴的优点。比如，法国用益权制度对虚有权人法律地位的界定，法国准用益权制度的价值返还体系，法国非典型用益权制度对概括性财产用益权、无形财产用益权、周期性产物用益权的设计。当然，法律移植应当考虑具体的国情和法律基础，如何将这些优秀的制度适用到我国的立法中是一个更值得深入研究的问题，在此之前，应当对法国用益权进行准确的介绍和分析。

## 三、对法国用益权的研究和借鉴

法国民法学者对用益权的研究具有一定的历史变迁性。最初对用益权的研究是在传统理论框架下进行的，也主要是围绕《法国民法典》第 578 条对用益权的定义展开。在《法国民法典》的影响下，对用益权的研究数不胜数，其中著名的无疑是 Proudhon 所著[1]的《用益权、使用权、居住权和地上权》，这部著作分为

---

〔1〕 J. -B. Proudhon, Traité des droit d'usufruit, d'usage, d'habitation et de superficie, tomes Ⅰ à Ⅸ, 1833, Bruxelles, Librairie de jurisprudence de H. TARLIER, et spécialement les tomes Ⅰ à Ⅲ.

九卷，提供了许多参考和重要的思考线索。用益权的传统概念如今已经广泛被学术所接受，[1] Ginossar 教授于 1960 年在《一个合理的新财产权利制度》的论文中对此进行了新的分析。[2] Philippe Jestaz 教授简述这个新的理论：和传统的理论相反，关键在于将所有权（自有物上的权利）和物权（他人之物上的权利）分离。因此，根据 Ginossar 的观点，只有所有权派生权利或者说他物权构成物权，而这些物权同样是所有权的客体，它们和所有权一样可以对抗第三人，但是权利主体和义务主体的关系更紧密。Jean-Louis Bergel、Marc Bruschi 和 Sylvie Cimamonti 强调：一项权利是物权是因为权利义务是对物的。给予用益权人的在他人之物上的物权，物之所有权人具有物上的义务，一种被动的给付（放弃收益）或者积极的给付（修复）。[3] 这些观点已经被传统理论公开地批评，[4] 但是受到某些学者的欢迎，特别是 Frederic Zenati 教授在 1981 年的论文[5] 吸收了 Ginossar 的观点。该教授认为所有权不是物权，而是属于人与财产的原则性关系。物权与所有权形成对比，物权构建了对物的适当的其他关系。[6][7] 更详细地讲，他认为物权所构建的人与物的关系与所有权不同。物权和所有权可以定义为人拥有在财产上的某个权能，但是它们有根本上的区别，因为物权是在他人之物上

---

[1] J. Carbonnier, Droit civil, Tome 3: Les Biens, PUF, $19^{éd}$, 2000, p. 68, n° 92 et s.; G. Marty et P. Raynaud, Droit civil, Les Biens, Defrénois, 2004, $1^{re}$ éd., n° 805 à 809; F. Terre et Ph. Simler, Droit Civil, Les Biens, Dalloz, $6^{e}$ éditon, 2002, p. 633, n° 777 et s.; H. et L. Mazeaud et F. Chabas, Leçon de droit civil, t. Ⅱ, $2^{e}$ vol., Les Biens-Droit de propriété et ses démebrements, Montchrestien, $8^{e}$ éd., 1994, par F. Chabas, $78^{e}$ leçon, p. 378 et s. 1649 net s.

[2] S. Ginossar, Droit réel, propriété et créance. Elaboration d'un système rationnel des droits patrimoniaux, thèse, Paris, 1960, LGDJ, n° 65 et 66. Adde: pour une meilleur définition du droit ré el et du droit personnel, RTD civ. 1962, p. 573 à 589.

[3] Jean-Louis Bergel et Marc Bruschi et Sylvie Cimamonti, Traité de Droit Civil, sous la direction de J. Chestin, Les biens, LGDJ, 2000, n° 43.

[4] Contra: J. Dabin, une nouvelle definition du droit réel, RTD Civ, 1962, p. 20; L. Rigaud, A propos d'une renaissance du jus ad rem et d'un essai de classification nouvelle des droits patrimoniaux, R. I. D. C. 1963, p. 557 et s.

[5] F. Zenati, la nature juridique de la propriété. Contribution à la théorie du droit subjectif, thèse, Lyon, 1981. Adde: pour une rénovation de la théorie de la propriété, RTD Civ. 1993, p. 305 et s.

[6] 根据 Rémy Libchaber 教授的观点（Rép. Civ. Dalloz, Biens, n° 11），财产的可估价性是指财产可以通过私人之间的移转而共同地使用，排除外来的所有干预。这也是 Zenati 和 Th. Revet 所说的来自共同体的所有权。Les biens, PUF, coll. Droit fondamental, $2^{e}$ éd., 1997, n° 92.

[7] F. Zenati et Th. Revet, Les biens, op. cit., n° 88.

设立的。所有权是人和物关系的一般形式,物权则是非一般的形式。[1] 一方面,物权的存在对所有权的行使形成制约;另一方面,物权可以给某人设定其未签署的义务。[2]

这个所有权和派生权利的新概念由 Ginossar 提出,而被 Zenati Frederic 教授发展得更引人入胜,易于接受。但是它还是招致一些批评,被 Jean-Louis Bergel、Marc Bruschi 和 Sylvie Cimamonti 概括为:将所有权定义为简单的物的归属关系使得该概念很奇怪,缺乏实体,使得物归属于权利人的权能特征完全陷入僵局,这是物权和所有权区别的纯粹假设。所有权一直被作为一种物权被分析,使得新的概念难以被接受。这种分析推论出有两个权利人,且两者之间建立了一种竞争的权利关系,这个是抽象的。同样地,接受这种关系具有债一样的义务性质是困难的。所有权派生权利只是作为的消极义务。当一个积极义务可以确定,它只是权利边缘的例外或者附属。[3] Jean Carbonnier 同样强调:根本上用益权和虚有权是两种平行的物权。用益权是直接和财产相关的物权,可以进行收益。虚有权具有个人义务,不是积极作为义务,而是尊重相关物权的消极义务。[4] 如此,无须对 Ginossar 和 Zenati Frederic 的许多观点的适当性进行质疑,在发展过程中,传统的定义被学说广泛地接受。[5] 所有权是地道的物权,而派生权利则是设立在他人之物上的物权。

François Terre 和 Philippe Simler 指出:[6] 我们知道事实上从传统的财产权利观点看,用益权是一项物权,一般具有养老性质,赋予其权利人使用和收益他人之财产的权利,并负有维持物之本体的义务。这个观点强调了用益权的两个主要特征:物权特征和临时性特征。关于物权性质,正如 Demolombe 所强调的:这项物权使得人和物产生直接的和即时的关系,无须任何的义务媒介,将物置于

---

[1] S. Ginossar, Droit réel, propriété et créance. Elaboration d' un système rationnel des droits patrimoniaux, op. cit., n° 50, p. 136.

[2] F. Zenati et Th. Revet, Les biens, op. cit., n° 190.

[3] Jean-Louis Bergel et Marc Bruschi et Sylvie Cimamonti, op. cit., n° 44.

[4] Jean Carbonnier, Les biens, op. cit., n° 92, p. 165.

[5] Cf. supra n° 29, note 74.

[6] François Terre et Philippe Simler, Droit civil, les Biens, op. cit., n° 777, p. 633.

其权能下,也带来风险。[1] Paulette Veaux-Fournerie 指出:用益权人行使所有表明用益权特点的权能,直接行使在别人的物上,无须担心所有权人的变化。[2] 用益权的物权性质是首要的,因为将它和其他相近似的权利相区分,比如承租人。Cornu 院士强调:用益权不是一种债权,即简单的个人权利。用益权人以物权的名义享有收益。如此,用益权人区别于承租人。物上的收益不是以债的名义。没有中介,由用益权人直接享有物的收益。[3] Jean-Louis Bergel、Marc Bruschi 和 Sylvie Cimamonti 对用益权的定义是:这项他物权使得权利人在物上行使权利或者权能,同时得到全部或者部分经济实用性。这项物权创立了权利人和物之间的关系,权利人是主动的主体,物却不是被动的主体,而是权利的客体。[4] Carbonnier 更准确地描述这个差别:物从属于人,必须服从人。这就是为什么我们说物上的权利,并以某种方式使物作为权利关系中的两者之一。但是这只是想象,因为物不能作为权利关系中的被动主体也不能作为主动主体。[5]

关于用益权的临时性质,Cornu 概括了所有权和用益权的根本性不同:用益权是一种临时性的权利,它必须具有期限。所有权的永久性和用益权的临时性形成了对比。[6] Proudhon 强调:用益权设立需要期限,明示的或者暗示的期限。用益权主要是临时性的;如果它可以具有永久性的期限,那么所有权就什么也不是了。[7] Zenati 认为:永久性的用益权会否定所有权。[8] 如果用益权不是临时性权利,用益权人不是偶然地放弃其权利,则丧失了物的经济实用性的虚有权人不能被保障在不久的将来重新获取物的经济实用性。Christian Atias 阐述:用益权必须有灭失的时候,这是用益权的性质,用益权的完成是它的真实性质。当它停止,完全所有权复归于虚有权人,自动地、必然地重新组成所有权。虚有权人

---

〔1〕 Demolombe, Cours de Code Napoléon, $4^{e}$ éd., Paris, 1869－1882, Vol. Ⅳ traité de la Distinction des Biens, t. Ⅰ, n° 493, p. 393.

〔2〕 Paulette Veaux-Fournerie et D. Veaux, JCL Civil, art. 578ɑ̀581, n° 6.

〔3〕 G. Cornu, Droit civil: Introduction－Les personnes－Les biens, Montchrestien, $10^{e}$ édition, 2001, n° 1260.

〔4〕 J-L. Bergel, M. BruschiI et S. Cimamonti, op. cit., n° 36.

〔5〕 J. Garbonnier, Droit civil, Tome 3: Les biens, op. cit., n° 38, p. 68.

〔6〕 G. cornu, op. cit., n° 1262, p. 507.

〔7〕 Proudhon, op. cit., t. 1, p. 4,, n° 8.

〔8〕 F. Zenati, RTD Civ, 1998, p. 937 et s.

获得具有吸引力的权利,吸收用益权的权利。复归完全所有权的任务对用益权人的权利产生影响,限制了用益权的存续。自然地,用益权只是完全所有权两个时期间的插曲,没有永久性的结果。[1]

学说关于连续用益权的争议比较少,绝大部分的学者认为连续用益权的适用是完全合法的。比如 Proudhon 强调:《法国民法典》第 580 条规定用益权设立时既可以单纯地建立,也可以具有一定的期限,或者附条件。我可以将我财产的用益权遗赠给两个人,声明其中一人自我死亡起享有全部的用益权十年,另外一个人在第一个人十年用益期限结束后享有用益权。这宗用益权完全符合法律的文字和精神;第二个受遗赠人或者从十年结束起收益,或者在十年期限到期前第一个用益权人死亡时开始收益(这种情况是偶然的)。这样的情形没有合法性方面的障碍,所以用益权可以为连续的数人设立。[2] Alfred Rieg 强调:学说和判例联合声明了这样的做法并不被禁止,所以全部有效。[3] 事实上,连续用益权的有效性自从古代罗马法时代被确认和接受,[4]在习惯法中也是如此。[5] 两种法都承认了虚有权人有权通过遗嘱遗赠连续用益权,但连续用益权一般是偶然出现,没有任何深入系统的研究。

公司权利用益权引起法国学者的兴趣,对财产权利和个人权利相结合的公司权利所具有的法律地位的复杂性进行研究。事实上,在学术领域,公司权利的复杂性使得相关理论具有不确定性。各种思路很多,但是至今公司权利用益权的问题还是没有达成一致意见,众多观点仍旧处于争议中。Anne Rabreau 在其著作《公司权利用益权》中分析了公司权利用益权的权利属性,对公司权利用益权的收益分配方式进行深度解析,并阐述了公司权利用益权人的股东资格和相关的权利义务。在对各种学术理论的分析基础上,她提出了公司权利用益权是一种具有物权性质的特殊用益权,并联系孳息和产物的理论确定公司权利用益权人和虚有权人之间的收益分配原则。

公司权利用益权问题引起了学术界广泛而丰富的争论,而对知识产权用益

---

[1] Ch. Atias, Droit civil, Les biens, Litec, 11$^{e}$ éd, 2011, n° 137.

[2] Proudhon, op. cit., t. 1, p. 149, n° 310.

[3] A. Rieg, op. cit., n° 67.

[4] L. 72, ff de usufructu, lib. 7, tit. 1; idem L63, eod. Cf. supra n° 14.

[5] Article385 de la Coutume de Normandie. Cf. supra n° 24.

权却涉及很少。教科书对法国民法中的财产或者说知识产权考虑得比较粗略,[1]对某些问题含混不清,尤其是关于用益权人能否起诉侵权行为的问题。学界对知识产权用益权总体研究得比较简短,[2]如同 Caron 所强调的,用益权和知识产权的相遇使得 19 世纪的学者们感兴趣。[3] 在这个时代,直到 20 世纪中叶,大部分的作品涉及分摊特许使用权的问题。也有人提出了在用益权人和虚有权人之间分别估价分摊受让人支付的转让费或者许可费,[4]或者将知识产权用益权向养老年金用益权看齐。[5] 遗憾的是由于对知识产权体制划分的不确定性,对知识产权用益权缺乏总体性的研究。对于知识产权和所有权的关系,只在一些著作和论文里通过进行了简要的介绍,记载了法国立法者将知识产权归于一种特殊种类的所有权,但是并没有真正地解决这个问题。令人欣慰的是,学术界缩小了知识产权和所有权在期限方面的差异,使得对知识产权特异性的思考趋于缓和。法国几个年轻的学者对这个问题进行了更新,他们没有从历史经济方面的演进的角度出发,而是更谨慎地从所有权开始分析。Bertrand Laronze 则尝试开始将用益权适用于知识权利:《法国知识产权法典》第 L. 123-6 条规定给予健在配偶一种特殊的用益权,这种用益权难以适用《法国民法典》第 757 条的一般规定,该作者在提出论据的基础上建议放弃适用这条规定。还有,对于比较尖锐的问题,主要是在专利方面,尚未出现总体性的研究。Bertrand Laronze 在论文《知识产权用益权》中指出以《法国民法典》的相关规定为基础,应当对知识产权用益权进行特殊性立法。

法国用益权制度由于其强大的广泛性和灵活性,成为良好的财产移转和利益优化的经济手段。[6] 首先,法国用益权可以在任何类型的财产上设立,极大地扩张了用益权的范围;其次,法国用益权既可以因法律规定产生,也可以通过

---

[1] P. -Y. Gautier, Propriété littéraire et artistique, PUF, 5ème éd., 2004, not. nos 223 et s., p. 423 et s.

[2] C. Caron, Brèves observations sur l'usufruit en droit de la propriétéintellecuelle; Dr. et patr. mai 2005, p. 90.

[3] C. Caron, Brèves observations sur l'usufruit en droit de lá propriété intellectuelle, loc. cit., p. 90.

[4] E. Pouillet, Traité théorique et pratique des brevets d'invention et des secrets de fabrique, Paris, 6ème éd., 1915, n° 200, p. 274et s.

[5] F. Mainié, Nouveau traité des brevets d'invention, Paris, 1896, n° 1070; G. Huard, Traité de la propriété intellectuelle, t. 2, Paris, 1906, n° 226; H. Allart, traité théorique et pratique des brevets d'invention, Paris, 3ème éd., 1911, n° 165.

[6] Jérôme Balland, L'usufruit outile de gestion et transmission, La nouvelle imprimerie Laballery, p. 16.

当事人的协议设立,提供了各种用益权产生的客观条件;最后,《法国民法典》采取了类型化立法方式设立用益权,规定了各种用益权适用的权利义务规则,形成了一套完善的用益权制度。

法国用益权所具有的优点应当在完善我国的用益物权法律制度时有所考虑,但是需要注意以下几点:第一,国情不同,设立用益物权制度的基础不同,从而用益物权的制度设计不尽相同。我国土地等重要的自然资源属于国家或集体所有,所以自然资源的用益物权只能在公有制的基础上设置,这与私有制条件下完全通过市场机制设置用益物权是有所不同的。例如,我国《民法典》物权编中规定的土地承包经营权就是一种具有中国特色的用益物权,土地承包经营权的规定中对承包土地的用途划分为耕地、林地、草地及其他农业用途,但没有区分不同类型的承包土地进一步完善用益权利义务;而法国民法中设立在林木上的用益权是一种非典型用益权,用益权人针对林木的周期性产物享有使用、收益的权利,并按规划补栽以维持林木之本体价值。〔1〕 再如,我国《民法典》第 329 条关于采矿权的规定显得笼统,矿山中的矿石一经开采无法恢复,这种性质特点和用益物权关于返还用益物之本体或者价值的规定不符;而法国民法规定,矿石属于产物而非孳息,只有已经开发的矿山才能设立用益权,未经开发的矿山不得设立用益权。〔2〕 已经所有权人开发的矿山,并不会因为设立用益权而承受更多无法恢复的影响,在这种情形下设立用益权符合法理。第二,立法体系不同。我国民法立法较多地借鉴德国民法的物权理论,即采用了物权债权两分的理论体系。所以,我国的用益物权规定在《民法典》中已经明确了其物权性质,即使对用益物权的内容进行扩充也不能逾越物权的框架。而法国民法并没有明确地对物权和债权进行区分,〔3〕法国民法中也没有明确提出用益物权的概念,而使用了所有权派生权利的概念〔4〕(法国民法中也只有财产法而没有物权法的说法)。法国民法中的用益权属于所有权派生权利的一种,并且可以设立在无形财产上。近年来,知识产权、公司权利、债权等用益权在法国社会实践中逐渐发展,法国学界

---

〔1〕 Franck. Eliard, *Demembrement de propriete: usufruit et quasi-usufruit*, Ellipses Edition, 2008, p. 43.

〔2〕 Franck. Eliard, *Demembrement de propriete: usufruit et quasi-usufruit*, Ellipses Edition, 2008, p. 45.

〔3〕 参见于海涌:《法国工资优先权制度研究——兼论我国工资保护制度的完善》,载《中山大学学报(社会科学报)》2006 年第 1 期。

〔4〕 Malaurie et Aynès, Les biens, p. 201. 参见尹田:《法国物权法》,法律出版社 2009 年版,第 350 页。

对用益权的性质颇有争议。[1] 第三，现有的法律基础不同。《法国民法典》在立法之初便根据实际情况制定了用益权制度，历时良久，虽然几经修订，用益权制度框架仍旧保持着原有的风貌。[2] 我国关于用益物权的立法虽然相对落后，但并非完全空白，从最初的《民法通则》到《物权法》的出台再到《民法典》的颁布，关于用益物权制度的规定存在无法隔断的联系和演进。任何一项法律制度的建立和完善，都是一个自觉能动的渐进过程。因此，在健全和完善我国用益物权制度时，就不能不考虑现行法的有关规定，不能割断现行用益物权制度与完善用益物权体系之间的必然联系，更不能抛弃现行用益物权制度中的合理的法律概念和制度。这样不仅有利于法律的衔接以及人们对法律的理解和适用，也是降低立法成本的重要环节。

---

〔1〕 Bertrand Laronze, L' usufruit des droits de propriété intellectuelle, presses universitaires d' Aix-Marseille, 2006, p. 200.

〔2〕 Sylvain Durand, L' usufruit successif, Defrénois, p. 13.

# 第一章　法国用益权的发展变迁

## 第一节　法国用益权的历史变迁

### 一、罗马时期的用益权

对物权和对人权的传统区别来自罗马法，罗马法区分了直接设立在物上以物为标的的权利和对人的权利。然而，这个区别有着明确的目的，正如 Masson 所言："罗马人并没有通过与债权的对比来定义物权，罗马法的精神主要在于程序性和实用性。这种权利本身并不吸引罗马法学家，这只是经过认可的法律行为。罗马人将法律行为区分为两种：对物和对人。这不是我们所要研究的区别，这个目位居其次。"〔1〕然而，正如 Rigaud 所强调："如果罗马法学家没有将对物权和对人权理论上的区别深入，我们今天就不会普遍地知道物权的意思。"〔2〕

Rigaud 强调，经过罗马人对物权和对人权概念的深入研究，他们对哲学范畴内权利的定义十分接近古典主义理论。如此，罗马人认为物权是对物的直接的即时的法律权利，可以对

〔1〕 Masson, op. cit., p. Ⅵ.

〔2〕 L. Rigaud, le droit réel – Histoire et théories, thèse, Toulouse, 1912, n °78, p. 6. 实际上中世纪的注释法学派中的 Irnerius 在公元 1100 年的时候开始区分对物权和对人权。因此，他们提出了物权的概念，即物上的权利。

物全部或者部分行使。债权是个人意愿的法律权利,债务人对债权人有义务给付物、作为或者不作为。[1]

用益权本身在罗马社会相对出现得较晚。归功于罗马法学家 Julien,用益权在古典主义时期成为一项物权。罗马人已经辨别出用益权:使用物并收益的权利。享有物并收取物之孳息或者收入,集合成拉丁文 usufructus(用益权)或者是 jus utendi fruendi,而并没有将“处分权”(abusus)一词与其集合到一起。将三个词集合到一起,罗马人会将“usufructus”(用益权)加上“abouti”(滥用)一词。[2]

事实上,用益权被视为一种人役权。罗马法区分了两种役权:第一种是地役权,为不动产而设立的,和我们民法中物权的地役权相同。第二种是人役权,从所有权中派生而为某人的利益而设立,所有权的某种权能赋予所有权人之外的某人,比如用益权人。[3] 将用益权归类于人役权是一种进步,正如 Masson 解释说:Julien 之后的法学家注意到了用益权是设立于某种财产之上,阻碍该财产的所有权人享有该财产的权利。因此,用益权显得像役权,它对所有权人享有物形成阻碍。Justinien(查士丁尼)完善了前人的分析,将用益权作为人役权。从此,用益权和地役权一样是一项他物权,这项他物权具有法律上的重要性。[4]

用益权概念在罗马法中演进并归于物权,在公元 533 年查士丁尼大帝颁布的法律汇编著作《法学阶梯》和《学说汇纂》中对用益权有明确的定义。[5] 这两

---

〔1〕 Rigaud, op. cit., n° 99, p. 73.

〔2〕 J-Ph Levy et A. Csatalto, op. cit., n° 237, p. 313. 事实上,罗马法认为所有权是一种典型的物权,是完整的完全的物权。它也被称为罗马市民的权利。但是伟大的罗马主义者 Devisscher 提出罗马市民的所有权或者罗马市民权。J-Ph Levy et A. Csatalto (op. cit., n °311, n° 235 note 1) 指出“市民权”一词指的是罗马人民的特殊背景。罗马市民可以行使所有权,这个权利只涉及罗马事务。

〔3〕 十分有意思地注意到:这个区别一直存续到法国大革命和民法典的出台,Potier (Coutume d'Orléans, Itroduction au Titre XIII, n° 2) 也说到,在古代法中,存在两种原则上的役权:人役权和物上的役权。

〔4〕 Masson, op. cit., p. IX. (cf. L. 1, ff. de Servit). 该学者认为:罗马人构建的用益权没有分解所有权。所有权是一个不可分的权利,封闭在一个狭小的行为和形式中。所有权人设立或者没有设立用益权,不那么重要。他仍旧保留着所有权。用益权不是所有权的一部分。

〔5〕 查士丁尼大帝下令进行前无古人的法律解释工作,使得在公元 529 年到 534 年颁布了:《法学阶梯》,给法律学生的初级教材;《学说汇纂》,古典法学家的著作摘录;《查士丁尼法典》和《新律》,皇帝的敕令。

在 11 世纪末发现这些法律解释著作是罗马法第一次复兴的起源。J-Ph Levy 和 A. Csatalto (op. cit., n °3, p. 2 et 3) 指出:中世纪时期,这四部著作集合成一件不朽的著作,称为《国法大全》,和管理宗教事务的《教法大全》相并列。值得注意的是存在《国法大全》的法文译本:H. Hultot, P. A. Tissot et I. Beranger: Corps de droit civil romain, Paris, 1803-1811, 17 Vol. 以及《法学阶梯》的单独法文译本:Ducaurroy, Paris, 1892, 3$^{e}$ éd.

部著作对用益权的定义一样，即不损害物的原状对他人之物使用、收益的权利。[1]

## 二、法兰克时期的用益权

法兰克时期，用益权概念的深入并不顺利。根据 Jean-Philippe Levy 和 Andre Castaldo 的介绍：人们原始野蛮，比如法兰克民族，对个人独有的权利没有任何明确的概念，根本也不会设想到所有权可以派生出其他物权。事实上，法兰克社会的运行方式，并不利于所有权法律概念的发展和普遍地被接受，包括用益权。[2] Philippe Glaudet 和 Jean-Marie Montazeaud 谈道：这些原始人相较于高卢—罗马社会属于少数，他们使用个人化的法律，每一个部落集团用自己的法律管理。另外，克洛维王朝颁布的《撒利克法典》关于民事权利方面的规定很少。[3]

Masson 强调过兰克精神是反对罗马精神的，法兰克时期只有习惯和生活方式来反映出社会状态。简单地讲，没有所有权也没有物权。相较于其他事实状态而言，用益权的概念更不存在。[4] 然而，法兰克人称为用益权人的事实却存在得很广泛，只是因为保留了罗马社会中的这个术语。[5] 但是，经过分析，他们这种可以转让的权利，称为限制的所有权更为合适。[6]

因此，法兰克时期没有对用益权的任何研究，尽管根据 Philippe Glaudet 和 Jean-Marie Montazeaud 的介绍，加洛林王朝时期，用益权概念转化作为赐予封臣的一种利益，一种职务的报酬。加洛林王朝时期，封臣拥有对皇帝给予其的封地的收益权利。通常来说，这种利益就是用封地养老作为其报酬。公元 5 世纪，这种利益变为可继承的利益。受益者限制皇帝将他们的利益进行转让，结果这种

---

〔1〕 Justinien, Istitutes 2,4 et Diageste 7,1,1.

〔2〕 J-Ph. Levy et A. Castaldo, op. cit, n° 279, p. 368.

〔3〕 Ph. Glaudet et J-M. Montazeaud, Travaux du 100e Congrès des Notaires de France: Code civil: les défis d'un nouveau siècle, 1re commission, n°1005, p. 14 et 15.

〔4〕 Masson, op. cit., p. XI.

〔5〕 R. Caillemer, Origine de développement de l'exécution testamentaire, thèse, Lyon, 1901, p. 275, note 2. et les références; Voir aussi F. Olivier-Martin, Histoire de la coutme de la vicomté et prévôté de Paris, Paris 1922-1930, t. II, p. 48 et note 9.

〔6〕 Masson, op. cit., p. XI.

利益成为永久性的。[1] 毫无疑问,在这样的习惯法构建中,用益权一代又一代继承,而无视所有权永久性派生的风险。

## 三、中世纪时期的用益权

中世纪的罗马主义者从罗马法中得到灵感,并且前所未有地加深了所有权的概念,将其定义扩展到使用、收益和处分物的权利。然而,Masson 强调了所有权被明确地定义后,与罗马法的定义有根本性不同:支配权不再是如同罗马法中的独立于其他权利的绝对权,而是形成所有权的一种权能。[2] Gigaud 强调:罗马人使用物权(jus in re)以定义用益权、地役权或者抵押权,作为所有权的派生权利,但是注释法学派将所有权作为了物权的一种。[3] 所以,对于所有权,或者说物权(jus in re)更好,派生出的其他的物权,因权利持有者和物之间的直接关系而不相同。这种和物的直接关系,罗马法通过对物的诉讼确认,使得中世纪的罗马主义者将这些权利归于物权之中。根据 Masson 的观点,任何人通过对物的诉讼取得物权……物权作为人对财产的或大或小控制的标志。[4]

用益权随着物权发展逐渐取得地位,之所以说逐渐,是因为其中不乏曲折。实际上,如 Masson 强调:Irnerius 的旧作中所有权和用益权的法律概念不确定,让人不能辨别和区分,但当时的法学家的思想也是混淆不清的。[5] 另外,某些注释法学者考虑用益权人具有出卖物的权利,只要其返还一样的物。这样,用益权就如同准用益权一样,即使用益权并非设立在消耗性财产上或者一经使用即消耗的财产上设立。[6] 然而,应当注意这个时期的注释法学者没有抓住用益权的变化,相反地,似乎在介绍一个没有变化的古罗马的用益权。这些定义是借用了查士丁尼法典的解释:用益权是使用和收益的权利,负有以物之原状返还的义

〔1〕 Ph. Glaudet et J-M. Montazeaud, op. cit, n° 1042, p. 37 et 38. 这些学者也提出在法兰克时期出现的相似的机制:不确定的占有。不确定的占有来自于文书的转换:请求者在第一个文书中恳求一片土地,不确定的占有者被转让土地在第二份文书中说明了转让的费用,主要是指年供。这些涉及合同,经常地被教会所使用,不确定的占有成为养老性和继承性的。农民和他的土地紧密相连,所有也和其主人相连,临时占有机制促使领主模式的出现。

〔2〕 Masson, op. cit., p. XII et XIII.

〔3〕 Gigaud, op. cit., 109, p. 80.

〔4〕 Masson, op. cit., p. XII et XIII.

〔5〕 Masson, op. cit., p. 4.

〔6〕 Dans ce sens: le Petrus, le livre de Tubingue, la glose de Cologne aux institutes et la summa perusina.

务。[1] 然而,用益权至少被认为是一种物权。[2]

对于用益权的法律属性,随后出现了一些争议。Irneriens 认为用益权是所有权的一部分,也就是支配权的一部分。Masson 认为所有权在实践中表现为收益。[3] 具体解释为:用益权是所有权的派生。在用益权设立之后,所有权被分解为用益权和虚有权。[4] 用益权是所有权的一部分,甚至在很多情形下,用益权人和所有权人相似。比如,用益权人代替所有权人获取物的收益。[5] 罗马法理论中设计了具体的方式,用益权成为所有权在用益过程中的形式。[6]

自然地,注释法学派追溯用益权的概念,并对用益权进行解释,如封地的领主们具有封地的用益权但是没有所有权,所有权属于封建君主。Masson 提到对封地的定义来自 Obertus de ORTO 给自己儿子 Anselmus 的一封信中,该信收录在《封地书》中。[7] 这是不计报酬地赋予某人的利益,被转让的不动产的所有权属于转让者。受让者拥有用益权,受让者的男继承人和女继承人(规定的情形除外)也有用益权,这个用益权是永久性的。所以,封地是一项永久性的权利。[8] 这不再是罗马法中的用益权,罗马法中的用益权是养老性质的个人专有的权利。而封地的权利是一种混同了用益权的永久性权利。这种权利是所有权真正的派生,这颠覆了罗马法的定义。一项永久的用益权,吸取了物全部收益,难道用益权人不是所有权人吗?[9]

然后,用益权与所有权相区别的最重要的一步分析,Placentin 首先指出用益权双重的性质理论。[10] Masson 对此解释道:用益权是所有权的必需成分,所以所有权人具有所有权和用益权。他对自己所有的物具有用益权利:这是一种继受分离的用益权。当其属于用益权人的时候,用益权同样地以分离的方式存在,

---

〔1〕《查士丁尼法典》法语译本原文:Le droit de jouir et de percevoire les fruits;à charge de preserver la substance de la chose.

〔2〕Masson,op. cit. ,p. 4. et 5.

〔3〕Masson,op. cit. ,p. 8.

〔4〕Sylvant Durant,l'usufruit Successif,Defrenois,2006,p. 10.

〔5〕Masson,op. cit. ,p. 9. et 10.

〔6〕Sylvant Durant,l'usufruit Successif,Defrenois,2006,p. 11.

〔7〕Obertus de Orto était consul de Milan et ses deux lettres insérées dans les libri feudorum datent de 1154-1158.

〔8〕Sylvant Durant,l' usufruit Successif,Defrenois,2006,p. 11.

〔9〕Masson,op. cit. ,p. 80. et 81.

〔10〕Placentin,summa inst. 2-4 de usufructu.

但其成为所有权的派生。用益权成为一种役权,在罗马法中是一种独立的权利:正式的用益权。它具有双重特色:作为另一种权利,也作为所有权的一部分而构成收益。[1] Placentin 认为:有两种用益权。正式的用益权属于用益权人,这是作为区别于所有权的用益权,另一种为派生的用益权,属于所有权人,不具有独立的形式,但因所有权而存在与所有权并未发生物理上的分离。[2] 这个关于用益权的双重概念为注释法学派所接受,之后被 Azon 发展,再之后被 Bartolistes 所发展,他们完善了这个制度,发现派生的用益权根本上不是一种权利,但是具有收取孳息的权能。他们反对正式的用益权的说法,因为它构成一项独立的权利。[3]

罗马主义者对用益权的性质还有许多的争议,甚至认为:拥有物的用益权,就是拥有物的可用性,[4]或虚有权人没有物的任何可用性。在这种情形中,用益权就是所有权的可用性,而虚有权就是失去可用性的所有权,两者容易混淆。[5] 用益权人生存期间,虚有权人的用益权没有任何经济可用性的观点没有考虑到用益权人死后的法律后果。事实上,应当拿到惯例法中去看待中世纪的用益权的问题。习惯法的作者知道用益权,但是只是将其停留在理论上。[6] 14 世纪的罗马主义者将用益权的概念强制应用于实践中,归功于法学家 Martien 对罗马法的继承,在诺曼底改革的习惯法中的第 385 条,更准确地认定虚有权人被赋予获得用益权复归的权力。

用益权的复归在大多数情形下,是夫妻间的财产赠与。可以发现中世纪是相互赠与形式的开端:相互的恩赐。Philippe Glaudet 和 Jean-Marie Montazeaud 解释了这种形式的发展:夫妻间的赠与,在中世纪末被禁止。在成文法国家和某些习惯法国家夫妻间的赠与随着罗马法而重生。大部分的习惯法禁止并将禁止扩大到所有无偿的法律行为,只有一个例外就是相互的赠与或者相互的恩赐。

---

〔1〕 Masson, op. cit., p. 42. et 43.

〔2〕 Masson, op. cit., p. 43.

〔3〕 Masson, op. cit., p. 47.

〔4〕 Masson (op. cit., p. 71.) 认为使用的所有权是注释法学派的构建,是对物的实用性提出的。某些后注释法学派学者将用益权和所有权的可用性联系,但是在细微之处可以看出两种概念并不一致,尽管相近,但并不完全等同。

〔5〕 Masson, op. cit., p. 123, 124.

〔6〕 Masson, op. cit., p. 146.

这种相互的赠与,在19世纪被接受,变成为健在配偶的权利。对于存在子女的,相互的赠与应当在婚姻协议中规定,且接受赠与的生存配偶不能再婚。当婚姻共同体建立,赠与涉及动产和收入的用益权。不同于遗赠,这种赠与非经夫妻双方共同主张是不可撤销的。[1]

### 四、法国民法典中的用益权

归功于法国大革命的曙光,法国从北方到南方,已经接受和吸收了被中世纪的罗马法学派所发展的用益权的概念。同样地,根据 Jean-Philippe Levy 和 André Castaldo 的观点,历史的演变一直将用益权归属于在他人所有之物上的物权。[2] 这个没有跳过1804年《法国法典》的颁布,表明了法律回归罗马法中用益权概念的意愿。事实上,法典颁布的草案显得更有说服力,如 Masson 所述:议员 Calli 在草案说明中陈述到借用了罗马法关于用益权的定义,并引用了很多罗马法的条文。[3]

《法国民法典》主要参考了罗马法,但要注意1804年的立法者自主地选择了不要将用益权设为人役权的一部分。用益权是一项物权,直接涉及物作为其标的。另外,法典的另外一个重要贡献就是去掉了注释法学派所定义的用益权的双重属性。民法典认为只有被称为正式用益权的定义才能为第三人设立。当用益权被包含在所有权中,它并不独自存在,不再被认为是一种派生的用益权,这样就大大地简化了事情。Galli 议员向国会解释,我们对用益权人的权利的过去的定义,没有注意其他方面的区别,因为过去的注释法学家的描述明显是很原始的:内在产生的用益权和正式的用益权,这是古代法学家的智慧。这种细微的差别的描述只会带来无尽的争议和纠纷。[4]

用益权的定义从1804年开始没有再发生改变,它规定在《法国民法典》第578条:用益权是如同所有权人一样,对他人之物进行用益的权利,并具有维持物之本体的义务。所有罗马法的成果都融入这一条,几乎是《法学阶梯》和《法学汇纂》第533条的定义的语言文字:使用和收益他人之物的权利,并不得损害物之

---

〔1〕 Ph. Glaudet et J-M. Montazeaud, op. cit, n° 1035, p. 33 et 34.

〔2〕 J. -Ph. Levy et A. Castaldo, op. cit, n° 271, p. 357.

〔3〕 Masson, op. cit., p. 156; cf. Recueil complet des travaux préparations du Code civil, Paris 1836, t. 11, p. 212-218.

〔4〕 Recueil complet des travaux préparations du Code civil, Paris 1836, t. 11, p. 212-218.

本体。[1]

## 第二节　法国用益权的创新发展

### 一、法国用益权价值功能的演变

传统的用益权几乎只在配偶的继承权利中存在，而实践者使之有了新的突破，用益权成为财产转移的有力工具。传统地，《法国民法典》第 578 条定义的用益权是指对他人所有之物使用、收益的权利，并有维持物之本体的义务。用益权将所有权的三个权能中的使用财产和收益的权利，分配给用益权人。而对虚有权人来说，他被剥夺了物的使用性，但是也被保障在用益权灭失时获得完全所有权的复归。在用益物上并存两种权利，一种是鲜活、富有生命力的用益权，另一种是需要等待的潜在的权利——所有权。[2] 随着权能特性的分裂，用益权曾经遭到激烈的批评。简单地讲，有观点批评分配给财产继承人用益权是违反经济的，这种方式给财产的自由流转设置了障碍。因为在权利派生期间，用益权人和虚有权人不能独自一方转让财产：所有权被用益权或者其他临时的权利剥夺了物之可用性，虚有权人的权利只是一个可期待的权利。而用益权人没有处分权，使用权和收益权只是对物具有不完全的和暂时的控制。还有观点批评用益权促使财产的恶意管理。用益权人作为临时权利的所有人，[3] 意图通过用益物获得最大收益，对物之本体造成损害。例如，Carbonnier 描述道："用益权人不负责修建，他们也不尝试推迟物的折旧性损害。用益权人追求获取物的最大收益，直至穷尽。"[4]

上述的批评观点曾对用益权发展形成阻碍，遗产中的财产转移和流动尤其如此。[5] 如今，增值成为职业财产管理人对财产进行富有活力的管理的关键

---

[1] Justinien, Institutes 2,4 et Digeste 7,1,1.

[2] M. Grimaldi, les aspects civils du département de propriété, in actes du colloque du 17 octobre 1994: Démembrement de propriété-vulnérabilités et parades, droit et patrimoine, Hors série n° 2, mars 1995, p. 26 et s.

[3] Infra, n °63 et s.

[4] J. Carbonnier, Flexible droit, Pour une sociologie du droit sans rigueur, LGDJ, 9ème éd, p. 339.

[5] P. Catala, La transformation du patrimoine dans le droit civil modernen RTD civ. 1966, p. 186 et s.

词。用益权对财产运转具有加速作用,陈旧的制度显得越来越如落叶凋零。[1] 不可阻碍地,用益权重获新生。在遵守用益权的传统定义范畴内,尽管会有意见相反的批评,用益权仍然是因财产所有权人希望分离出该财产的实际收益权利而设立。继承法鼓励使用用益权,但是将它谨慎地用于夫妻中的一方。[2] 现今,自从 2001 年 12 月 3 日法令颁布起,[3] 健在配偶拥有夫妻间现存所有财产的用益权(有子女的情况下),[4] 而越来越多的家庭重组现象减少了这种情况,因为再婚的年迈妇女将返还用益财产。[5]

用益权并非只存在于法律领域,因为职业法律家在用益权制度中发现了许多的好处,包括用益权作为财产积极管理的法律密钥等还未开发的功能。[6] 也就是说,用益权的优点还在被研究,作为资源优化技术和法律管理手段,用益权随着另外一项运动重现:财产的非物质化。无形动产和用益权结合是现今财产管理常用的技术手段。社会进步是具有判断力的,根据《法国税法典》第 762 条规定的计算方式,用益权确实实现了财产移转中减少大量财务税费的目的。事实上,我们可以注意到简单的例子:虚有权人以财产虚有权的价值捐赠是不交税的。保留着用益权的捐赠人死亡时,财产的完全所有权复归于虚有权人。另外,信托总是缺位的事实成为用益权受欢迎的因素,准用益权可以将其代替,从而实现财产的临时转移。[7] 这些用益权的新运用刺激着传统理论的纯粹主义者,但是权利一直在演变且在这个标志性的演变中没有任何损害用益权的遗憾。在财产管理的范畴,用益权的使用符合营利性、财务性和收入流的要求。[8] 但法国学者 Grimaldi 提出这样的运用具有双重风险:首先,财务方面担忧利用用益权的民事效力来逃税。其次,民事权利完全沦为一种工具,将使用益权制度干涸,成

[1] J. Carbonnier, cité par Monassier, introduction aux actes du colloque du 17 octobre 1994 in Démembrement de propriété - vulnérabilités et parades, Droit et Patrimoine, Hors série, n°1, janvier 1995, p. 4.

[2] C. Atias, Droit civil, Les biens, 11ème éd., Litec, 2011, n°18, p. 14.

[3] 《关于健在配偶和成年子女权利和继承法规定的现代化的 2001-1135 号法令》。

[4] 《法国民法典》第 757 条。

[5] J. Carbonnier, Droit civil, Les biens, t. 3, 19ème éd., PUF, 2000, n°102, p. 178.

[6] M. Grimaldi, Notariat et libéralités, Rapport de synthèse des 4èmes rencontres Notariat-Université, Defrénois 1995, Art. 35962, n°18, p. 14.

[7] F-X. Lucas, Les transferts temporaires de valeurs mobilières, Pour une fiducie des valeurs mobilières, Bibl. dr. privé, n°283, LGDJ, 1997.

[8] D. Fiorina, L'usufruit d'un portefeuille de vqleurs mobilières, RTD civ. 1995, p. 43 et s., n°2.

为用益权合同的操纵手段。[1] 也就是说,关于法国用益权的发展的新理论存在缺陷。Monassier 先生指出:实践对这个孱弱的制度赋予了新方式。如今,当它出现一些问题后,同时让人感到惊奇和对它的大胆运用感到懊恼。[2]

## 二、法国用益权设立范围的扩展

《法国民法典》第 581 条规定了用益权可以设立在任何类型的动产或者不动产上。事实上,我们可以发现 1804 年《法国民法典》的条文规定主要用于不动产。更准确地说,民法典中的用益权主要运用于农业中。这并不令人感到惊奇,因为 1804 年的时候,所有权基本是指不动产和土地的所有权。例如,《法国民法典》第 583 条规定:自然孳息是指土地的自然产物之类的果实。畜类的产物与繁殖,也属于自然孳息。土地的人工孳息是指经过耕作获得的果实。同样地,《法国民法典》第 590 条到第 594 条只规定了树木的用益权,第 616 条规定了畜群的用益权,而第 624 条规定了建筑物的用益权。

如 Michel Villey 所强调的,民法典所坚持的财产的概念似乎是物质化的。[3] 第一顺位的财产,自然是不动产。[4] Ripert 注意到:从 19 世纪开始,土地所有权人自己仅仅支配土地,[5]用益权也不例外。翻阅民法典的条文,明显地规定的是对不动产这种稳定的财产,可以明确界定权利义务,即享有物之收益和维持物之原状。[6] 但是,随着经济社会的发展变化,正如 Rene Savatier 所述:财产如今主要成为动产以及越来越多的无形财产。[7] 公司权利、知识产权、商事营业资产等在经济中越发占有优势地位。[8] 另外,财产法反映出在无形财产方面的限制,因为没有对它们进行规定。一个根本性的问题被提出:没有特殊财

---

[1] Entretien avec le prof M. Grimaldi, JCP Ed. N2000, p. 10.

[2] B. Monassier, Introduction aux actes du colloque du 17 octobre 1994, démembrement de propriété – Vulnérabilités et parades, Droit et Patrimoine 1995: Hors série janvier 1995, p. 4.

[3] M. Villey, Préface Historique, Arvh. Philo. Droit: Les biens et les choses, t. 24, Sirey 1979, p. 2. Dans le même sens: R. Savatier, Les métamorphoses économiques et sociales du droit privé d'aujourd'hui, Seconde série, Dalloz, 1959, n° 4, p. 10.

[4] M. Planiol et G. Ripert, Traité pratique de droit civil français, t. 3, Les biens, LGDJ, 2ème éd., par M. Picard, 1952, n° 1, p. 1. Alors que les biens meubles, jugés de petite valeur; sont dédaignés comme l'atteste l'adage res mobilis, res vilis.

[5] G. Ripert, Les forces créatrice du droit, LGDJ, 1955, n° 78, p. 193.

[6] D. Fiorina, L'usufruit d'un portefeuille de valeurs mobilières: RTD civ. 1995, n° 3, p. 44.

[7] P. Catala, La transformation du patrimoine dans le droit civil moderne: RTD civ. 1996, n° 20, p. 200.

[8] C. Larroumet, Les biens, Droits réels principaux, Ecnomica, 4ème éd., 2004, n° 4, p. 6.

产权利吗?〔1〕 非主要的财产如今逐渐成为主要的财产,财产的这个变化实现了所有权的扩张,只是关于权利具有吸引力的事实的一个幻想。〔2〕 连续用益权的发展以及关于用益权的财务手法的发展,同时,财产越来越多地包含了无形财产,使得这个幻想变为可触摸的,同时极大地促进了用益权的发展。《法国民法典》提供了有形物用益权的方案,对无形物用益权的情形则没有任何规定。〔3〕 比如目前,公司权利的用益权在理论和实践中同时产生了特殊的法律问题。理论的问题是因为公司的人格化和用益权的物权特征相对比。〔4〕 实践中法律问题主要是因为产生了权力分配的问题,股东权利的行使、公司资产的分配、投票权等。总之,尽管用益权的一般法适用于有形物,但还是为特殊权利的用益权留下了空间。智力成果、公司结构或法律结构呈现共同的特性:不能归类于任何有形物质,都属于某些人的权利以拥有金钱上的价值。〔5〕 但是,《法国民法典》第578条及以下的数条规定有时是不够的,显得无力。〔6〕 应当包含对某些财产的特殊规定,如公司权利用益权,知识产权用益权或者人寿保险合同的用益权。特殊财产的用益权随着社会演进产生和发展,在实际中真正地扩大了用益权的设立范围,并统一地归属于非典型用益权的范围。

## 三、法国用益权本质属性的改观

### (一)用益权养老性质的改观

数个世纪以来,学界〔7〕教授用益权主要是养老性质的权利,即这个权利的

---

〔1〕 C. Atias, Les biens, Litec, 11ème éd., 2011, n° 58, p. 38. 提出特殊财产权利的观点似乎是一条路径。

〔2〕 J-M. Mousseron, J. Raynard, T. Revet, De la propriété comme modèle, Mélanges Colomer, 1993, Litec, p. 281 et s.

〔3〕 《法国民法典》对养老年金的规定除外。art. 584, al. 1er, 588, 610.

〔4〕 I. Robert-Cadet, L'usufruit des droits sociaux, loc. cit., n° 3, p. 54.

〔5〕 C. Atias, Droit civil, Les biens, 11ème éd., Litec, 2011, n° 22, p. 17.

〔6〕 Anne. Rabreau, L'usufruit des droits sociaux, op. cit., n° 5, p. 7.

〔7〕 Proudhon, op. cit., loc. cit.; T et Duvergier, Le droit civil français, 6ème éd., Vol. 2, n° 389; Baudry-Lacoullierantinerie et Chauveau, Traité théorique et pratique de droit civil, 2ème éd. t. Ⅵ, Des biens, n° 728; Demolombe, Cours de Code napoléon, Traité de la Distinction des biens, De la propriété; De l'usufuit, de l'usage et de l'habitation, 2ème éd., Vol. 10, t. 2, n° 227; PLANIOL et Ripert, Traité pratique de droit civil français, 7ème éd., t. 2, par P. Esmein, 228; G. Marty et P. Raynaud, Droit civil, Les biens, par P. Jourdain, Dalloz, 1995, n° 62 et 81; J. Carbonnier, Droit civil, Les biens, t. 3, 19ème éd., PUF, 2000. n 94; F. Terre et P. Simler, Droit civil, Les biens, Précis Dalloz, 5ème éd., 1998, n° 722 et 767; F. zenati et T. Revet, Les biens, 2ème éd., PUF, 1997, n 241 et 245-c; J-L. Bergel, M. Bruschi et S. Cimammonti, Traité de droit civil, sous la dirction de J. Ghestin, Les biens, LGDJ, 2000, n° 246.

期限不能超过用益权人的生命期限。跟随这个学术观点,用益权是一项不能死因转移的权利且用益权人的死亡构成用益权灭失的最大的期限。但是最大的期限并非排他的期限:根据协议可以设立一个更短的用益权灭失期限。如果用益权具有固定的期限,那么用益权人在期限到来之前死亡时用益权灭失。用益权主要的养老性质也来自《法国民法典》第 617 条第 1 款,这个条文规定:用益权因用益权人的自然死亡和民事死亡而灭失。还有相关判例的分析:1933 年 6 月 16 日最高上诉院的联合法庭的一项判决提出,根据《法国民法典》第 617 条所有的用益权,应当设立有固定的期限,因用益权人的死亡完全地灭失。[1] 事实上,第 617 条第 1 款的规定并未明确用益权的主要性质是养老,这个条文规定中还有其他的关于用益权灭失的原因。实际上,第 617 条提出用益权主要通过其所附属的期限到期而灭失。这个规定的期限是解释性的,[2]并没有明确所列举的不同的灭失原因的效力等级。既然法律规定并没有明确用益权的养老性质在其灭失上比期限到来具有优先性,那么就可能颠覆传统学界对灭失原因确立的效力等级和承认合同规定的期限优于用益权人的死亡。

另外,学界从 1933 年系统性地以最高上诉院联合法庭的决议为威慑[3]以确定用益权是一种养老的权利。但是这个法令所反映的事实是属于财务性质的,它涉及虚有权人生前赠与的不动产上收取的财产移转税。当这个估价将导致价值高于根据用益权人的年龄所计算出来的养老用益权的价值时,最高上诉院认为给确定期限用益权所确定的估价没有考虑用益权人的年龄是不适用的,实际上关于财务争议的明确对用益权期限法律制度的建立没有影响。

更深层次地分析:最初,用益权是考虑到受益者个人而赋予的一种权利。它一直是这样但并非排他的。如今,用益权也是一种管理财产的珍贵工具。[4] 这个权利的工具化不能缺乏其深层性质所起的作用。财产的移转也构成用益权性质改变的因素:在非物质化中失去财产的统一性,且所有权人和其财产的联系不可避免地被瓦解。不动产的用益权当然可以使得受益人在其生存期间内继续生活在同样的围墙内。但是,当用益权设立在动产价值上和赋予一位法人,那么所

[1] Cass. Ch. Réunies, 16 juin 1933, D. H. 1933, p. 393.

[2] F. Zenati, obs. sous Cass. civ. 1ère, 4 avril 1991, RTD civ. 1992, n° 5, p. 598.

[3] Supra, note 183.

[4] M. Grimaldi, Droit civil, Liberalités, Partage d'ascendants, Litec, 2000, n° 1024.

赋予的权利和其受益人没有特别的联系。因为法人没有自己的个人需求要满足,它的创立只是符合设立者的需求。另外,最近的研究提出警告:当用益权被作为某种手法运用,用益权的养老性质是有风险的。Berger 认为越来越频繁地将法人临时用益权用于投资的操作,如果这个投资的事实是某人在虚有权捐赠时保留临时用益权,该操作变得不可能或者至少是在投资的公司受益人不能被担保投资的用益权可以持续到期限届满的情形下是有风险的。在规定的期限到期前用益权人死亡会造成用益权的提前灭失。[1] 这强调了用益权现实使用于司法—财务的剪接,和民法典的现实使用只有很少的共同点。不再协调考虑收益权和其受益人,因为应当在数人之间分配权利或者移转财产以实现经济财务实体。用益权原本的性质,是被设计为家庭生活中的存在方式,继续生存的方式,[2]已经不合时宜。曾经的用益权被赋予某人以满足在其生存期间的个人需要,如今在职业财产管理人手中,成为一种安全的财产管理的手段,就是说不存在用益权必须是养老性质的说法。

如果禁止用益权的永久性构成一项旨在保障遵守所有权完全完整的技术,那么相反地,技术上也可能支持用益权的最大期限不是必须到用益权人死亡。如果用益权是协议设立的,而其设立期限是明确的,为什么不承认遵守《法国民法典》第 1134 条的规定呢? 实证法提供了用益权期限方面的证明。第一,连续用益权的有效性。连续用益权的设立使得所有权人将该财产上的用益权处分给数人,这些人连续享有用益权。这个做法如今很流行,判例很早以来就承认了其有效性。[3] 关于连续用益权的运行,规定了每个用益权在之前的用益权灭失时开启。通常在夫妻间,通过这个条文财产的用益权保留给第一位受益人的配偶,从第一位受益人死亡之日起开启。连续用益权的目的是使受益人几代连续享有财产收益。鉴于用益权不可死因移转性,赠与人不是同意一个用益权而是数个,只是这数个用益权连续开启。对连续用益权的数量进行限制以避免设立永久性

---

〔1〕 P. Berger, Reservé et reversion d'usufuit, Droit et patrimoine, février 1999, p. 19.

〔2〕 G. Cornu, Droit civil, Introduction, Les personne, Les biens, op. cit., n° 1256.

〔3〕 Cass. Req., 15 mai 1865, DP. 1865, 1, p. 431; Cass. civ. 1ère, 25 octobre 1978, JCP Ed. N 1980. Ⅱ. 278, obs. Thuillier; D. 1979, p. 56. 该作者写道:设立了用益权的不动产所有权人保留自由自配的权利,唯一的条件是尊重临时的养老的用益权。他可以转让这个不动产上的用益权,在第一个用益权结束时第二个用益权开始。

用益权。设立连续用益权涉及固定的期限的用益权,第一个用益权人的死亡并不带来完全所有权的重建。[1] 第二,为法人保留的用益权。当用益权人为法人,《法国民法典》第619条将用益权的期限限制在30年内。在这种情况下,给予法人的用益权不可能是养老性质的,必须法定地确立一个最大的期限以避免用益权成为永久性的。在1995年1月24日的法令中,Caen上诉庭的法官提出两个不同的观点:立法者希望限制受赠人享有无限用益权的可能性,但是完全相反地,当法人作为赠与人,赠与的行为人给自己保留习俗上的用益权时,这种期限的限制是不合法的。这个规定实际损害了赠与人的自由,它实际上应当只被赠与不可撤销原则所限制。还有,《法国民法典》第619条适用于所有的用益权,这是对用益权概念的一般性规定,应当不能违反,30年的期限的确定是考虑到公共秩序。[2]

Aix-en-Provence上诉庭在1997年9月16日的裁决中明确:在保留用益权转让的范围内,和这个用益权不是永久性的前提下,如果当事人另有约定30年的期限不是强制性的。[3] 连续用益权的设立或者法人保留的用益权,足以说明用益权期限的问题。可以通过设立者的意愿,协议设立固定期限的用益权,而不适用法定的期限。

(二)知识产权用益权性质的争议

传统领域的用益权的概念,应用在知识产权领域内产生了疑问。实际上,根据《法国民法典》第544条的意思,知识产权不能被定义为所有权。另外,根据传统的学界的观点,用益权是所有权的派生权利。难道说用益权不能存在于知识产权上?答案当然是否定的。首先,《法国民法典》第581条明确地提出,用益权可以设立在任何种类的动产或者不动产上。其次,《法国知识产权法典》在第

---

〔1〕 M. Grimaldi, Droit civil, Libéralités, Partage d'ascendants, LItec, 2000, n° 1166; adde: THUILLIER, La transmission à cause de mort de l'usufuit d'un bien n'appartenant au défunt qu'en nue-propriété, JCP Ed. N 1975. Ⅰ. 2694.

〔2〕 Cour d'appel Caen, 24 janvier 1995, Defrénois 1996, art. 36278, n° 24' note. C. Atias; JCP 1995, Ⅳ, 1360; Droit et Patrimoine 1996, p. 46 et s., note F-D. Poirinal. 还有《法国民法典》第619条的强制性特征并非自身的强制性,某些法学家,主要是Proudhon并不认为这个期限是固定的,而是可以灵活调整的。Adde: C. Atias, Droit civil, Les biens, 11ème éd., Litec, 2011, n° 160.

〔3〕 Cour d'appel Ais-en-Provence, 4ème ch. B, 16 septembre 1997, ville de Marseille c/Sté L., RG93/3828.

L. 123-6 条为健在配偶设立了著作权的用益权。所以,知识产权可以设立用益权是不容争议的。只是这个用益权和民法典规定的用益权有些差距。适用于知识产权的用益权不是所有权的派生权利,这个特殊性和用益权客体相关,知识产权用益权的客体不是创造而是财产权利。从民法角度考虑可以推论出什么呢?毫无疑问,应当考虑某些学者所认为的:用益权必须被重新定义为派生权利,不是所有权的派生权利,而是更广泛的财产权利的派生权利。[1] 总之,知识产权用益权也是一种用益权,但这种用益权是财产权利的派生权利。

但是,知识产权用益权仍然维持了和民法典的紧密联系,民法的一般规定适用很广泛。这就是说我们给知识产权用益权确认的特殊地位不是完全不符合民法典。然而,这个用益权的客体包含权利的事实给用益权制度带来了影响。对民法典中用益权的一般规定进行简单的移转和类比适用,不总是那么容易。

**四、法国用益权现状的概括介绍**

综上所述,法国用益权的发展已经超越了《法国民法典》第 578 条的定义,总体来讲,可以根据设立方式和用益财产的性质来进行划分归纳法国用益权的现状。根据用益权是为一人设立还是为连续收益的数人设立分为典型用益权和连续用益权。连续用益权并不是《法国民法典》所规定的用益权类型,但是它出现在实证法中,并且不违反一般法的规定,具有一定的理论价值和实践价值,是本书重点研究的用益权类型之一。

根据用益财产的性质将法国用益权划分为典型用益权、准用益权和非典型用益权。《法国民法典》第 578 条所定义的用益权是法国民法中的典型用益权。《法国民法典》第 587 条规定的设立在消耗性财产上的准用益权不适用第 578 条的一般规定,而是采用了等量等值返还或者价值返还的体系。准用益权比传统的用益权具有更大的灵活性,更有利于经济价值功能的发挥,它也是本书重点研究的对象之一。

另外,还有一些特殊财产上的用益权,难以适用典型用益权的一般规定,甚至应当适用专门的特殊法律规定,我们称为非典型用益权,主要涉及以下 3 种。

---

〔1〕 F. Terré et P. Simler, Les biens, op. cit., n° 86, p. 142.

(一)无形财产用益权

无形财产上的用益权主要是指权利上的用益权,比如公司权利用益权、债权用益权、知识产权用益权等。根据《法国民法典》第582条[1]的规定,公司权利用益权人享有公司股份的盈利或者分红。关于投票权的分配,章程不能完全剥夺虚有权人的投票权,而用益权人至少应该获得盈利分配决议的投票权。在此条件下,当事人可以自由地协议安排投票权的分配。债权用益权人仅享有要求清偿的权利,该用益权人应在用益权期限届满时,返还其收取的本金。知识产权用益权的复杂性并不仅限于财产的特殊性,还在于知识产权本身的复杂性。《知识产权法典》中规定了健在配偶对已故作者的著作权所享有的用益权,而大量工业产权则通过设立用益权的方式进行开发利用。

(二)概括性财产用益权

畜群、有价证券账户和商事营业资产都属于概括性财产,需要通过经营管理维持或者增加价值。畜群是19世纪社会的乡村性质在法国民法典里一个简单体现。有价证券账户是通过法国著名的Baylet法令定义为的概括性财产,用益权人未经虚有权人同意不得单独处分有价证券的实物载体,但是可以买卖回购其所承载的资产。在此条件下,用益权人可以自由地处分这些证券,但是以用其他证券来替代为前提。相反地,对转让有价证券所得款项进行消费或者将之用于证券之外的再投资,则需要用益权人和虚有权人双方的同意。商事营业资产用益权较为复杂,对于商事营业资产,不像股票证券等有专门的代理制度,通过协议将之交于用益权人经营对不善经营的虚有权人是一个有利的选择。而对于商事营业资产构成成分如顾客群、商品等,持续地进行变化流动是其根本特点,所以不能要求用益权人维持物之本体。概括性财产的特点要求在用益权结束时,返还给虚有权人与用益权开始行使时同种等值的财产。

(三)周期性产物用益权

用益权的标的是财产孳息,产物上不能设立用益权,这已经是共识。但是在法国民法中,周期性产物可以作为用益权的标的,因为它会随着周期性的生产而恢复原状。比如,定期被砍伐的大树木成为孳息、已经开采的矿山将矿石作为了

---

[1] 《法国民法典》第582条规定:"用益权人对其享有用益权之物可以产生的任何种类的孳息,不论是自然孳息、人工孳息或民事上规定的孳息,均有权享益。"

孳息而不是产物，这些是实践中的特例，《法国民法典》毫不遗漏地将之纳入。

对于法国用益权的种类，尤其是非典型用益权的种类，难以穷尽。因此，本书选取了较有代表性和具有突出法律问题的公司权利用益权和知识产权用益权进行研究。本书对法国用益权法律问题的研究将按照法国典型用益权、法国准用益权、法国连续用益权、法国公司权利用益权和法国知识产权用益权的顺序进行。

# 第二章　法国典型用益权：所有权派生权利

## 第一节　典型用益权概述

### 一、典型用益权的定义和特征

罗马法将用益权定义为“对他人之物的使用和收益的权利,以保存物的本体为条件”。这一定义是《法国民法典》第578条对用益权所下定义的渊源。该条规定:“用益权人如所有权人一样,享有所有权属于他人之物的权利,但用益权人负有保存该物本体的义务。”马洛里认为《法国民法典》第578条关于用益权的定义缺少两个基本要素,因为它既未解释用益权的临时性质,也未揭示它是一种物权,但它确认了用益权是所有权的派生权利。

法国用益权具有以下法律特征:第一,用益权是使用和收益的权利。用益权人没有处分权,具有维持物之本体的义务。用益权人在用益权结束时应当将用益财产返还给虚有权人。第二,用益权是一项临时性的权利。用益权是所有权的派生权利,所有权是一项永久性的权利,所有权派生权利必然是临时性的,否则永久性的所有权将是一项不复存在的权利。就用益权的期限而言,当用益权人是自然人时,《法国民法典》第617条规定了用益权灭失的原因;当用益权人是法人时,《法国民法典》第619条规定:非给予个人的用益权,以30年为限。第三,用益权是一项物权。用益权起源于罗马法,罗马法中的所有权是一种典型的物权,作为所有权派生权利的用益权也当然具有物权性质。

## 二、典型用益权的分类

### (一)不动产用益权和动产用益权

《法国民法典》第581条规定:用益权可以在所有类型的动产和不动产上设立。因此,用益权可以划分为不动产用益权和动产用益权。

#### 1. 不动产用益权

根据《法国民法典》第763条的规定,健在配偶在夫妻双方所有而作为其主要住宅的不动产上具有临时性的居住权。根据《法国民法典》第764条的规定,健在配偶夫妻双方所有而作为其主要住宅的不动产上具有终生性的居住权。根据《法国民法典》第631条和第634条的规定,如健在配偶的状况表明设置居住权与使用权的住房已经不能适应其需要时,其本人或其代理人可以将住房用于出租,但商用或者农用租赁的除外,以便取得为其本人提供新的居所条件所必要的收入。

1989年7月6日法令第10条规定:出租人为自然人缔结的居住租约期限不低于3年,用益权人只能签署期限不超过9年的居住租约。用益权人作为出租人可以给予承租人解除期限,通过司法解除租约以行使收回的权利。相反地,为出卖之目的而给予解除期,构成的处分行为应当征得虚有权人的同意。

商业租约和农产租约最少的期限为9年,根据《法国民法典》第595条的规定,这些出租的权利不再是用益权人的独有权利。第一,商业租约。非经虚有权人参与,用益权人不得出租工业、商业、手工业使用的不动产。缺乏虚有权人的同意,用益权人可以经法院批准之后自行订立这些租约。没有虚有权人同意或者未经法院批准的商业租约可能在用益权到期前被虚有权人取消。租约的更新在法律角度上成为新的租约,所以用益权人需征得虚有权人的同意。商业承租人应当向虚有权人提出租约更新的要求。如果租约的更新被拒绝,虚有权人和用益权人应当一起承担追夺所有权的赔偿。第二,农村土地租约。根据《法国民法典》第595条的规定,用益权人应当获得虚有权人的协作以缔结农村土地租约,经法院批准的情形除外。如果没有上述的协作,虚有权人可以主张租约无效。

#### 2. 动产用益权

可以在所有类型的动产财产上设立用益权:家具、家电或者视听设备、车辆、船舶等。从经济的角度,动产具有随着时间消耗价值的特性。但是民法典的编纂者没有考虑到动产的特殊性,因为消耗品和半消耗品在 1804 年还不普及。因此,用益权人和虚有权人之间的关系明显不公平。《法国民法典》第 589 条规定:"如用益权包括虽然不是立即消耗但因使用而逐步损耗之物,如衣物、动产家具等,用益权人有权按照它们的规定用途使用之,并且仅在用益权终止时按照它们所处的状态予以归还,但不得恶意或因过错损坏其使用之物。"这些规定的适用导致在用益权结束时,可能返还给虚有权人使用过的、废旧的、无法使用的无价值的财产。一边是消费品社会中"幸福"的用益权人,而另一边是作为时间牺牲品的可怜的虚有权人。

(二)法定用益权和协定用益权

《法国民法典》第 579 条规定:"用益权依法律设立,或者依人的意思设立。"因此,用益权根据设立方式的不同可以划分为:法定的用益权和协定的用益权。法定的用益权主要是指根据继承法设立的用益权,包括:配偶的法定用益权、夫妻间赠与的用益权、遗嘱分配的用益权以及婚姻协议设立的用益权。协定的用益权主要是指当事人通过双方合意对用益权进行的买卖、投资和捐赠。

## 第二节　典型用益权人的法律地位

法国民法中的典型用益权是所有权的派生权利,用益权人取得使用权和收益权,而原所有权人只保留处分权。由于失去了物的可用性,原所有权人只能在用益权结束时主张用益权的复归而重新获得完全所有权,因此在财产设立用益权期间,原所有权人成为虚有权人。为了保障用益权人的利益,虚有权人具有相应的义务;而为了防止用益权人滥用权利和收益,虚有权人也具有相应的权利。用益权人和虚有权人是相互独立也是紧密联系的,两者的法律地位相辅相成。

### 一、用益权人和虚有权人的权利义务

(一)用益权人的权利义务

1. 用益权人的权利。第一,使用权和收益权。用益权人对标的物享有使用权和收益权,其可自行使用物并收取物之孳息。但用益权人对"产物"不享有权利,因为产物涉及物之本体。对于本体,用益权人必须予以维持。第二,管理权。

根据收益权,用益权人可以实施两方面的管理行为:日常管理和租赁。日常管理行为是指财产的用益权人像所有权人一样,为管理其财产而通常应实施的行为。用益权人有权将标的物出租以收取租金,《法国民法典》第595条第2款对这种租赁合同的期限进行了规定,以保证了虚有权人和用益权人、承租人之间的利益的平衡。第三,处分用益权的权利。虽然用益权人不享有对标的物的处分权利,不得处分标的物的所有权,但其可以处分其拥有的权利,即用益权,主要是可以对之转让。但用益权的期限不因转让发生任何变化。

2. 用益权人的义务。第一,不得改变用益物质用途。根据《法国民法典》第578条对用益权所下的定义,用益权人不仅不能损毁标的物,还不得通过改变标的物的利用方法而改变其用途,同时,也不得改变标的物的性质。第二,维修。根据《法国民法典》第605条第1款的规定,用益权人应当负责标的物的日常维护,虚有权可以要求其维修或者自行支付费用后要求其补偿。但涉及标的物本体的大规模维修原则上由虚有权人负担。

(二)虚有权人的权利义务

1. 虚有权人的权利

第一,对标的物之"产物"的权利。设立用益权后,虚有权人对标的物既不能享受也无权收取孳息,仅对标的物本身的产物享有权利。第二,出让标的物的权利。根据《法国民法典》第621条的规定,虚有权人转让用益权标的物,用益权人的权利不受任何影响,虚有权人只能在保留用益权的情况下出让标的物。第三,主张用益权失效的权利。根据《法国民法典》第618条的规定,用益权人滥用收益对用益财产造成损害的情形下,虚有权人有权主张用益权失效。

2. 虚有权人的义务

《法国民法典》第605条以区分日常维护和大修的方式对义务分摊进行了界定。日常维护的费用由用益权人承担,大修的责任由虚有权人承担。

(1)关于分摊原则的分析

《法国民法典》第605条规定:用益权人仅负维修保养义务,大型修缮仍由所有权人负担。但是,如果因用益权设立之后缺乏维修保养而需要进行大型修缮,则应当由用益权人负担。《法国民法典》第605条陈述的是费用分摊的根本原则,第606条则规定:"大修是指对大面积墙体和拱门的修缮,对大梁和屋顶的修复,对堤坝、挡土墙和大梁的整体修复。其他部分的修复属于日常的维护。"第

606 条对大修进行了限制性的规定,但是存在如下缺陷:首先,根据简短列举的大修来进行费用的分摊似乎不全面;其次,自民法典编纂以来,对建筑技术和材料发生显著的辩论。判例在对这条规定适用时无法确定一个符合实际的区分界限。拥有自由裁量权的法官主要地根据物质标准(工程的重要性)和财务情况(花销的特殊性质)以确定大修的特性。

以下项目属于大修,由虚有权人负担费用:

——对不动产山墙和铁门的重建

——复原锌制品

——重修烟囱

——地板和楼梯的整体修复

——污水池的复原

——修复平衡墙的裂缝

——重建被根瘤蚜毁坏的葡萄园

相反地,以下各项属于其他修缮,由用益权人负担费用:

——对建筑面重抹灰泥和对不动产重新粉刷

——换掉破烂的电梯

——重塑屋顶的密封性

——替换破烂的取暖设施

——更换中央供暖的锅炉

——重修不动产的空调设备

(2)修缮的执行

根据《法国民法典》第 605 条的规定,用益权人主要的义务是维修不动产。因此,虚有权人可以要求用益权人进行修缮并承担费用。用益权人拒不履行义务的,法官可以判决用益权人承担罚款,甚至用益权失效,将用益权转换为年金,令用益权人偿还虚有权人支付的应当由用益权人承担的花销。相反地,虚有权人没有义务执行应当由用益权人完成的工程。

相应地,根据《法国民法典》第 599 条的规定,在某些特殊情况下,虚有权人拒绝进行不动产使用所必需的大修将承担对用益权人的损害赔偿。最经常的情况是,虚有权人不作为,用益权人自行修缮。最重要的是,承租人会因用益权人是出租人,而要求其进行修缮。第 599 条第 2 款对修缮不动产的用益权人给予的补偿留下了缺陷。判例未遵循派生权利的一般规定，只是根据不当得利的原则，在用益权结束时给予用益权人根据不动产增值计算出的补偿金。

(3)协议的调整

《法国民法典》第605条和第606条的规定不是强制性的，可以通过设立派生权利的文书规避。因此，捐赠文书可以将小开支和大修的花费一起交由用益权人或者虚有权人来负担。这个规定的好处是费用的承担十分明确，避免了相关的争议。协议条文同样可以强制大修义务的履行。在这种情况下，与法定体系相反，以明确履行某种义务为条件，要求虚有权人进行对用益权人有利的大修。

**二、用益权人和虚有权人对债务的分摊**

同一财产上的用益权和虚有权并不构成共有，用益权人和虚有权人的权利是相互协作的关系而非对立关系。但是，用益权和虚有权也会涉及共有的情形，例如，同一个财产上具有数个用益权人或者虚有权人，用益权人之间的相互关系或者虚有权人之间的相互关系适用《法国民法典》第815条[1]及以下条文。设立用益权的财产可能负担有债务，在这种情况下，需要确定由虚有权人还是用益权人来负担债务。根据债务是否在设立用益权之前产生，债务分担方式有所不同。

(一)设立用益权之前的债务

以收益作为交换，用益权人应当承担债务的利息。如果用益权人只享有一部分的财产上的用益权，则只承担该部分的债务利息。《法国民法典》第612条规定："用益权人或者共同的用益权人，应当和虚有权人一起分摊债务的支付。对用益权设定之财产进行估值，根据价值确定债务的分摊。如果用益权人先支付了用益财产的债务，在用益权结束时，将返还其债务的本金，利息除外。如果用益权人不愿意先支付债务，虚有权人可以选择自行支付债务，而由用益权人在用益期间承担利息或者在出卖不超过债务价值的一部分用益财产。"因此，可以从该条的规定中抽离出如下原则。

用益权人负担债务的利息，而虚有权人负担债务之本金。如果用益权人愿意先支付债务，在用益权结束时，虚有权人应当将债务本金返还给用益权人，利

---

〔1〕《法国民法典》第815条及以下条文构成第三编第七章"共有的法定制度"，其中第815-18条规定："第815条至第815-17条之规定适用于用益权的共有，但以此规定不抵触有关用益权的规则为限。"

息除外。这样,则是由用益权人来保证债务的全部支付,其代替虚有权人支付债务金,而虚有权人在用益权结束进行账目结算时应当考虑到这部分金额的返还。[1] 如果用益权人不愿意先偿付债务,虚有权人有两种选择:第一,虚有权人自行支付债务。在这种情况下,用益权人应当支付利息,即使债权是非收益性的。第二,如果虚有权人也不愿意先行支付债务,虚有权人有权在债务的限度内出卖用益财产,以出卖之价金清偿债务。出卖用益财产时,用益权人和虚有权人都有权选择用于出卖的财产,如有争议,由法官裁决。

(二)设立用益权之后的债务

《法国民法典》第608条和第609条规定如何在用益权人和虚有权人之间分摊费用,第608条规定了日常费用的分摊,第609条规定了特殊费用的分摊,两者有所区别。

用益权人应当承担所有的日常费用,正如《法国民法典》第608条的规定:"用益权人在用益期间应当承担不动产上每年的各项负担,例如,捐税以及习惯上被认为属于孳息性负担的其他税项。"该条明确了用益权人承担税务方面的费用:[2] 首先,用益权人承担设立用益权财产上的地方税务。对于不动产建筑物,如用益权人自己居住,应当交纳居住税;如用益权人将不动产出租给第三人,则由承租人交纳相关税款。其次,用益权人应支付土地税,尽管这个费用通常由所有权人承担。根据《法国民法典》第608条所规定的费用的年度性,可以推导出将设立在用益财产上的所有周期性的费用作为日常费用。因为土地税属于年度性的纳税,所以由用益权人承担。应当注意到第608条的规定并非强制性规定,当事人可以协商以明确规定的方式分摊税费,如规定土地税由虚有权人偿还给用益权人。

对于《法国民法典》第609条规定的特殊费用,虚有权人应当支付,而用益权人应当在用益期间支付费用本金之利息。如果用益权人先支付了特殊费用,其本人或其继承人可以在用益权结束时向虚有权人要求收回垫付的金额。

---

[1] 注意:这种情况实际中常发生在作为配偶的用益权人死亡时以死亡保险金继续独自承担不应由其负责的借贷。按照上述原则的正确做法是,在用益权灭失时,应当确定债权以利于用益权人的继承人,从财务的角度来说,债权应当并入用益权人应纳税的继承资产中。

[2] V. D. Ponton-Grillet, la relation en fiscal entre l'usufruitier et le nu-propriétaire: D, 1989, chron. p. 250.

## 第三节　典型用益权的产生、移转及灭失

### 一、根据继承法设立的用益权

(一)健在配偶法定用益权

继承法中所产生的用益权,主要是为健在配偶设立的用益权。《法国民法典》第 767 条赋予了配偶全部继承财产上 1/4 的用益权利。2001 年 12 月 3 日颁布而在 2002 年 7 月 1 日生效的法令对这条规定进行了修改而赋予了健在配偶继承的资格,即使存在特留份继承人的情形下也如此。根据《法国民法典》第 757 条的规定,如果夫妻间有小孩,法律赋予健在一方选择权,其可以对死亡的一方所有财产行使用益权。这个法定用益权设立于死亡一方留下的全部财产上,遗嘱另有处分的除外。允许在为后代的特留份财产上设立健在配偶之法定用益权,这一点是原第 767 条所没有的。2001 年法令的立法者赋予了配偶中健在一方对住所的终身权利(《法国民法典》第 764 条)和对住所的暂时权利(《法国民法典》第 763 条)。这两种权利只能设立于死亡一方生前主要的居所。暂时的用益权利是基于公共秩序而非继承权,而终身的用益权则非基于公共秩序,配偶可以公证遗嘱的形式拥有该权利,该权利表现出继承的性质。除法定用益权外,死者的明确意愿也可以设立用益权,包括:夫妻间的赠与、遗嘱、婚姻协议。

(二)夫妻间赠与的用益权

夫妻间的赠与往往以公证的形式确立,尤其是在法律规定配偶只有全部财产上 1/4 的用益权利的时代。它由公证形式确立以保证健在配偶得到比法定更多的权利。根据《法国民法典》第 1094 条第 1 款的规定,将来赠与的权利可以设立于财产的特留份额之上,不能对该财产有任何的减损,给予健在配偶的可自由支配之财产除外。无论受益者的年龄大小,这个原则均适用。遗嘱中的夫妻间的捐赠也是这样,但只在处分的一方死亡时才生效。这个捐赠是可以撤销的,如果夫妻双方离婚,则自动撤销。虽然夫妻间的遗赠要求进行公证,但是并不禁止以遗嘱的形式赠与继承财产的用益权。

(三)遗嘱设立的用益权

用益权的受遗赠者可能是配偶,上述的夫妻间捐赠用益权的原则适用于此。

如果受益人并非配偶,规则就不同了。如果受益人是同居伴侣,则对于用益权的遗赠还涉及对特留份财产的保护。根据大部分的司法判例以及一部分的学说,遗赠的用益权超过可自由支配的财产时,则应当作相应的扣减。

《法国民法典》第 917 条规定:“如果生前处分或遗嘱中的用益权或者养老金价值超过可自由支配的财产,用益权的受益人可以选择行使处分中的用益权,放弃自由支配部分的财产所有权。”这一条提供了选择权,或者放弃可支配部分的所有权,或者按规定对用益权进行扣减。第 917 条没有给特留份继承人提供相应的权利。这至少这个选择权,自动地执行全部财产用益权或者放弃可支配财产的所有权,属于用益权人。

(四)婚姻协议设立的用益权

通过婚姻协议可以设立所有权派生权利。这历来已久,可以将财产上的用益权单独分配以代替分配所有权。健在配偶获得夫妻共同财产一半的所有权,还有另一半财产的用益权。死亡一方的继承人成为这一半财产的虚有权人。根据《法国民法典》第 1527 条,从夫妻间的特殊赠与中扣除前婚子女的抚养费用的做法不易被前婚子女所接受,因为根据《法国民法典》第 1094 条第 1 款的规定,法定的赠与必须要在夫妻间特殊的可支配财产范围内进行。

## 二、根据契约自由设立的用益权

处分人自愿设立用益权,往往是为了通过移转财产而减少税收。处分方式有如下几种:买卖、投资或者捐赠。

(一)用益权之买卖

用益权可以进行有偿转让,大多时候在家庭内执行,而适用《法国民法典》第 918 条的规定。该条规定:“被转让财产,或者用于负担养老金或者将用益权保留给直系继承人之一,该转让财产的绝对所有权价值折算入财产的可自由支配部分。超过部分予以扣减。折算和扣减之请求只能由不同意该转让的其他直接继承人提出。”

如果虚有权的受让人为直系继承人之一,则该买卖被视为对继承份额之外的捐赠。受让人无需支付虚有权之价值。规避此规定的方式如下:第一,将用益权出售或者赠与虚有权人;第二,规定出售时不可保留用益权但可保留使用权和居住权;第三,使推定继承人对虚有权之出售达成协议,以将来之继承协议明确将赠与放弃或者计入可自由支配份额,或对赠与进行相应的扣减。当共同继承人之一是未成年人或成年的无民事行为能力人时，需要法官的许可。

(二)用益权之出资

公司制度在财产转移方面的成功使得所有权派生权利多用于出资。用益权人和虚有权人可以自由地处分他们所持有的物权和可以用其向公司出资。所有权人单独将用益权出资的，期限不得超过 30 年，因为《法国民法典》第 615 条规定"非给予个人的用益权期限不得超过 30 年"。更多地，用益权人和虚有权人以他们的权利共同进行出资，该出资则以所有权出资的方式拥有公司的权利，但有不同约定的除外。在出资和所有权派生权利相结合时，存在一些问题，比如，由于用益权人的年龄和财产之性质，虚有权的经济价值显得微乎其微，保留用益权而以虚有权出资毫无用处。

(三)用益权之捐赠

生者间可以将所有权派生权利进行赠与。处分人可以将财产的用益权保留而进行捐赠，将用益权捐赠的情况则较少。为财政目的而进行的保留用益权之赠与，可以减少税基。例如，处分人将虚有权赠与，处分人为用益权人，处分人死后用益权灭失，绝对所有权不再包含用益权的税收。用益权也可以进行赠与。至今为止，收益的赠与是可以返还的。同样，用益权的赠与也是可以返还的。然而，如何返还并与虚有权结合难以掌握。

## 三、用益权的移转方式

(一)用益权的估价

没有任何法律对用益权和虚有权的价值进行了确定，实践中用《法国税法典》第 669 条进行换算，但这条规定不得对抗民事关系当事人。这条规定仅限于财务范围，用于无偿性财产移转中税收的计算，即捐赠或宣告继承。根据该条的计算方式，设定固定期限的用益权价值则每十年相当于全部所有权价值的 10%。然而，由于方便或者无知，第 669 条的计算表已经作为用益权估价的准则。对此，Aulagier 强调：法学家应当保证双方缔结的合同在经济上和司法上的平衡，机械地适用第 669 条会损害用益权人，尽管这个损害很少显现。[1]

---

[1] Jean Aulagier, Usufruit et nue-propriété dans la gestion de patrimoine, Editions Maxima, p. 59 et s.

《法国税法典》第669条的计算如表1所示：

**表1 《法国税法典》第669条的计算**

单位：%

| 用益权人年龄 | 用益权价值 | 虚有权价值 |
| --- | --- | --- |
| 直到20岁 | 90 | 10 |
| 从21岁到30岁 | 80 | 20 |
| 从31岁到40岁 | 70 | 30 |
| 从41岁到50岁 | 60 | 40 |
| 从51岁到60岁 | 50 | 50 |
| 从61岁到70岁 | 40 | 60 |
| 从71岁到80岁 | 30 | 70 |
| 从81岁到90岁 | 20 | 80 |
| 91岁以上 | 10 | 90 |

如果用益权人为一个61岁的女士，按照以上财务表格用益权价值为40%，而根据Daubry〔1〕养老表格计算的经济价值为57.70%。因此，需要寻找一个更为符合双方利益的评估方式。用益权的估值应当按惯例地考虑到用益权人的年龄、生存预期、性别以及财产的种类和收益性。Batalon强调了经济价值的如下定义：资产的价值取决于资产的可期待净收益；已取得的权利的可期待的净收益符合该权利在将来一定时间内的可流动资金。〔2〕这个定义与《法国税法典》第669条规定的财务计算表有很大不同。它所呈现的利益考虑了每宗交易的固有因素，所得的价值并不单单取决于年龄，还与财产之种类紧密相关。对于两个年龄相同的用益权人，在不同种类的财产上行使权利时，他们用益权的经济价值并不必然相同。通过计算表所估计的价值只在财务计算时适用，不适用于民事关系中，但没有其他任何可用的计算方式时除外。这种情形一般是用益财产不产生收益时。1984年5月3日巴黎上诉法院的决议中指出当用益财产不再产生收益时，用益权的经济估价不予考虑，这种情形下第669条的计算表可合理使用。而

〔1〕 Daubry为尼斯的养老金研究专家。

〔2〕 Réflexions immoblières n °2, juin 1993, p. 42.

养老合同或保险计算表根据双方当事人的年龄、性别以及用益财产的预期收益率提供了关于用益权与虚有权价值的详细信息,可以对此参阅。

(二)用益权人的确定

用益权的移转必须确定用益权人,区分为以下两种情况:第一,转移前,用益权已经存在。根据转移的权利不能超过所持有的权利的原则,用益权人以自己的名义进行转让。用益权也可以处分人之外的某人名义转让。第二,在移转时,用益权才产生。这种情形最常见于所有权人以有偿或者无偿的名义转移虚有权或者用益权。如果是转移虚有权,处分人成为用益权人。用益权的价值则由处分人的年龄来决定。如果转移的是用益权,处分人自由决定谁是用益权人。如果处分人是所有权人,他可以处分在自己死后可以行使的权利。这属于夫妻间赠与的传统:只在处分人死亡后转移的用益权。

**四、用益权的复归**

通常保留用益权的赠与都有用益权复归的规定。在捐赠时处分人以自己的名义保留用益权并预先规定在自己死亡时用益权归还以利于自己的继承人或者健在配偶。对用益权复归的研究比较复杂,司法判例也长期没有明确捐赠到底是有期限的还是无期的。2007年8月1日最高法院联合法庭的判决结束了含糊其辞,认定用益权的复归有一定的期限,这个期限即用益权人死亡之时。[1] 根据2004年5月26日法令关于离婚规定的修订,用益权的复归权是不能撤销的。2006年6月23日法令的立法者在《法国民法典》第265条规定只有复归权不能撤销,对现有财产的捐赠才立即生效,夫妻间捐赠的用益权之复归则可以撤销。

**五、用益权的灭失**

尽管设立为物权,用益权区别于所有权的是用益权为临时性的权利。《法国民法典》第617条列举了关于用益权灭失的原因。用益权灭失的结果表现在民事和财务两方面。

(一)灭失原因

用益权灭失的原因分为自然的灭失和提前的灭失等。

1. 自然的灭失

与所有权相反,用益权不是永久性物权。它因用益权人的死亡而灭失,连续

---

〔1〕 Cass. civ. 1er, 8 juin 2007, Defresion.

用益权的特殊情形除外。判决宣告用益权人失踪或者消失,同样导致用益权的灭失。如果用益权设立了一定的期限,那么期限届满则用益权灭失,除非用益权人先于期限到期日死亡。当用益权人为法人,则用益权的期限不能超过30年。另外,根据《法国民法典》第617条第4款的规定,用益权由于连续三十年没有使用而灭失。如果设立用益权的财产灭失,用益权也就灭失了。然而,如果财产权利由用益权和虚有权融合成整体的所有权,用益权是继续存在的。用益权返还时用赔偿金代替则会产生准用益权。

2. 提前的灭失

由于当事人的意愿,或者对滥用收益的限制,可以在正常的期限到期前结束用益权。第一,用益财产的出卖。根据《法国民法典》第621条的规定,用益权因用益财产的出卖而灭失。出卖用益财产的情形下,如果用益权人和虚有权人双方同意则没有任何困难。但是,当缺乏一方的同意,问题就变得复杂了。用益权人和虚有权人之间不存在共有。每一种权利都要遵守《法国民法典》第815条及以下条文规定的制度。具体地讲,用益权人之一可以要求分割用益权如同虚有权人可以要求分割属于自己的虚有权部分,每一种权利的分割对另一种权利没有影响。根据《法国民法典》第815条第2款的规定,法官不能依据虚有权人的请求,违背用益权人的意愿而命令出卖所有权。这个措施只保护了用益权人,那么用益权人能违背虚有权人之意愿出卖所有权吗?根据主流学说,可以认为第815条第2款在保护用益权人的同时给予其放弃该权利的自由,民法典的文字表述只是禁止了虚有权人。第二,设定分解权利之财产的分割。用益权人和虚有权人双方同意则可以协议分割设定用益权之财产。缔结协议需要双方当事人的同意,缺乏同意,虚有权人肯定不能强迫用益权人,但用益权人则有可能强迫虚有权人进行财产的分割。

尽管用益权人和虚有权人之间不存在共有,但从财务的角度看,《法国税法典》第748条关于分割税的规定,对虚有权人和用益权人在以下情况适用:因继承而共有、夫妻间共有、伴侣关系的共有、原共有财产成员的共有。如果不是,则产生交易税。

3. 用益权的转换

用益权人和虚有权人双方同意,则用益权可以转换为养老年金或者一个总的金额。如果涉及健在配偶之用益权,则可以不区分是该配偶还是虚有权继承人请求将用益权换算成养老年金。如果当事人之间没有达成一致，则由法官确定。用益权人滥用收益而虚有权人要求用益权灭失的，法官如果认为没有证据证明权利的滥用，可以自行决定将用益权转换为养老年金。从财务的角度看，用益权的转换应当遵循有偿所得税的制度，《法国民法典》第 759 条规定的条件下的配偶用益权的转换除外。

4. 用益权的放弃

用益权人和虚有权人可以是协议放弃用益权，也可以是用益权人单方放弃用益权。放弃用益权将产生扣减、继承等民事效力和支付移转税等财务效力。在大部分情况下，放弃用益权具有转让性质，因为很难否认虚有权人不是用益权放弃权利的受益人。只有没有产生权利人自身的税，才可以直接放弃继承权。只要其没有接受用益权，就可以放弃。

5. 用益权的滥用

用益权人对用益财产应当尽善良家父之义务，按照用益权的用途使用，不得损害用益财产之本体。根据《法国民法典》第 618 条的规定，对用益权的滥用及明显不正常的使用将会被司法裁决失效。缺少对用益财产的维护，甚至故意毁坏而对财产本体造成损害会受到司法裁决。法官拥有宽泛的评估权力但是同样有权调解，他可以判决仅仅部分失效或者用转换金来代替失效。准用益权不适用这个规则。

（二）用益权灭失的后果

用益权的灭失将使所有权的派生停止，连续用益权的情形除外。虚有权人变成或者说重新变成所有权人，将产生一定的民事效力和财务效力。

1. 民事效力

用益权灭失，通过将用益权返还给虚有权人实现所有权重新的建立。根据财产的种类，可以实物返还或者等值返还。应当在设立用益权时建立动产财产清单和确定不动产的状况。通过清单对比以确定用益权人应当支付给虚有权人的赔偿。

用益权人对按比例计算给虚有权人的收益，用益物的损害赔偿和应偿还债权，如租客的押金具有返还义务。如果虚有权人应当对用益权人支付大修费用，则应当返还给用益权人超过用益财产价值的部分。

2. 财务效力

《法国税法典》第 1133 条主要解释了用益权灭失的影响：如果因为用益权到期或者用益权人的死亡而发生用益权和虚有权的结合，则这个结合不引起任何的税收。《法国税法典》第 1133 条限于因到期或者用益权人死亡而引起的用益权和虚有权的合并。因此，如由于用益权被放弃、捐赠、出卖，甚至司法途径对滥用收益的惩罚而恢复，则《法国税法典》第 1133 条不适用。《法国税法典》第 1133 条会带来规避税收的效果，对此，《法国税法典》第 751 条[1]对所有权的派生进行了推定，即财产的用益权属于死者，而其虚有权属于事先推定的继承人。

(1) 对推定适用的条件

《法国税法典》第 751 条关于财务方面的推定适用，需要三个条件：第一，死者在其死亡之日起具有用益权人的身份。因此，保留用益权之后出售或给予虚有权人的情况不得适用这个推定。同样，如果死者仅仅是真正的居住权或者使用权权利人，第 751 条仍然不适用，但死者不是用益权人的情况除外，比如租赁的财产。第二，派生权利应当来自有偿的财产移转。推定适用于：继承人获得虚有权，而死者获得用益权，即死者将虚有权出卖给他的继承人或类似的人。如果是用益权人死亡三个月前同意的合法赠与或者通过婚姻协议给予的合法赠与的情况，则排除适用推定。合法的赠与涉及登记税。另外，《法国税法典》第 751 条的规定允许赠与人死亡前三个月内保留用益权而赠与的财产所有权价值回复到继承财产中。第三，规定的虚有权人。条文中规定的虚有权人包括：虚有权人的继承人、受赠人、用益权人的遗赠人和《法国民法典》第 911 条第 2 款和原第 1100 条所指的中间人身份的虚有权人。原第 1100 条特别规定了用益权人继承人之配偶的卑亲属为虚有权人，即使这些卑亲属属于继子女或者养子女。第 911 条

[1] 《法国税法典》第 751 条规定："要指出的是，在财务的角度，除非有相反的证明，用益权人所有的有价证券、动产和不动产，其用益权属于死者，而虚有权属于事前推定的继承人之一或者属于他们的直系卑亲属，即使遗嘱将其排除也不例外；或者属于被捐赠者或者指定的受遗赠人，即使是通过在后的遗嘱指定的；或者属于中间人的，都是继承财产的一部分。除非涉及合法的捐赠，该捐赠如没有由婚姻协议确定，则在死亡三个月前同意给予或者除非无偿进行的所有权分解在死亡三个月前进行，由公证文书确定且根据税法第 669 条的计算表对虚有权价值进行了确定。"相反的证明，主要是来自由确定日期的文书所确定的赠与的金钱，即行为人在死亡 3 个月前以出资的方式转移全部或者部分财产的虚有权，文书中确定金钱的用途但不需要表明金钱的来源。《法国民法典》第 911 条第 2 款和第 1100 条所指的人就是中间人。然而，如果通过出卖或者死者同意捐赠给其而获得虚有权的继承人、受捐赠人、受遗赠人或者中间人，应当缴纳移转税和当财产合并入继承财产时，应当支付遗产转移税。

第2款规定用益权人继承人的后代为虚有权人。推定的适用强调的是虚有权人在某个时候具有继承人的身份。相反的是,虚有权人为法人的情况是排除适用推定的。如果虚有权法人逃避适用《法国税法典》第751条,可以严格地从公司体制的账目、法律、财务管理上限制。比如,如果一个房产公司没有商议的记录、没有报表、收入账目,则被认为财务的虚假管理,这种情况适用该法第751条的推定。

(2)相反的证明

当有相反的证据证明时,推定不予适用。善意的合同当事人可以证明其协议的真实性。法官根据真实情况最终裁量需要构成的相反证明以排除适用法定的推定。为取得虚有权而经营管理赠与的资产,只要是赠与应当承担税务和已经正式地被让与文书确定,则构成相反的证明。2008年的财政法明确了经营使用赠与的资产构成《法国税法典》第751条所指的相反的证明,从而消除了疑问。至今,这个原则规定在《法国税法典》第751条第2款。同样,为了取得虚有权而通过协议偿还的银行借贷的出资,也确定为相反的证明。通过继承或者死者的遗嘱,派生权利出卖所得价款再行投资而吸纳进新的财产,也构成《法国税法典》第751条所指的相反证明。司法判例确定在某些特殊情况下,银行记录可以作为证明因素。相反的是,支票票根不能作为支付的证据。

(3)推定的意义

对推定的适用只是产生财务上的意义,没有法律方面的影响。推定涉及财产被视为用益权人继承财产的一部分,由虚有权人个人承担根据财产所有权价值计算出的继承税,价格计算要根据与死者的亲等关系,以规定期限内申报和常规的批准的方式来确定。然而,如果虚有权以出卖的方式或者以死者同意捐赠给其的方式已转给继承人、受赠人、受遗赠人或者中间人,虚有权人应支付的财产移转税则折算入遗产移转税,因为推定涉及的财产并入了继承财产中。相反,当派生权利以普通的方式取得,或者虚有权人不是从死者而是从其他人那里获得虚有权,则不能进行上述的折算。当财务上的推定由于用益权人死亡而在其同意的合法赠与后3个月内使用时,除赠与财产的所有权的价值外,赠与人以无偿名义赠与而应支付的移转税也应当合并到继承资产中。

# 第三章 法国准用益权：消耗性财产上的用益权

《法国民法典》第 587 条引入了一种特殊的用益权，称为准用益权。准用益权设立的对象是消耗性财产，第 587 条对此进行了并不详尽的例举：钱、谷物、饮料。[1] 对于金钱，它的特点是以实物形式存在，或者以活期账户或储蓄账户上的款额形式存在。实物货币和虚拟货币都属于通过使用而消耗的金融资产，并非立即到期的钱款则不同，它只能设立未到期债权的用益权，不适用第 587 条的规定。实践中，储蓄本（A 或者 B）、互助信贷银行的蓝色储蓄本、人民储蓄账户、工业发展账户、活期存款账户等中存放的钱款成为准用益权的标的。仍在储蓄期间的住房公积金因不具有可处置性，不能成为准用益权的标的。同样，有价证券、无记名证券、公司股票或者股份，股票储蓄计划账户因不具有消耗性，不能成为准用益权的标的。[2] 和传统的用益权不同，准用益权具有如下特点：第一，准用益权人对用益财产除享有使用、收益的权利外，还享有处分权。准用益权的特性主要在于用益权人有权处分用益财产，因为使用

〔1〕 Franck Eliard, *Demembrement de propriete: usufruit et quasi-usufruit*, Ellipses Edition, 2008, p. 55.

〔2〕 Franck Eliard, *Demembrement de propriete: usufruit et quasi-usufruit*, Ellipses Edition, 2008, p. 56.

消耗物必然对之处分。用益权人无须虚有权人的协助或参与即可自由处分的用益财产属于用益权人的可继承财产的范围,并且,设立准用益权的财产可以为用益权人设立债权的担保,如有必要,还可以对之进行扣押。准用益权的特性导致了《法国民法典》第618条第1款的规定〔1〕不予适用,滥用收益并不能导致准用益权的终止,毕竟不能够不损害物之现状而使用消耗物。〔2〕第二,准用益权人用益权结束时负有返还义务。〔3〕《法国民法典》第587条规定:"……但应当偿还相同数量与质量之物,或者在用益权终止时偿还已使用之物的价值。物的价值按照返还之日计算。"这个规定的选择权归于准用益权人,准用益权人或实际上其继承人〔4〕可以选择实物返还或者等值返还。

## 第一节　准用益权的法律分析

### 一、准用益权的设立原因

准用益权是设立在消耗性财产上的用益权,因为消耗性财产的特殊性,准用益权不完全适用传统的用益权制度,那么立法者针对消耗性财产设立专门的准用益权制度的原因是什么?

#### (一)设立法定准用益权以保护用益权人的利益

如果用益权设立财产中含有消耗性财产或原用益权设立财产被消耗性财产取代,用益权人的权利如何处理?如果将用益权人的权利限定在非消耗性财产上或者权利因原用益财产灭失而灭失,显然对用益权人十分不利,违反设立用益权的初衷。反之,如果在钱款等消耗性财产上继续设立用益权利,可以更大限度

〔1〕《法国民法典》第618条第1款规定:"用益权人如滥用其享有的使用、收益权利,造成财产毁损,或者听任财产毁损而不加修缮,用益权也可因此而终止。"

〔2〕Le caractère particulier des affaires soumises à l' appréciation des juges semble faire obstacle à une generalization de la solution. Réfé: Franck. Eliard, Demembrement de propriete: usufruit et quasi-usufruit, Ellipses Edition, 2008, p. 57.

〔3〕《法国民法典》第587条规定:"如用益权包括非予消费便不能使用之物,如金钱、谷物、饮料等,用益权人有权使用之,但应当偿还相同数量与质量之物,或者在用益权终止时偿还已使用之物的价值。物的价值按照返还之日计算。"

〔4〕L' usufruitier ou en pratique ses ayants droit ont le choix entre la restitution en nature ou en valeur. Réfé: Franck. Eliard, Demembrement de propriete: usufruit et quasi-usufruit, Ellipses Edition, 2008, p. 60.

地发挥用益权的功能。[1] 因此,法国民法规定以下情形当然适用准用益权制度:第一,健在配偶的用益权。通常来说,被继承人死亡留下作为用益权人的配偶和子女,对于遗产中的消耗性财产,健在配偶用益权人应当主张行使准用益权。因此,对继承财产中的钱款和其他消耗性财产,健在配偶具有处分的权利。另外,虚有权人在用益权灭失后即在用益权人死亡时,对用益权人持有债权。[2] 第二,保险赔偿金。用益财产非因用益权人的过错而损毁,那么用益权是否继续设立在替代损毁之财物的保险赔偿金上,而对该钱款设立准用益权?如果虚有权人和用益权人分别进行了保险,那么每一方应获得与其权利相符的价值;如果由原所有权人全部负责了保险,或者由用益权人或虚有权人其中一方负责保险,则保险赔偿金只归属于用益权人,用益权当然转化为准用益权。[3] 第三,征用补偿金。如果被征用的财产上设立了用益权,那么该如何来分配补偿金?《征用补偿法典》第1367条规定:"法官判决给当事人以不同名义请求的补偿金。然而,如存在用益权,法官只确定一个总的补偿金,虚有权人和用益权人根据各自在用益财产上的权利在相应的钱款数额上行使权利。"根据这个规定,用益权变成了准用益权,而虚有权人的真正权利变成了对准用益权人的债权。[4] 第四,债权用益权。如果债权上设立了用益权,债权到期,用益权人之权利则实际设立于钱款上,用益权转化为准用益权。以此,由准用益权人接受债权的清偿。[5]

(二)协议设立准用益权使财产通过移转达到利益最大化。

财产通过流通取得价值,社会经济的发展为财产在移转中达到利益最大化提供了可能。当事人可以通过协议,预先同意在财产移转过程中以准用益权取代用益权,以促进财产的流通增值或者规避相应的税款,主要有如下情形:第一,出卖用益财产之价款上设立的准用益权。《法国民法典》第621条规定:"如果出卖具有用益权和虚有权的财产,则根据用益权人和虚有权人的权利在两者间分配相应的价款,除非双方同意用价款来代替用益权。"根据这个规定,出卖用益财

---

〔1〕 Pierre Catala, La réforme des liquidations successorales, Defresnois, 3$^{e}$ éd, p. 115.

〔2〕 Franck. Eliard, Demembrement de propriete: usufruit et quasi-usufruit, Ellipses Edition, 2008, p. 61.

〔3〕 Bien que la pratique des compagnies d'assurances tend le plus souvent à une répartition de l'indemnite compensatoire. Réfé: Franck. Eliard, Demembrement de propriete: usufruit et quasi-usufruit, Ellipses Edition, 2008, p. 62.

〔4〕 Franck. Eliard, Demembrement de propriete: usufruit et quasi-usufruit, Ellipses Edition, 2008, p. 62.

〔5〕 Franck. Eliard, Demembrement de propriete: usufruit et quasi-usufruit, Ellipses Edition, 2008, p. 63.

产原则上视为进行财产分割,但也可以通过当事人协议将出卖的价款替代用益权而设立准用益权。[1] 第二,保险合同受益条款上设立的准用益权。保险合同的好处在于不适用继承法中继承特留份的规定,且可以规避财产移转税。[2] 在保险合同受益条款上设定用益权,即在被投保人死亡时的保险金上设立准用益权。准用益权人可以自由支配保险金,在准用益权结束后负责返还。保险合同受益条款上设立准用益权具有很多好处,譬如,根据《法国税法典》第990-i条的规定,设立在保险金上的准用益权是需要纳税的,但是当准用益权人指定为健在的配偶则不需纳税。[3] 第三,在赠与财产上保留准用益权。赠与人可以在赠与文书中规定作为虚有权人的受赠人同意在今后转让用益财产时为原用益权人保留准用益权,原设立在赠与财产上的用益权结转在出卖财产的价款上。可以在合同中规定返还用益财产依据的价格指数,应根据原赠与财产之性质——不动产或者有价证券,选择工程价格指数或者证券交易所的价格指数。[4] 如果有价证券经转让增值,准用益权人不需对此交税。[5] 另外,赠与钱款而保留准用益权的操作涉嫌规避税款而颇具争议。[6]

## 二、准用益权的权利属性

准用益权既然区别于一般的用益权,那么准用益权的权利属性如何?是否和一般的用益权有所差别?法国民法中的用益权属性本身颇具争议,准用益权本质上还是用益权的一种,是否其属性也难以界定?笔者认为从以下两个方面可以说明法国准用益权的用益物权属性。

### (一)准用益权的物权属性

法国民法并没有用益物权的概念,法国民法体系中的用益权属于所有权派生权利的一种,而所有权派生权利的性质是否就当然属于物权,这在法国民法中尚有争议。[7] 所有权派生权利的性质应当根据具体的权利属性来确定,地役

---

[1] Franck. Eliard, Demembrement de propriete: usufruit et quasi-usufruit, Ellipses Edition, 2008, p. 81.

[2] Cette règle admet deux exceptions: 1. l'article 757-B du CGI; 2. l'article 990-i du CGI. Réfé: Bruno pays, Pratique du démembrement de propriété sur le capital décès d'assurance-vie, JCP2010, p. 1120.

[3] Bruno pays, Pratique du démembrement de propriété sur le capital décès d'assurance-vie, JCP2010, p. 1121.

[4] Franck. Eliard, Demembrement de propriete: usufruit et quasi-usufruit, Ellipses Edition, 2008, p. 88.

[5] Franck. Eliard, Demembrement de propriete: usufruit et quasi-usufruit, Ellipses Edition, 2008, p. 89.

[6] M. Philippe Durand, Droit et Patrimoine, fév, 2005, p. 22.

[7] Christian Atias, Droit Civil, les biens, Litec, 11éd, 2011, p. 421.

权、地上权、相邻关系，都是基于土地等不动产产生的权利，所以界定为物权没有问题。但是用益权的属性则需要分析，法国民法规定用益权可以设立在所有性质的不动产和动产上，那么设立在概括性财产如商事营业资产，或者无形财产，如知识产权、公司股份上的用益权属于什么性质呢？由于《法国民法典》的立法者在立法时并没有对物权和债权作明确的区分，而法国民法惯常将无形财产归类为动产，形成不动产用益权和动产用益权的分类〔1〕而规避了物权属性的争议。但是近年来，随着无形财产用益权的运用越发频繁，一些民法学者开始关注无形财产用益权的权利属性，如法国学者 Jean Carbonnier 提出：现有权利的非物质化是否会产生出新的不为所知的权利？〔2〕 由此，关于无形财产用益权的权利属性的考量已经延伸到对传统物权理论结构的挑战，这些争议已经在法国民法学界成为一个前沿问题。〔3〕 对法国民法中的用益权性质有了整体的认识后，再回到准用益权本身来讨论。准用益权的标的是包含金钱在内的消耗性财产，即使可以在到期债权上设立准用益权，实际上也是在兑现的钱款上设立准用益权。所以，消耗性财产应当被界定为有形动产，设立在其上的准用益权具有明确的物权属性。

(二)准用益权的处分权能

尽管准用益权人在用益期间具有如同所有权人一样的权能，但是准用益权人并非真正意义上的所有权人。首先，准用益权人的所具有的处分权并非绝对的处分权。为了保护虚有权人利益，《法国民法典》第 1094 条第 3 款规定了用益权人对设立准用益权之钱款的使用义务，且准用益权人应当就其考虑的使用方式征得虚有权人同意，这和所有权人的处分权不完全等同。〔4〕 其次，准用益权不是永久性权利，和典型用益权一样，是用益权人终身的权利，与用益权人的生命期限紧密相关。〔5〕 所以，准用益权人不是真正意义上的所有权人。另外，法国某些学者试图使用准所有权的定义来代替准用益权，以更显露出其法律地

〔1〕 Patrice Jourdain, Les biens, Dalloz, 1995, p. 468.

〔2〕 Jean Carbonnier, les biens, les obligations, Presses Universitaires de France, 2004, p. 1906.

〔3〕 Jean Carbonnier, les biens, les obligations, Presses Universitaires de France, 2004, p. 1899.

〔4〕 Jérôme Balland, L'usufruit outile de gestion et transmission, La nouvelle imprimerie Laballery, p. 89.

〔5〕 尹田：《法国物权法》，法律出版社 2019 年版，第 353 页。

位。[1] 但是，笔者认为定义为准用益权更利于维持用益权结束时的返还义务。

## 第二节　准用益权的制度设计

准用益权和传统的用益权不同，因为准用益权使得用益权人可以处分设立派生权利的财产，使得虚有权人的地位类似于一般的债权人。虚有权人权利性质的改变，使该权利变成个人权利。准用益权汇集了两方面的影响：既然它被视为一种用益权，那么用益权的一般规定不能完全地不适用，但是因为这个用益权涉及消耗性财产，应当对这些规定进行鉴别。[2] 因为准用益权人具有处分权且在用益权结束时采用等量或等值的方式返还用益财产，准用益权不适用《法国民法典》第618条。因此，对于约束双方的权利义务特别是保护虚有权人的权利，法国准用益权制度进行了相应的设计。一方面，准用益权的法律制度全由《法国民法典》第587条规定，该条坚持着返还的原则；另一方面，准用益权的制度混合了所有权的制度和用益权的制度，分析起来比较复杂。

### 一、准用益权人的法律地位

#### （一）准用益权人是特殊的所有权人

准用益权人是特殊的所有权人，这个结论来自用益权客体的消耗性。然而，准用益权人的权利主要是临时性的，带来了义务方面的质疑：维持物之本体的义务不能适用于准用益权的机制，滥用收益导致用益权失效的处罚也不适用，权利滥用之救济只能适用于一般的用益权。

《法国民法典》第587条确认了用益权人使用物的权利。另外，对于消耗性财产还混合了使用和处分，就是确认了准用益权人有处分的权利。准用益权人被赋予了传统的完全所有权人的三项权能，因为他作为用益权人还拥有收取物之孳息的权利。对提供给准用益权人的权能的思考足够得出他拥有所有权人的

---

〔1〕 Cf. Sirinelli, article precite, p. 9. Réfé: Franck. Eliard, Demembrement de propriete: usufruit et quasi-usufruit, Ellipses Edition, 2008, p. 59.

〔2〕 P. Sirinelli, op. cit., n° 39, p. 9.

地位，这一点在学界达成一致。[1] 因此，准用益权人可以转让设立用益权的财产，无须征得所有权人的同意，享有和所有权相关的更为宽泛的权利。[2] 这样必然会给物带来风险，如果非因虚有权人的过错而物损毁，并不解除用益权人的返还义务。准用益权的出现也改变了债的用益权人的义务，用益权人原则上只能享有债的利息，虚有权人持有本金，这个分摊的原则被打乱：既然准用益权人成为用益财产的所有权人，那么作为债权人可以亲自追诉占有债的人。用益权人所拥有的所有权不是永久性的，和用益权规定相结合得出准用益权人的权利不是绝对性的。

(二)准用益权人是被监督的所有权人

《法国民法典》第618条允许虚有权人请求司法判决用益权人的用益权失效，这个处罚只对没有良好履行不得损害物之原状的义务的用益权人适用，处罚的根据是用益权人滥用收益。但是这个用益权方面的处罚，不能适用于准用益权。[3] 因为处罚的根据是对滥用收益损害用益物的本体的处罚。准用益权人的用益权是设立在消耗性财产上的，一旦使用就会损耗物，那么必将失去用益权。换言之，准用益权人不能因未履行维持物的本体的义务而受到处罚。这个观点很明显不应该忘记用益权的临时性质，必须警惕用益权人的挥霍行为，这将会损害虚有权人作为返还义务之债权人的权利。

长期以来，法庭只是将《法国民法典》第618条类推适用于用益权。比如，申诉庭的一项裁决阐述道：根据《法国民法典》第618条的规定，不动产的用益权人

---

〔1〕 Voir notamment：Demolombe, Cours de Code Napoléon, Traité de la Distinction des biens, De la propriété：De L'usufuit, de l'usage et de l'habitation, Vol. 10, t. 2, n° 289 p. 239；Proudhon, Traité des droits d'usufruit, d'usage personnel et d'habitation, 2ème éd. 1836, t. V, n° 2630；Aubry et Rau, Cours de droit civil français, 7ème éd., t. 2, par P. Esmein, 236, n° 454；Planiol et Ripert, Traité pratique de droit civil français, Les petites Affiches, 26 juillet 1993, n 89, p. 9, n° 41, note 185；G. Marty et P. Raynaud, Droit civil, les biens, 2ème éd., PUF, 1997, n° 220, p. 257；F. Terre et P. Simler, Droit civil, les biens, Précis Dalloz, 5ème éd., 1998, n° 733, p. 600；J-L. Bergei, M. Bruschi et S. Cimamonti, Traité de droit civil, sous la direction de J. Ghestin, Les biens, LGDJ, 2000, n° 251, p. 262.

〔2〕 对于赋予准用益权人权利的说明：Cass. civ. 1ère, 17 juillet 1959, Bull. civ., Ⅰ., n° 366, p. 306. 该法令确认了遗产用益权的受赠人有权支配不可分财产中的金钱，而无需任何子女(作为继承人和虚有权人)的意见。

〔3〕 En ce sens：P. Voirin, le quasi-usufruit n'offre aucune prise à l'abus de jouissance, note sous Aix-en-Provence, 13juillet 1942, JCP 1943. Ⅱ. 2086；F. Terre et P. Simler, Droit civil, Les biens, Précis Dalloz, 5ème éd., 1998, n° 733, p. 600；G. Marty et P. Raynaud, Droit civil, Les biens, par P. Jourdain, Dalloz, 1995, n° 85, p. 141.

滥用权利的情形下,允许取消用益权。这是管理无论任何东西用益权的一般公平原则。当用益权人疏于这个主要义务,基于公正合法,要么撤销他在不动产上的用益权,要么将用益权设立在可替代物上……[1]以此,如果滥用收益不能严格地适用于准用益权,滥用权利可以为准用益权人的权利的失效诉讼提供根据。事实上,《法国民法典》第 618 条所指的滥用收益只是权利滥用的特殊适用,该条是辨别和处罚任何滥用权利而损害第三人利益的行为的一般规定。[2] 这个关于失效的诉讼可以适用于准用益权人,准用益权人遵守用益权的规定,成为返还义务人。

(三)准用益权人是用益权人

准用益权人权利的临时性质,反映出和典型用益权的近似关系,使得准用益权人负有在用益权期限届满时的返还义务。虚有权人,返还义务的债权人,可以为了保护自己的权利而要求被担保。《法国民法典》第 587 条规定的这个义务根据 1960 年 5 月 17 日法令修订后,使得用益权人履行要么返还同质同量的物的义务,要么履行根据返还之日的价值进行返还的义务。这个规定使得用益权人可以选择实物返还或者价值返还。如果用益权人选择实物返还,消耗性财产作为准用益权的标的,也应当是可以替代的。所以,如果财产缺乏可替代性,则必须以价值返还。这个选择没有提出任何特殊的困难,除遵守返还之日的估价的条件,从 1960 年的法令起,这个日期被确定为用益权灭失之日。立法者主张的体制是价值债务,从而更多地保护虚有权人的利益。虚有权人是返还义务的债权人,面临用益权人没有清偿能力的风险,这个风险证明虚有权人有权要求提供担保。

## 二、对虚有权人的保护

准用益权的存在使用益权人的地位显得特殊,虚有权人只在准用益权灭失时享有债权。立法者制定了一些措施以保障虚有权人的权利,这些措施来自法国民法中关于用益权的一般规定和关于健在配偶用益权的特殊规定。

---

[1] Req. ,21 janvier 1845,DP 1845,1,p. 104.

[2] P. Sirinelli,spéc. ,n° 54 et s. ,p. 12.

(一)来自用益权的一般规定:财产清单和保证[1]

根据《法国民法典》第600条的规定,用益权人有制作用益财产清单的义务。[2] 通过财产清单确定财产内容和状态,虚有权人才能有效主张返还之债权。财产清单可以用私署文书的形式签订,也可以在用益权设立文书中详细地列举财产。如果用益权设立文书(如遗嘱)免除用益权人制作财产清单的义务,虚有权人也可以自行要求用益权人制作财产清单。如果用益权人没有遵守制作财产清单的义务,虚有权人可以拒绝向其交付财产。当用益权人最终将财产清单完成后,虚有权人应当将推迟交付期间内用益财产产生的孳息返还给用益权人。

《法国民法典》第601条规定,用益权人使用用益财产应当提供保证。[3] 两种情形除外:一是父母在不满16周岁的子女之财产上的法定用益权;二是保留用益权的财产转让者。用益权设立文书可以免除提供保证的义务,然而司法判例允许虚有权人一旦发现准用益权人在用益权行使过程中出现资不抵债的情况,可以通过司法撤销免除保证义务的规定,从而要求准用益权人给予担保。用益权人也可以提供相当于保证的担保,只要这个担保是《法国民法典》第2041条所允许的,如抵押、质押、金融机构的保证、商事营业资产或者公司份额的质押。如果用益权人不能提供保证,《法国民法典》第602条还规定了一些保障虚有权人权利的措施:如用益权人找不到保证人,不动产予以出租或者实行托管;用益物所包括的款项应存入银行;食品予以出卖,由此得到的款项亦存入银行。

(二)来自健在配偶[4]用益权的特殊规定

《法国民法典》第759条规定健在配偶用益权可以转换为定期金。[5] 来自

---

[1] Franck. Eliard, Demembrement de propriete: usufruit et quasi-usufruit, Ellipses Edition, 2008, p. 64.

[2] 《法国民法典》第600条规定:“用益权人按照物所处状态受领用益物;但是,用益权人仅在所有权人到场或者按规定召唤所有人到场,对设立用益权的动产制作盘点清册,对不动产制作状态说明书之后,才能开始享有用益权。”

[3] 《法国民法典》第601条规定:“如果设立用益权的证书没有规定用益权人免于提供保证,用益权人应当对物的使用提供担保其以善良管理人的态度享用财产的保证人;但是,对其子女的财产享有法定用益权的父母,以及保留用益权的出卖人或赠与人,无需提供保证人。”

[4] 本章所有“健在配偶”的表述均指被继承人的健在配偶。

[5] 《法国民法典》第1094条第2款已经由2001年12月3日第2001(1135)号法令第21条废止,如今适用《法国民法典》第759条,“属于有继承权的健在配偶的、对其先逝配偶的财产的任何用益权,不论是依法律还是依遗嘱或赠与而产生,应作为虚有权人的继承人之一的请求,或者有继承权的配偶本人提出请求,可以转换为终生定期金”。Cass. civ. 1re, 20 novembre 2001, Bull. civ. I, n° 287 p. 181. Réfé: Franck. Eliard, Demembrement de propriete: usufruit et quasi-usufruit, Ellipses Edition, 2008, p. 67.

法律、遗嘱或者夫妻间赠与的用益权可以转换,但是来自婚姻协议、买卖合同或现存财产赠与合同中规定了归还条款的用益权不能转换。用益权人和虚有权人应当通过友好协商将用益权转换为定期金,如不能达成一致,则可以通过司法判决进行。法官不得违背健在配偶的意愿,判决将其作为主要住宅居住的房屋及家具的用益权转换为定期金。[1] 用益权转换成定期金,用益权灭失,《法国民法典》第578条及以下条文不再适用于健在配偶(前用益权人)和继承人(前虚有权人,变为所有权人)。根据《法国民法典》第761条[2]的规定,继承人和被继承人的健在配偶可以协议将用益权转换成本金。《法国民法典》第1094条第3款规定了用益权人对设立准用益权之钱款的使用义务。[3] 如果准用益权人拒绝将这些钱款投资,被继承人子女作为虚有权人有权通过司法判决冻结准用益权人拒绝用于投资的钱款,以此来强制用益权人对之使用,准用益权人应当就其考虑的使用方式征得虚有权人同意。[4]

## 三、相关行业的参与

在经济生活中,往往由某些行业机构为他们的客户(准用益权人或者虚有权人)持有资金账户并承担相应的法律后果。因此,这些行业机构完全适用《法国民法典》第587条的规定。这些行业机构中最主要的是公证人和银行机构。[5]

### (一)公证人的作用

在财产继承中,公证人负责安排继承事宜和执行财产分割,并将继承财产的钱款交付给相关的继承人。准用益权人的存在改变了传统的操作方式,因为准用益权给予权利人处分设立准用益权之钱款的权利。因此,公证人不用进行财产分割而只将钱款或消耗性财产交付给准用益权人,通常的方式是通过向银行

---

〔1〕《法国民法典》第760条第3款规定:"但是,法官不得违反健在配偶的意愿,命令将其作为主要住宅而占用的住房及其内配置的家具的用益权转换为定期金。"

〔2〕《法国民法典》第761条规定:"由各继承人与被继承人的健在配偶达成协议,可以将健在配偶享有的用益权转换为(设置一项)本金。"

〔3〕 L'article 1094-3 du Code civil prévoit les enfants ou descendants porront, nonobstant toute stipulation contraire du disposant, exiger, quant aux biens soumis à l'usufruit... qu'il soit fait emploi des sommes et que les titres au porteur soient, au choix de l'usufruitier, convertis en titre nominatifs ou déposés chez un déposé chez un dépositaire agrée. Réfé: Franck. Eliard, Demembrement de propriete: usufruit et quasi-usufruit, Ellipses Edition, 2008, p. 69.

〔4〕 Franck. Eliard, Demembrement de propriete: usufruit et quasi-usufruit, Ellipses Edition, 2008, p. 69.

〔5〕 Franck. Eliard, Demembrement de propriete: usufruit et quasi-usufruit, Ellipses Edition, 2008, p. 79.

发送邮件指定将钱款归属于准用益权人的名下。公证人还应当负责对被继承人死亡时的遗产申报进行检查,这是健在配偶作为准用益权人的相关继承规定。公证人应当建议当事人使用公证形式的财产清单,以大量地减少用益权灭失时产生的纠纷。公证人建议的作用还在于将适用于消耗性财产主要是银行存款的准用益权法律制度告知当事人。当事人可以通过公证人参与的准用益权协议来规避第587条规定的返还方式,当事人可以合理安排其他返还方式,公证人应当监管双方慎重安排返还方式。即使准用益权设立文书中免除了用益权人提供担保的义务,公证人也应当建议当事人协议设立对债权返还之担保。公证人还应当尽可能地监督虚有权人和用益权人之间签订合同的公平性。公证人可以建议在非消耗性财产上对健在配偶用益权进行限定(多指抵押),而不在消耗性财产上设立派生权利和不适用第587条的规定。公证人应当建议当事人签订准用益权协议来满足财务制度的规定,以从用益权人的遗产中扣减应当返还的债务。〔1〕

(二)银行的作用

银行机构确定客户的账户资金,和公证人一样必须在日常操作中知晓存在准用益权的情况。对信用账户具有用益权的人具有如同信用卡持卡人一样的权利,准用益权人可以使用信用卡的款额并在准用益权结束时返还给虚有权人透支的数额。信用账户只能具有准用益权人的签名才能使用。准用益权的特性要求银行机构确认只有准用益权人能够作为持有人自由地使用账户,虚有权人没有任何处分账户金额的特权,也不能反对任何借记或者信贷的操作。那么,虚有权人是否有权利查阅账户的运行?〔2〕 这实际上取决于账户的持有情况:如果设

〔1〕 L'article 773-2 du CGI:Toutefois en sont pas déductibles les dettes consenties par le défunt au profit de ses héritiers ou de personnes interposées. Sont réputées personnes désignées dans les articles 911, dernier alinéa, et 1100 du Code civil. Néanmoins, lorsque la dette a été consentie par un acte authentique ou par un acte sous seing privé ayant date certaine avant l'ouverture de la succession autrement que par le décès d'une des parties contractantes, les héritiers, donataires et légataires, et les personnes réputées interposées ont le droit de prouver la sincérité de cette dette et son existence au jout de l'ouverture de la succession. Réfé: Franck. Eliard, Demembrement de propriete: usufruit et quasi-usufruit, Ellipses Edition, 2008, p. 86.

〔2〕 Les dispositions de l'article 57 de la loi n° 84-86 du 24 janvier 1984 (relative à l'activité et au contrôle des établissements de crédit) posant le principe du secret bancaire sont susceptibles d'être opposées au nu-propriétaires. Réfé: Franck. Eliard, Demembrement de propriete: usufruit et quasi-usufruit, Ellipses Edition, 2008, p. 80.

立用益权的账户由虚有权人和用益权人共同持有，则银行保密义务不能对抗虚有权人；相反地，如果用益权人作为唯一的账户持有人，虚有权人不能对进行的账户操作进行查阅。由于对于准用益权，共同账户不能表明只有准用益权人具有自由处分权利，所以实践中银行机构会关闭共同账户，而开设只有准用益权人的账户。准用益权人的债权人也可以通过银行冻结账户，对贷方余额产生效力。[1] 因此，准用益权人实际上成为账户的暂时所有权人。

## 第三节　准用益权的扩展适用

### 一、有价证券账户：一种概括性财产

从 1998 年 11 月 12 日最高上诉法院的法令开始，对有价证券用益权标的进行了很大的修改。这个裁决授予用益权人，在他的管理权限内，只对有价证券（账户内）进行判断的权利。证券的转让，只在他的签名下有效，这个签名应当确定。第一民事庭认为：有价证券，并非一经使用即消耗的财产，如果其用益权人被授权通过转让来经营管理这个概括性财产，并将其代替，那么用益权人免于维持物原状的义务。[2]

裁决的意思很明白，作出转变的原因也人所共知。[3] 对于实用主义的作品，设计者在学术理论上贡献出的一种解决方案，长期以来饱受批评。[4] 所有权派生权利所产生的负担，虚有权人和用益权人负责担保以进行证券的转让。

---

〔1〕 Franck. Eliard, Demembrement de propriete: usufruit et quasi-usufruit, Ellipses Edition, 2008, p. 87.

〔2〕 Cass. civ. 1ère 12 novembre 1998, JCP Ed. E. 1999. Ⅱ. 426, note S. Rouxel; D. 1999, Jur, p. 167, note L. Aynes; JCP Ed. N, P. 351, note H. Hovasse; JCP 1999. Ⅱ. 10027, noteS. Piedellevre; RTD civ. 1999, p. 422, obs: F. Zenati. Dans une décision en date du 3 décembre 2002 (D. 2003, p. 2495, note Fiorina, JCP 2003, Ⅱ, 10158, note S. Piedelievr; RTDCiv. 2003, p. 118, obs. T. Revet).

〔3〕 Cass. civ. 1re 2 juin 1993, D. 1993, p. 613, note D. R. Martin; JCP 1994. Ⅱ. 22206, note J-P. Coutturier; Defrénois 1993 art. 35638, p. 1214, note P. Buffteau; Droits des sociétés, Janvier 1994, n° 17, notcH. Hovasse; RTD civ. 1994, p. 149, obs. J. Patarin; RTD civ. 1995, p. 395, obs F. Zenati.

〔4〕 Saleilles, L'aliénation des valeurs mobilières par les administrateurs du patrimoine d'autrui, Thèse paris, 1883. Adde: D. R. Martin, Du portefeuille de valeurs mobilières considères comme une universalité de fait, La vie judiciaire, 1992, n° 2392, p. 3; H. Hovasse, Incapacités et valeurs mobilières, Defrénois 1995, art. 36036, p. 43 et s., R. Libchaber, Le portefeuille de valeurs mobilières, bien unique ou pluralité de biens? Defrénois 1997; art. 36464, p. 65 et s.

另外,某些财产(包括有价证券),不流动就没有价值,[1]如果按照传统理论拒绝给予处分权,这个禁止的原则和预期的效果正好相反。所有权的非物质化,使得财产固有的特点被所表现出来的价值所遮盖:保存物之状态要求保持物之价值。另外,这些动产,从周一到黑色周四,比其他财产更呈现出经济的浮动。[2] 因此,证券的持有者,为了使其金融资产增值,应当进行证券交易,这要求对证券进行一个富有活力的管理。综上所述,证券资金优化管理的战略困难提出,证券上存在派生权利提出关于权力的现实问题。用益权人在传统的观点中,不能有任何处分行为。为了避免这个缺陷,学术界几年来建议渐进性地改变考虑将其归于管理义务的课题,从而避开如今对他人财产进行管理者所遇到的大部分的具体困难。[3]

明确地定义证券为概括性财产,是最高上诉院的观点:如果用益权并非设立在每一个单独的证券上,而是设立在作为独立财产的证券账户上,显露的技术障碍则可以克服。转让在证券账户中的证券,授予用益权人管理证券账户的权利。投资时,用益权人具有处分证券的权利,所有权派生的传统特征消失。这种情形下,虚有权人的权利将受到影响。应当从概括性财产的概念开始评估,如果这个概念能显示解决方案的技术合法性,那么同样能够指引对实践范围的探测。因为,它提出如下问题:证券在什么条件下集合在证券账户可以成为概括性财产。

## 二、准用益权在概括性财产上的扩展适用

证券账户并非某个明确的法律或者司法定义的客体。习惯地讲,我们以全部证券的字眼来定义概括性[4]而没有其他明确的标准。这个空白(缺陷)令人遗憾,在关于有价证券质押方面的法律相关规定存在证券账户,承认质押可以设立在证券总体上。更明确地讲,1996 年 7 月 2 日法令[5]以金融票据账户的质押代替了证券质押。1983 年 1 月 3 日的法令第 29 条,被 1996 年法令修订:金融票

[1] J. Carbonnier, préface pour la réforme de l' administration légale de la tutelle et de l' émancipationpar P. Blobdy et C. Morin, p. 12, Paris, 1972.

[2] D. Fiorna, op. cit., n° 3.

[3] R. Libchaber, op. cit., n° 3.

[4] R. Libchaber, op. cit., n° 3.

[5] Loi n 96-597 relative à la modernisation des activités financières.

据设立质押的账户,其代替的或其包含的,包括所有金钱形式的孳息和产物都属于质押设立的范围。[1] 这是个巨大的改革,实现了担保资金的改变,承认证券账户具有自己的身份,和组成其的证券不同。证券存在很明显的集合性,法律虽然没有给予其明确定义,却给出了它的法律制度。法令从事实上给予证券以概括性财产的法律定义,填补了空白。所以,这就是概括性财产的事实概念开始,概括性财产具有一些特征,这是这项决议的精彩之处。

事实上的概括性财产的概念的研究很少,法国民法的教科书对其只是进行了简单的定义。它一般被描述为:财产的集合,通过所有权人意愿之表达,被作为一项单独的财产。[2] 更准确地归纳出设立事实上的概括性财产的两个因素。第一,物的秩序:概括性财产是所有财产的集合体,作为一项独立的财产。第二,主观方面的决定:所有权人的意愿使之起作用,将具有集合特征的财产看作一项单独的财产。[3] Carbonnier 认为,管理的连续性逐渐吸收了概括性财产的变化,并不再将其局限在财产的一致性上。关于概括性财产管理的法律规定涉及整个财产的构成部分,因为这个管理是不可分的。[4] 概括性财产可以由同类物质构成也可以由不同类物质构成。[5] 因为被分析为物的集合体,有形的或者无形的,其紧密型表现出整体性。[6] 不能对事实上的概括性财产完全列举。这是因为概括性财产的存在是因为所有权人的意愿将不同的财产归于同样的用途。

在这个观点下,以及已经被证明的组成概括性财产的可替代性[7],不仅可以得出概括性财产的概念,还可以对构成概括性财产的财产上的权利人的权利

---

〔1〕 这条规定来自《法国货币金融法典》第 L. 431-4 条,由 2005 年 2 月 24 日法令简化了设立和实现金融担保合同的程序。

〔2〕 J. Carbonnier, Droit civil, les biens, t. 3, 19ème éd., PUF, 2000, n° 62.

〔3〕 Demolombe 将所有权人意愿所设立的概括物定义为因被所有权人聚集以提供一个共同的用途,或者具有其他任何理由将财产集合,如畜群、房屋的家具等。这种集合在法律上其实是不存在的,集合中的每一个成分和集合本身不同,它只是在事实上存在。In cours, de l'ususage et de l'habitation, Vol. 9, n° 65.

〔4〕 J. Carbonnier, op. cit., n° 66.

〔5〕 J. Carbonnier, op. cit., loc. cit.; F. Zenati et T. Revet, Les biens, 2ème éd., PUF, 1997, n° 43.

〔6〕 R. Libchaber, op. cit., p. 65 et s., n° 4.

〔7〕 R. Gary, Essai sur les notions d'universalité de fait et d'universalité de droit dans leur état actuel, these Bordeaux, 1931, p. 305. Voir sur ces questions: F. Zenati et T. revet, les biens, 2è éd., PUF, 1997, n° 45 et s.; F. Zenati, note sous Cass. civ. 1re, 12 novembre 1998, RTD civ. 1999, p. 422 et s.

进行构建。事实上,可替代性作为概括性财产法律技术的关键,[1]证明概括性财产是一个适用性的和主观性的概念,为持有人提供多元性的财产,这些财产紧密结合成一个整体,被作为一个单独的财产。因为引入了很强的心理性因素,所以可以进行人为的安排。可替代性是一个双面性的概念。首先要承认:可替代性首先要取决于物的自然条件,即物质标准。某些物具备可替代的属性。也就是说这些可替代的物具有在客观上相等的样本。[2] 这个定义,无论如何的明确,都没有包含可替代性的精髓,只是涉及物质形态的财产。其次,实际上,很多的学者将可替代性相关的特性放在首位,这个可替代性除了是财产固有的特性外(这个表现了客观的可替代性),还包含当事人在财产上的关系所赋予的财产的用途。[3] 这个用途,更多的是在主观方面,当事人可以将财产进行替代。[4]所以,存在客观上的可替代性,对此个人意愿没有任何作用,[5]和存在主观上的可替代性,这个主观上的可替代性来自当事人通过协议给予财产非自身属性的可替代性。这里,财产的物理特性被消除,只利用财产的价值成为占有财产的确定的条件。财产价值的可替代性符合现代经济安排的要求,和对于财产更大范围流转的迫切的必要性。价值代替比实物替代更为恰当地在市场中表现出更好的流通性。财产的可替代性成为经济上的可替代性而不是物质上的可替代性。[6] 还原财产的价值[7]就是可替代性方面扩展的一个明显特征。

对于可替代性概念的双重性,十分重要的是要注意到动产的价值。当动产成为资本的一部分,不具有实物上的可替代性。[8] 这个权利的特点是赋予了权利人所代表的公司权利,使得有价证券这个财产成为个体化的。但是,当证券的持有反映出只是作为投资的目的,证券失去了其特性。必须根据股东的行为划

---

〔1〕 F. Zenati, op. cit., p. 426.

〔2〕 A. Laude, La fongibilité, RTD com. 1995, p. 307 et s., n° 9.

〔3〕 Spéc.: P. JaubertT, Deux notions du droits des biens, la consomptibilité et la fongibilité, RTD civ. 1945, p. 75 et s.; A. L'aude, op. cit., p. 307 et s.

〔4〕 J. Carbonnier, Droit civil, Les biens, t. 3, 19ème éd., PUF, 2000, n° 58.

〔5〕 除非注意到当事人可以通过指定财产的用途而使得财产失去其自然的可替代性。Voir L'aude, op. cit., n° 19.

〔6〕 L'aude, op. cit., p. 320, n° 25.

〔7〕 Ibid., n° 28.

〔8〕 F-X. Lucas, Retour sur la notion de valeur mobilière, Bull. Joly 2000, 185, p. 765 et s., n° 28 et s.

分用以分红的有价证券和用于投资的有价证券。[1] 只有用于投资的有价证券才被视为以其金融方面的实用性集合[2]在证券账户内，作为一个事实上的概括性财产。如果股东参与公司的管理经营，证券的特点是一种裁决的资格，所以自然排除将其划分为概括性财产。[3] 这个可替代性同样可以由印刷的证券的持有人的明确意愿对有价证券整体产生共同的用途而产生。换言之，如果对证券的分配是有组织的，表现出对财产的管理策略，则表现出概括性，因为证券所表现出的多样性是由固有的紧密型多种因素决定的。[4]

所以，应当研究持票人手中持有证券的最终用途以确定是否可以将其视为概括性财产。Carbonnier 在同样的角度认为[5]，应当理智地对待通过对概括性财产的价值恢复进行财产管理经营，根据权利人对客体所提出的用途的不同的标准去定位。提倡财产储存、财产流动和财产投资的三部曲：财产储存，其原型是持有较小型的财产，是保存行为或者管理行为；财产流动是最本质的支配行为（处分行为），如在财产清单的情形下继承和所有经济复苏方法都失败的超负债。财产投资是另一种参与：不仅是习惯性的处分行为，并且是一种购买行为，且是通过信贷将这两种行为结合。一般地，由某种情形的效力将财产归于某一类而不是另外一类。然而，财产的性质也会影响财产的类型：某些有价证券账户给予投资的希望。[6] 在两个因素的结合下显露出事实上的概括性财产的存在：一方面，必须检查证券的持有人对享有证券上红利的特权有无兴趣；[7]另一方面，价值的管理经营应当具有共同的用途，体现作用的一致性，以使有价证券账户授予不同的证券以事实上的概括性财产之特性。

---

〔1〕 Voir sur cette question les observations pertinentes de C. Champaud in Catégories d'actions ou sortes d'actionnaires, Mélanges Jeantin, Dalloz 1999, p. 182. 对此提出股票具有股东权利的双重属性：一方面是控制、权力和荣耀；另一方面是流通、收益和希望。

〔2〕 H. Hovasse, note sous Cass. civ. $1^{re}$, 12 novembre 1998, JCP Ed., p. 351.

〔3〕 En ce sens: A. L'aude, op. cit., n° 15.

〔4〕 R. Libchaber, Le portefeuille de valeurs mobilières, bien unique ou pluralité de biens, Defrénois 1997, art. 36464, p. 65 et s., n° 10.

〔5〕 分析的一致性证明了观点是完全的复制。

〔6〕 J. Carbonnier; Droit civil; Les biens; t. 3., $19^{e}$ éd., PUF; 2000, n° 8, p. 14.

〔7〕 Selon Madame L'aude, il s'agit ici d'une manifestation tangible de la volonté de donner aux biens les caractéristique de la fongibilité laquellea pour principal effet de distendre le lien entre la personne et l'objct. op. cit., n° 29.

财产价值的更替反映出当事人置财产于可替代的范围内可以享有财产的利益,[1]主要是给持有人带来的利益,处分财产的权利。回溯概括性财产的概念,最高上诉院允许用益权人处分账户中的证券。当可替代性允许这类行为进行的时候,虚有权人不可抗辩。事实上,可替代性主要作用是让所有权人成为不确定的物的持有人。[2] 来自实证法的例证很多:将所有权转移给物的临时持有人,而后者对物的处分合法。《法国民法典》第 587 条规定的准用益权就是这种情形,在用益权结束时归还同质同量的物;消费借贷中的贷方,根据《法国民法典》第 1892 条和第 1893 条的规定,有义务归还同种类同质量的财产。通过这个借贷的效力,贷方成为所借物的所有权人;非正规的受托人成为寄存财产的所有权人,[3]因为财产的可替代性而应当返还相等的财产,《法国民法典》第 1932 条第 2 款明确了这种寄存的有效性,该条文写道:金钱的寄存应当以相等的数量返还。对此,Laude 女士强调:如果贷方、寄存受托方或者准用益权人可以处分这些可替代性的物,那是因为使物丧失所有的个性并成为他们的财产,这个财产将其包含的不同个体财产合并到一起,给予一个概括性财产上的所有权。[4]

证券账户的用益权人被授权转让账户内的证券,因为有价证券是可替代的,本质上存在概括性财产的特性,允许账户的持有人对账户内的证券主张所有权。证券的转让要注意两方面:它既构成了证券账户的管理行为,用益权的客体,同样是对证券的处分行为。[5] 这个行为的有效性源于可替代的机制,授予可替代财产的持有人在财产上的所有权。因此,最高上诉院的决议明显地修改了用益权的本来作用,允许用益权人进行传统禁止的行为。该裁决适用于上市的证券。事实上概括性财产的定义在理论上允许排除有价证券用益权的新制度的拟定。这个定义是关键的,因为它建立了用益权人转让证券的法律事实基础。然而,重溯事实上概括性财产的概念将产生新的问题,就是对概括性财产确认的必要条

---

[1] A. L'aude, op. cit. , n° 28.

[2] F. Zenati, obs. sous Cass. civ. 1re, 12 novembre 1998, RTD civ. 1999, p. 425.

[3] J. Ghestin, Traité de droit civil, Les principaux contrats spéciaux, par J. Huet, n° 33501 et s.

[4] A. L'aude, op. cit. , n° 46.

[5] En ce sens: M. Grimaldi, Les aspects civils du démembrement de propriété, in Actes du colloque du 17 octobre 1994: Démembrement de propriété-vulnérabilités et parades, Droit et Patrimoine, Hors série n° 2, mars 1995, p. 31.

件的明确。[1] 最高上诉院所概述的体制混淆了有价证券所有权派生权利的规定。因此，必须对这个判例确认一个范围，应当明确地适用于上市的证券。即使应当由司法权来明确其判例的精髓，但数个迹象也可以证实这个观点只适用于上市证券。

首先，市场的存在保障了证券的互换性和提供了价值衡量的框架。市场是供求相结合的地方，这个机制可以确定财产的价值。另外，只有在证券的互换性容易被保障时才能运行可替代性。市场的存在符合了这个强制性要求。其次，有价证券的转让由中介进行，显露出证券的持有者对每一个证券的特点不感兴趣。即使中介不能预测公司股东的行为，加快证券的流通性，市场的存在对证券流通提供的保障，也大大地缩减了证券持有人对每一个股票所提供的权利的关注的重要性。在这方面，有观点认为，法院勾画的法律制度只对无记名证券起作用，因为指示证券[2]表明了其持有人享有双重投票权的意愿，这个是指示证券的特性。[3] 更多地，用益权人以非上市证券进行转让应当具有一个回购，这个义务禁止用益权人掏空账户，而且他只能在取代被转让证券的条件下进行证券转让。[4] 另外，只有上市证券允许套购，因为市场的存在保障其互换性。最后，证券借贷的法律制度，类推适用地证实了上市的有价证券适用特殊的规则。实际上，从 1987 年 6 月 17 日法令起，上市证券可以成为消费借贷的客体，使用自有的专门的制度，而非上市证券则适用一般法律规定。[5]

有价证券账户用益权的法律制度和直接设立在证券上的所有权派生权利的规定十分不同。事实上，通过对事实上概括性财产的表述，用益权的客体存在变化：它不再设立在每一个具体的证券上，而是设立在证券账户上，证券账户是一个独立的财产，和其包含的成分是有区别的。这种设立方式的结果是，在用益权人和所有权人之间分摊的权利服从一个证券账户用益权独有的逻辑，因为有价证券账户相较于其包含的证券成分是另一种东西。虚有权人的物权在证券账户

---

〔1〕 作者认为概括性财产的概念是具有争议的。H. Lecuyer, op. cit.

〔2〕 1955 年 12 月 7 日法令第 2 条规定所有证券的所有权人可以通过协议将无记名证券转换成指示证券。

〔3〕 Art L. 225-123 du Code de commerce：股票的双重投票权，根据其所代表的公司资本的份额，可以通过公司章程或者特殊的外部股东大会，赋予全部缴足股份的股票上的载明的股东，至少在两年内。

〔4〕 H. Hovasse, op. cit., p. 353.

〔5〕 Y. Guyon, Le régime juridique des prêts de titres, Revue de droit bancaire et de la bourse, n °6, p. 36.

上行使,和以此名义,最高上诉法院授权其保存这个账户,也就是说获得账户稳定的信息。如果用益权人没有履行维持账户之本体的义务,作为设立了用益权的财产的看守人,虚有权人可以对抗用益权人,也就是说将转让的证券进行替代。根据这个保留,虚有权人被剥夺了有价证券上的权利,没有资格主张股东的权利。相反地,用益权人被允许转让证券,是证券所有权赋予的全部权利的权利人。因此,有价证券账户的用益权没有对股东的传统权利进行分配,这个股东在此演变为用益权人。〔1〕唯一对用益权人的限制是在回购有价证券中要利用证券转让的价格,并有维护账户本体的义务。

应当注意到,如果在合同中引用准用益权的最终目的不能使用益权人只是经营这个证券账户,则这个准用益权合同无效。相反地,准用益权对赋予用益权人处分账户权利是必要的,因为准用益权赋予用益权利人对设立用益权的财产的临时所有权。

〔1〕 H. Hovasse, note sous Cass. civ. 1ère, 12 novembre 1998, JCP Ed. N, p. 351.

# 第四章　法国连续用益权：连续移转的用益权

法国学界对连续用益权的定义是一种为数人相继收益而设立的用益权。〔1〕然而，这样的定义不足以说明连续用益权的权利特征。对连续用益权进行定义应当从与用益权的细微差别中受到启发去找到相关性。《法国民法典》第578条所规定的关于用益权物权性质和临时性质这两个主要特征，是学术所归纳出的特征。〔2〕事实上，连续用益权也具有这两种属性。连续用益权是一种特殊的物权，也必然是临时性的，附有中止的期限。这个期限首先是以用益权人的生命为限，现实地赋予权利人使用和收益他人之物的权利，用益权人的权能到期结束。

---

〔1〕 Planiol et Ripert, op. cit., t. Ⅲ, Les biens, par Picard, n° 767.

〔2〕 Ripert et Boulanger, op. cit., t. Ⅱ, n$^{os}$ 2944 et 2945; Demolombe, op. cit., Vol. Ⅸ, t. Ⅰ, n° 493, p. 393 et Vol. Ⅹ, t. Ⅱ, n° 216, p. 174; Proudhon, op. cit., t. Ⅰ, p. 3, n° 5 et p. 4, n° 8; Masson, op. cit., p. Ⅱ; Ch. Beudant, Cours de droit civil français, publié par R. Beudant et P. Lerebourg-Pigeonniere, t. Ⅳ. Les Biens, par P. Voirin, 2$^{e}$ éd., Rousseau & Cie, Paris, 1938, n$^{os}$ 412 et s. En plus près de nous F. Terre et Ph. Simler, op. cit., p. 633, n° 777 et s.; G. Cornu, op. cit., n$^{os}$ 1260 à 1262; Ph. Malaurie et L. Aynes, Les biens, op. cit., n$^{os}$ 805 à 809; J. Carbonnier, Les biens, op. cit., n$^{os}$ 92 à 95; Ch. Atias, Leçon, p. 378 et s., n$^{os}$ 1649 et 1650; Ch. Larroumet, Droit civil, t. Ⅱ, Les biens-Droits réels principaux, Economica, 3$^{e}$ éd., 1997, n$^{os}$ 449 et s.; J-L Bergel, M. Bruschi et S. Cimamonti, op, cit., n° 246.

## 第一节　连续用益权的物权性质

毫无疑问,用益权是一项物权,这个物权性质来自它是完全所有权的派生权利。事实上不存在自然状态的用益权,[1]因为在正常情况下它包含在所有权中。它的存在,必须从所有权中分离,只给所有权人留下处分权能。正如Masson所言:用益权是所有权人将在物上行使收益的权利转让而来。因此,只有在所有权派生的情况下才能设立用益权:这是用益权的限制。[2] Proudhon强调:从古代开始就认为用益权的设立包含着物的部分转让,[3]用益权是所有权的派生。[4] Christian Atias解释了所有权派生的进程:因为用益权是一项收益的物权,用益权动摇它原生的权利。用益权的设立通过所有权的裂变而实现:所有权派生出用益权。在派生时,所有权的全部成分都保留着总体的法律属性,所以,用益权和虚有权是两种物权。[5] 事实上,如同Demolome所述:用益权是派生权利,是所有权的一部分,部分不可能不和整体的性质相同。[6] 所有权是一种典型的物权,必然地,由此派生而设立的用益权是一种物权。

同样地,连续用益权也是一种物权,因为它也是来自所有权派生的同样程序,这似乎表明了没有必要究问它的物权性质。然而,这样就忽略了连续用益权和典型用益权的根本区别:财产实际的收益。连续用益权只能作为财产上现实存在的用益权利进行受益。权利是即时产生的,且连续用益权具有不同的存在。Baudry-Lacantinerie强调说:当为数个连续的人设立用益权,第一顺位的用益权人死亡时其权利灭失,但是这个死亡的事实也立即开启了第二顺位用益权人的

---

〔1〕 De ce point de vue; nous comprenons bien pourquoi Ginossar et plus près de nous le professeur Frédéric Zenati, considèrent l'usufruit et les autres démembrements de la propriété comme des anomalies juridiques. Cf. supra n° 31 et note 83.

〔2〕 Masson, op. cit., p. Ⅱ.

〔3〕 Mais même si c'est une donation de l'usufruit, c'est une aliénation. L. 7, cod. De rebus alienis non alienand., li. 4, tit. 51.

〔4〕 Proudhon, op. cit., t. 1, p. 3, n° 5.

〔5〕 Ch. Atias, op. cit., n° 137. Dans le même sens, le professeur William Dross op. cit.

〔6〕 Demolombe, Cours de Code Napoléon, Vol. Ⅹ (Traité de la Distinction des Biens, t. Ⅱ), op. cit., n° 216, p. 174.

权利。事实上,指定的数人的用益权是不同的,连续取得的用益权取决于一个不确定的附属期限,它于在先权利人死亡时开启。[1]

然而,连续用益权没有任何或然性,它是确定的和现实的。连续用益权和某物上正在行使的用益权不同,连续用益权是有顺序的,并且已经具有权利持有人,即使第二顺位的用益权人没有行使用益权。这个用益权具有排他的从财产上收益的作用,在较远或较近的将来取得财产上的利益。那么,问题就这样被提出了:如果这个权利没有即时在物上行使,还能够叫作一项物权吗?这个问题很有趣,研究得出的结论是:这个权利属于物权,但是一项特殊的物权,并且这个权利不在物上,只是对物产生。为了更充分地说明这个特殊权利的法律属性,将对这项特殊物权的起源进行追溯。

## 一、他物权的历史起源

他物权的概念和罗马法并非一脉相承,也不属于注释法学派和后期注释法学派的研究成果。但是根据 Philippe Glaudet 和 Jean-Marie Montazeaud 的观点,他物权构成第二个精妙的权利极大地丰富了民法。[2] 中世纪的查士丁尼法学汇编包括《法学阶梯》、《学说汇纂》、《查士丁尼法典》和《法令新编》,总称为《国法大全》,与《教法大全》相对应,《教法大全》是宗教立法集。[3] 这两种法律文本在学校和大学里教授,使得管理日常生活的新概念颁布,而在这些新概念中有他物权。如 Louis Rigaud 所强调:他物权是教法的一个创造,后来被封建法律所扩展。[4] 具体演进如下。

### (一)中世纪的教规学者对他物权的演进

Alain Sériaux 提出:教法是纯粹的用于管理社会的天主教法。对教法的定义来自教规(Canon)这个表示规定的拉丁语。这个文字首先在人类文明时期被教会建立和使用,并指定为教法,而和民法相对,民法是非宗教的法律,或多或少代表国家意志。[5] 教法的领域是私人生活的某些方面,比如合同、婚姻和遗嘱,但

---

〔1〕 Baudry-Lacantinerie, Traité théorique et pratique de droit civil, Sirey, 3$^{e}$ éd., 1905, t. Ⅵ. Des biens, par Chauveau, n° 729.

〔2〕 PH. Glaudet et J-M. Montazeaud. op. cit. n° 1006, p. 15.

〔3〕 J.-Ph. Levy et A. Castaldo, op. cit., n° 3 p. 2 et 3.

〔4〕 L. Rigaud, op. cit., n° 117, p. 87.

〔5〕 A. Seriaux, Droit canonique, PUF, 1996, n° 1.

是它的首要目标是管理教会的运转。所以,自然地,教规学者提出对教会相关的法律事实的法律定义,主要地从教会利益相关属性出发。13 世纪,罗马 Innocent 四世教皇的大祭司颁布了他物权的定义:对物的权利,人权和物权的中间种类。Louis Rigaud 解释说:根据教法,所有的教堂都会聚合利益,即以财产的收益保证权利人的生存所需。受益者拥有物权以收取财产上的孳息而完成赋予其的神职。这项物权通过主教的授职仪式转移给受益者。Fournier 阐述道:授职并非高级教会自由决定的,利益候选人是通过推荐或者选举而指定的。推荐来自世俗的或者教会的保护主,选举则来自教务会(教士会议)。从推荐或者选举开始直到正式授职,候选人拥有指定给他的某种权利。[1] Jean-Phillipe Levy 和 Andre Castaldo 概括了这种情况:某个教士被指定为受益者,但是他还没有占有这个利益,这就是他物权的情形。具体地讲:某个主教当选,但是在没有加冕之前不能行使主教的职责,以及收取和职责相关的收入。然而,他对此有绝对的权利,因为根据教法选民不能再选另外一个主教。当选人并没有自物权,他享有他物权是因为他有权享有收益。[2] Doyen 院士强调他物权的作用:当保护主被推荐为候选人或者教士当选,高级教会应当授予候选人收益,且可以排除任何第三人在其后被授予相同的利益。[3] 因此,即使候选人不能占有他的利益,他也可以被保证从此没有其他任何人可以被指定享有这个利益,或者是不能合法地代替他主张这个利益。这个教法的法律构建被中世纪的罗马主义者理解吸收。

(二)中世纪的罗马主义者对他物权的使用

Doyen 院士阐述道:教规主义者提出的他物权概念,迅速地传播给满是罗马思想的法学家。在封地方面的这个权利,赋予诸侯一项物权并可以收回,这是一项在罗马法原则的影响下创造的物权,它存在于实际的交付前。[4] 研究封建法律的专家们,比如 13 世纪末著有 Summade Feudis 的 Jaquesde Revigny,以及 14 世纪的 Balde 都转移适用了封建特权中的他物权。诸侯受封,但是还没有占有封地,成为他物权的拥有者,因为他物权占有封地。受封的仪式给予诸侯他物权,

---

〔1〕 P. Fournier, Nouv, Rev. Hist. de droit français et étranger, 1890, p. 799 et s.

〔2〕 Jean-Philippe LevyetAndre Castaldo, op. cit. , n° 210.

〔3〕 L. Rigaud, op. cit. , n° 118, p. 88.

〔4〕 Rigaud, op. cit. , n° 120, p. 89.

而现实的占有则赋予其自物权。[1]

（三）从中世纪到现今对他物权的使用

关于他物权的最初理论的适用和中世纪的模式十分不同。Masson 讲述道：根据法国的大习惯法和 Bootillier 乡村纲要，用益权是一项他物权。[2] 该学者强调不是物上的权利而是对物的权利。毫无疑问，这是对 Jaquesde Revigny 关于他物权概念[3]以及教规中他物权概念的背离。[4] 1794 年，《普鲁士法典》同样使用他物权。Rigaud 院士明确了这个不是物权，只是一项附有撤销之诉的债权。[5] Pierre-Joseph Proudhon 重述了自物权和他物权的区别：自物权，物上的权利，通过该权利可以主张获得的所有权；他物权，对物的权利，通过这个主张成为所有权人。另外，该学者还形象地举例：夫妻间的权利是自物权，但是未婚夫妻之间的权利则是他物权。Henri 和 Leon Mazeaud 教授和最高上诉法院的委员 Jean Mazeaud 在 1962 年，在他们的著作《民法教程》（第 3 卷）中，[6]建议对商业租约的承租人使用他物权的概念。这个建议令人震惊，如 Rigaud 院士所强调：对于权利的分类，一般地对于不动产的租约并不是基于承租人的权利而建立的一项物权。[7] 然而，"二战"后的各种立法的演进向有利于承租人的方向发展，主要是指在某些条件下授予的在某地维持的某项权利。[8] 由此，承租人权利的性质演变，可能从对人权划分为一项物权。[9] 然而要注意，将承租人权利划分为

---

〔1〕 Rigaud, op. cit., n° 120, p. 89.

〔2〕 Grand Cputumier de Jaques d'Ableiges, éd. Laboulaye et Dareste, chap. V, p. 195; Adde Somme rurale de Jehan Boutillier, tit. Ⅰ, p. 3.

〔3〕 Jaques de Revigny (traité de Balde, super usibus fredorum, rub. De nova forma, V° investitura). Voir Brissaud. Manuel, Ⅱ, p. 241-242 et note; P. Fournier, N. R. H., 1890, p. 799.

〔4〕 Masson, op. cit., p. 148 et 149.

〔5〕 L. Rigaud, op. cit., note 32 ci-dessus.

〔6〕 H., et J. Mazeaud, Leçon de droit civil, t. 3, Pricipaux contrats, 1re éd., 1962, Montchrestien, n° 1062 et s.

〔7〕 L. Rigaud, à propos d'une renaissance du jus ad rem et d'un essai de classification nouvelle des droits patrimoniaux, op. cit.

〔8〕 A l'origine, la loi n° 48-1360 du 1re septembre 1948 prévoyait plusieurs types debaux dérogatoires-concernant les uns les locaux devenus vacants, les autres les locaux occupés par un locataire ou occupant de bonne foi déjà en place.

〔9〕 S. Ginossar, Droit réel, propriété et créance. Elaboration d'un système rationnel des droits patrimoniaux, op. cit., nos 65 et 66. Adde: Pour une meilleure définition du drot réel et du droit personnel, op. cit. Cf. supra nos 29 et 30.

他物权,通过这种方式来强化一项对人权,并不是杰出的学者的立场。[1]

## 二、连续用益权:一种他物权

他物权制度最初并非为连续用益权而设立。14 世纪的某些习惯法学者,如 Ableiges 或者 Boutillier 认为:用益权人不是自物权的权利人,而是他物权的权利人。[2] 事实上,很明显他物权不适合来定义现实的用益权,因为现实的用益权人不仅具有使用财产和收益孳息的倾向,更是现实地在进行使用和收益。用益权人享有的权利可以直接地、现实地在物上行使,是一种自物权。现实用益权人生存期间,连续用益权人不能行使自己的权利,这是另一种情况:连续用益权人是关于物的权利人,但他不能现实地行使权利,权利的行使附加了一个期限,即第一个用益权的灭失。

在教法中,他物权定义为关于教士利益的权利,在教士被推荐或者选举来管理教会时开启了收益的权利,即使是在上级教会对其授职之前。授职给予自物权,即收益的物权;当授职还未进行,该教士只是他物权的权利人。结果,授职构成了这个他物权的中止期限,授职将他物权变成了自物权。这个授职不能成为中止条件,因为它是将来确定的事件,上级教会不能拒绝进行授职,选举和推荐也不容置疑。[3]

在封建法中,8 世纪末的 Jaquesde Revigny[4] 改变了他物权的法律构建,他物权被定义为封地权,收到受封的象征物即成为封地的权利人或者说诸侯。[5] 当对封地的占有还没有发生,诸侯只是他物权的权利人:在一定的期限后占有封地并行使对封地的权利。如 Rigaud 院士所指出的,是现实的占有给予了自物权。[6] 对于教士的他物权,现实的占有是将来确定的事件,而对于诸侯现实地占有封地,虽然并不准确地知道占有的日期,但是该事件的到来毫无疑问。另外,Rigaud 院士也强调教士的权利不构成自物权,这只不过是一个抽象的权利,

---

[1] Jean-Carbonnier, les biens, op. cit., n° 92.

[2] Cf. supra n° 61 et note29. Adde: J-Ph. Levy et A. Castaldo, op. cit., p. 357, n° 271.

[3] Pour de plus amples développement sur la distinction entre terme suspensif et condition suspensive, cf. infra n$^{os}$ 346 et s.

[4] Voir cependant la note n° 27, p. 36, et l' opinion de Meijers sur ce point.

[5] De même quefeudiste; le termefeudatairevient du vieux françaisfeudune ancienne forme du, ot fief.

[6] Rigaud, Le droit réel-Histoire et theories, op. cit., n° 120, p. 89.

这个权利提前就已经分配给某确定的人。[1] 这个分析同样地适用于受封的诸侯的权利，其所获得的权利是封地上自物权的摇篮状态。

连续用益权也一样，即使连续用益权还未开始行使，财产将来的收益作为连续用益权的标的是分配给连续用益权人的，财产上设立的连续用益权迟早是要行使的。连续用益权的作用和封建法中连续用益权的相同性体现在：第一，候选人被推荐或者教士被选举出来后从此和连续用益权相联系，无法恢复至之前的状态。[2] 一旦连续用益权设立，便不可撤销，这个设立不能以单方的方式进行。2004 年 12 月 31 日之前，根据《法国民法典》原第 1096 条可以撤销在婚姻存续期间夫妻双方之间同意的赠与的情形除外。[3] 第二，上级教会应当授予合法选定的候选人以利益。[4] 上级教会被视为虚有权人，不能反对享有权利的连续用益权人之后成为现实的用益权人。一般地，这个转变发生在前用益权人死亡时。除非连续用益权的设立无效。第三，推荐或者当选的候选人可以排除在其之后通过授职将同样利益指定给任何第三人。[5] 连续用益权人，如果不能阻止所有权人或者说虚有权人设立新的连续用益权，可以有效地以在先权利对抗之后的连续用益权人。Baudry-Lacantinerie 强调过连续用益权人的权利只是在之前的用益权人死亡时开启。[6] 最高上诉法院对这点十分谨慎，监督任何连续用益权的设立不能损害在先设立的用益权。[7]

连续用益权的机制完全符合教规设计，然后被罗马主义者用来解释封地的法律根据之法律构建。那么连续用益权作为一种他物权，还需要确定其权利属性。

### 三、连续用益权作为他物权的法律性质

他物权的概念经过中世纪的发展后，退化成一种简单的债权，直到 18 世纪

---

〔1〕 Rigaud, Le droit réel-Histoire et theories, op. cit., n° 118, p. 87 et 88.

〔2〕 Rigaud, Le droit réel-Histoire et theories, op. cit., n° 118, p 88.

〔3〕 2001 年 5 月 26 日关于离婚改革的法令，在 2005 年 1 月 1 日生效，规定夫妻间生前以现有财产的赠与不可撤销，以将来财产的赠与可撤销。

〔4〕 Rigaud, Le droit réel-Histoire et theories, op. cit., n° 118, p 88.

〔5〕 Rigaud, Le droit réel-Histoire et theories, op. cit., n° 118, p 88.

〔6〕 Baudry-Lacantinerie, op. cit., t. Ⅵ, Des biens, par Chauveau, n° 729.

〔7〕 Cf. infra n$^{os}$ 180 à 183 et notamment Req. 15 mai 1865, D. P. 1865, Ⅰ, 431.

他物权的表述还是债的意思。[1] 然而,当我们认真地对他物权的原本概念进行历史分析,发现他物权不是一种债权或者债,完全就是一种物权,更是一种特殊的物权,连续用益权的物权性质由此明确。

首先,连续用益权是一项真正的物权。Ripert 和 Boulanger 认为,债是某人应当对另一人给付的权利关系,这个定义被引用到查士丁尼《法学阶梯》中。[2]《法国民法典》没有定义债,它只是在合同的定义中提出了标的(第 1101 条)。债的关系设立对人权,这是相对确定某人的权利,而物权是相对于其他所有人的权利。[3] Carbonnier 对他物权分析为:它介于对人权和物权之间,对人权被债务人转变为一项物权,债权人拥有他物权。[4] 这个定义也是 Potier 和其后继者的观点,他们推崇他物权是介入物权和对人权的中间种类。1794 年的《普鲁士法典》对他物权的分析也是如此。然而,这个分析只是中世纪法律制度的复制,被教规主义者和封建主义者演变,对连续用益权的机制也是如此,学者们没有提出它的物权性质。根据上述分析,他物权是从对人权转变而来的一项物权,仅显现出债权人和债务人之间的个人关系,没有和将来拥有自物权之物的任何联系。

那么这种权利是不是一项特殊类型的债?他物权可否是这样的物权之债?[5] 根据 Sylvie Aubert 的分析,物权之债本来是一种对人的债,其以对物权的标准取代了对人权的标准,因为权利的客体是如此紧密地和财产相联系。适用这个概念让权利人以特殊债权的名义和财产相关。[6] Yves Picod 认为,这个权利是和实物相关的债权,不是对债务人个人的,而是对物的所有权人和持有物的第三人的。[7]

当然,这个分析同样要论证对确定财产的债的关系的范围。回到连续用益权设立的行为来理解适用这种情况的法律机制:确定财产上的债的关系的效力是否如同在物的担保的情形中?答案是否定的。因为在一个债的关系中,无论

[1] Rigaud, Le droit réel-Histoire et theories, op. cit., n° 122, p. 91 et 92.

[2] Obligatio est juris vinculum quo necessitate adstringimur alicujus solvendae rei-Istitutes, Ⅲ, 13, pr.

[3] Aubry et Rau, Cours de droit civil français, t. Ⅰ, op. cit., par P. Esmein et A. Ponsard, 172, n° 154.

[4] Carbonnier, Les Biens, op. cit., n° 42.

[5] Y. Picod, Rép. Civ. Dalloz, Obligations, n° 13.

[6] S. Aubert, Rép. Civ. Dalloz, Ayant cause, n° 19.

[7] Y. Picod, op. cit., n° 14.

何种债的关系,必然的结果是教士的选举、诸侯的授职或者用益权的设立都不诞生自物权,自物权只在债务人向债权人交付后产生,即在授职后占有封地或者由虚有权人交付用益财产。教士的权利或者诸侯的权利尚未构成自物权,只不过是一个抽象的直接涉及物的权利,如 Rigaud 院士所说:教会的利益是提前分配给某个确定人的。[1] 连续用益权也是这样:即使连续用益权人还没有行使他的权利,至少也具有抽象的权利,这个权利涉及物,虚有权人应当履行给付物的义务。相反地,连续用益权最初设立创造了一个未来的所有权派生权利,强制不同的虚有权人按先后顺序接受这个派生权利。这个连续用益权存在于设立文书中,在期限到来时行使,连续用益权人即变成完全的用益权人,只要虚有权人完成某种交付义务。因此,连续用益权人是优先权和追索权的权利人。优先权,自从连续用益权设立开始,便不可撤销,也不可以单方收回。即使连续用益权不能阻碍财产的所有权人或者虚有权人设立新的连续用益权,它也可以有效地以在先权利对抗在后的连续用益权。[2] 连续用益权人享有追索权,连续用益权使得虚有权必须设立,所有连续虚有权人不能反对连续用益权人成为现实的用益权人时的使用和收益的权利。追索权和优先权是物权的特征,正如 Phillipe Jestaz 教授所强调的:追索权和优先权构成了对人权上的物权性。对人权的权利人不具有优先顺位,因为该权利没有直接涉及属于债务人的钱款而应当进行优先分配。债权人有权对抗债务人而不是物,只有债务人提供到期的给付。相反地,抵押债权人支配抵押不动产上的物权,可以将物扣留下以优先被支付。[3]

从这个观点出发,诸侯的权利和教士的权利,以及连续用益权人的权利,毫无争议地属于传统物权的定义,如同 Beudant 院士所阐述的:"法律关系设立直接存在的权利,没有中介,在权利所属于的人和权利涉及的物之间。在人和物之间的关系是不存在中介的,它是直接的,比如权利人指定在权利涉及的物上行使权利。"[4]一旦附属的期限到来,权利人原来的他物权则变为自物权,无须任何程序即可行使这个自物权。[5] Yves Picod 对此进行了概括:债权的履行是以债务

---

[1] Rigaud, Le droit réel-Histoire et theories, op. cit., n° 118, p 87 et 88.

[2] Cf. infra n$^{os}$ 180à 183 et notamment Req. 15 mai 1865, D. P. 1865, Ⅰ, 431.

[3] Ph. jestaz, Rép. Civ. Dalloz, Droit, n° 47.

[4] Ch. Beudant, op. cit. Ⅳ, Les Biens, par P. Voirin, n° 51.

[5] F. Terre et Ph. simler, Les Biens, op. cit., n° 797.

人的态度为条件的,这显得十分脆弱,而物权只取决于权利人的意愿。[1] 所以,他物权表现出十分明显的物权性质。Rigaud 院士已经强调过:这种权利,所有人都必须遵守,应当视为一种非典型的物权而不是对人权,是一种可期待的物权。[2] 所以,连续用益权被认为是一种他物权,其物权性质不容置疑。

其次,连续用益权是特殊的物权。在确认他物权和连续用益权的物权性质后,应当对他物权和自物权的属性进行准确的区分。连续用益权在中世纪时期的模式是一种特殊的物权,并不完全符合教规定义的传统物权。罗马法中的用益权是一项物权,更是自物权。在存在用益权人的情况下,财产的所有权人不再掌握所有权的传统属性,最多保留着处分权即转让物的权利。但是,所有权人在物的使用和收益方面不再拥有权利,这些权利已经赋予所有权人以外的权利人。[3] 使用和收益的权利移转到另外一人手里,直接对物行使,可以证明用益权是一项传统的物权——自物权。

而连续用益权人的情况不同:连续用益权人是物的实际权利人,但是处于酝酿阶段,权利的实际行使取决于期限,有时候这个期限尚远。当在先用益权人还在生存期间,连续用益权人对物没有任何的影响,无法取得物的可用性。连续用益权人一直拥有某种物权,但是这个物权只能在将来对物直接行使,不能马上归类于自物权。这个分类在所有权派生权利方面显得有逻辑,可以解释连续用益权的奇特。所有权是由处分权、使用权和收益权构成的,使用权和收益权由用益权人掌握,将这三种派生权利重新结合则重构了所有权。当使用、收益和处分权一起时,所有权(自物权)才是完全的,那么连续用益权的位置如何呢?如果完全所有权是一个齐边的满杯,使用权、收益权和处分权则是等边的,没有任何连续用益权的位置,所以完全所有权不需要连续用益权来实现自身的完整完美。

如何确定连续用益权的法律位置呢?应当不脱离用益权和连续用益权的法理精神,它不是二者择一的,而是协作共存的。[4] 诚然两者是独立存在的,但是又是同时存在且存在于同一财产上的。连续用益权的存在对存在于同一财产上的现实的用益权没有任何的影响,但必然对虚有权人有影响,因为连续用益权意

[1] Y. Picod, op. cit., n° 13.

[2] L. Rigaud, le droit reel-Histoire et theories, op. cit., n° 119, p. 88. n$^{os}$209 et s.

[3] 某些后注释法学派学者确认用益权人享有可用的支配权。

[4] Sur ce point, cf. infra n$^{os}$ 406 et s.

味着用益期限长,会缩减虚有权人的权利。两种用益权在同一财产上共存只能构建为:第二个用益权为连续用益权,为他物权,即对物行使的权利。对于这种特殊物权的性质,Rigaud 院士强调:他物权是个混合的产物,在自物权和债权的中间。它没有赋予物上的直接权利,但它给予权利人的权利比债权上的权利更大,因为通过某种程序的履行,它可以转变为真正的物权(自物权)。[1] 这个定义表明了他物权的两方面内容:一方面,它没有赋予权利人任何对物立即行使的权利;另一方面,他物权应当转变为完全和完整的自物权。这需要完成设立的程序,如附属的期限。

## 第二节　连续用益权的合法性

连续用益权是一种他物权,他物权这种新种类的物权适用于现实财产的数种情形。但是在立法者没有明确规定的情况下,是否可以建立一个新型的物权?这个根本性问题至今刺激着法国学术界。正如 Demolombe 所强调的,学术界一致认为个人不能复活任何封建旧权利,包括人役权、劳役、永久的土地税等。[2] 而对于能否建立新型物权的问题,学术界意见纷纭,一部分学者鼓吹利用契约自由而建立新的所有权派生权利。其中较为著名的有 Planiol 和 Ripert、[3] Bonnecase、[4] Chauveau,[5] 以及 Toullier,其观点可概括为,完全所有权可以派生出什么权利,以何种方式来派生,首先应当提出一个原则:根据《法国民法典》第 544 条的规定,任何人可以绝对的方式支配其所有权,则可以派生出自认为好的权利,如其所愿地扩展或者限制这些权利。总之,只要不违反法律和公共秩序,所有权人可以认为合适的方式派生权利。这种方式遵循了一般原则:法无禁止即

---

〔1〕 L. Rigaud, Le droit réel, -Histoire et théorie, op. cit., n° 116, p. 86.

〔2〕 Demolombe, op. cit., Vol. Ⅸ, t. n° 512, p. 422.

〔3〕 Planiol et Ripert, op. cit., t. Ⅲ, Les biens, par M. Picard, n· 48.

〔4〕 Bonnecase, supplément au traité théorique et pratique de droit civil de Bal Lacantinerie G. t. V, Sirey, 1930, n°· 97.

〔5〕 Chauveau, classification nouvelle des droits reels et personnels, Revue critique legislation et de jusrisprudence, 1931, p. 539-612, n° 19.

可为。[1]

相反地,其他的一些著名学者,如 Demolombe、[2] Beudant、[3] Voirin[4] 和 Frederic Zenati[5],强烈地反对契约自由和所有权派生权利产生的大量风险造成所有权的束缚。Carbonnier 很好地概括了引起学术界激烈反应的原因:个人意愿可以创造新类型的物权吗? 从 19 世纪起,出于对封建权利复辟的恐惧,对于被法国大革命和《法国民法典》所废除的旧权利,在法理精神上持否定倾向。然而,在著名的 Caquelard 法令中却是肯定的观点。[6] 换言之,法国大革命的成果和对所有权永久性派生的封建体制复辟的担忧使得大多数学者倾向于限制物权的多样性,但是最高院的诉状审理庭在 1834 年 2 月 13 日颁布的 Caquelard 法令[7] 又引起了争论。

Christian Atias 教授对此阐述:这个法令是关于在同一河岸上的两个所有权人之间建立共同所有权的。这个共同所有权呈现以下性质:首先,在法典之外建立的强制性的不可分性。其次,作为两个土地所有权的附属权利,随所有权而移转。最后,每个共同所有权人的权利并不限制在某一抽象的份额上,或者未确定位置的部分上。两个所有权人,一个拥有河岸,另一个拥有树木。强制性赋予其所有权并享有各自财产上的收益,这就是 Caquelard 法令所确认的。[8] 最高上诉院还在这项法令中写入了所有权派生方面契约自由的条文,它认为,《法国民法典》第 544 条、第 546 条 和第 552 条的一般法规定,和虚有权的性质效力相关,但是并非禁止性的;这些条文和任何的其他法令都没有排除对原所有权可以接受的各种修改和派生。

Christian Atias 教授对诉状审理庭的观点持否定态度:将物权的种类授权给

〔1〕 Toullier C. B. M. ,Le droit civil franais selon l' ordre du code civil,éd. Renouard,1846-1849,t. Ⅲ, n° 96;Voir également Coulon J. -I. -B,Questions de droit,Paris,Cotillon,t. Ⅲ,p. 146 et s.

〔2〕 Demolombe,op. cit. ,Vol. Ⅸ,t. 1,n$^{os.}$ 515 et s.

〔3〕 Ch. Beudant,op. cit. ,t. Ⅳ,par P. Voirin,p. 63 et 64,n° 70.

〔4〕 Ch. Beudant,op. cit. ,t. Ⅳ,par P. Voirin,p. 63.

〔5〕 F. zenati,RTD Civ. 1992,p. 598. Voir également du même auteur D. 1985,p. 504.

〔6〕 J. Carbonnier,Les biens,op. cit. ,p. 76 et 77,n° 44.

〔7〕 Req. 13 février 1834; S. 1834,1,205; D. 1834,1,218. Même si ce fut l' arrêt Caquelard relança le débat,il y avait eu déjà un précédent avec un arrêt rendu par la Chambre des Requête,cité en note 1 au S. 1834,1,205.

〔8〕 Ch. Atias,op. cit. ,n° 44a.

个人意愿,是政策和技术的大胆。政策的是因为,Caquelard 法令毫不掩饰地呈现旧制度土地权利的直接继承。技术的是因为,Caquelard 法令开启了在物权定义方面实践者的设想路径,这是对大革命成果和《法国民法典》思想的无知。[1] 最高上诉院选择的自由导致了大量旧制度中的地方土地体制复活。它对各种土地方案的设立进行了保留……[2]这项法令还遭到了权威学者 Demolombe 的怒斥:有人说《法国民法典》第 526 条和第 543 条不是强制性的,所以允许个人创设物权和对所有权进行派生,他们的感觉真好!个人当然不能协议也不能通过其处分改变关于公共秩序的法律。确定和安排物权的法律无疑和第三人、公众、财产的移转方式、契约安全更为相关。这是一项公共秩序的法,所以个人不能对其改变。法律对物权进行了列举,应当被视为强制性的。据此,可以得出《法国民法典》第 543 条是强制性的。所以,个人能在财产上设立的权利总要属于三类中的某一种:要么是所有权,要么是用益权(使用权或者居住权),要么是地役权。在这个范围内,契约自由和处分自由可以随意。Charles Beudant 院士也进行了同样的论证,十分强调:与所有权安排,尤其是土地所有权安排相关的法律,涉及国家的政治社会秩序。因此,这些是公共秩序的法。《法国民法典》第 6 条禁止个人契约违反公共秩序,所以,在法律明文规定之外不能有其他的物权。允许物权创设,会导致社会公共秩序因个人意愿而产生旧体制中的土地制度的重建,引发诸多弊端。[3] Carbonnier 则较为中立地阐述道:该项法令实际上什么决定性也没有,因为它的作用只是提出一个普通的共同所有权,而并非创设了一项物权。它只是将一般性的联合使用转变为共同所有权或者轮流行使的所有权。[4] Beudant 也提出:最高上诉院的法令不能给以太大范围的适用,因为根据该法令授权个人创设的物权,和所有权派生权利、地上权、共同所有权是同一类型,应当符合法律明确规定。[5]

1984 年,在《法国民法典》公布 180 年后,Carbonnier 所提出的这个问题引起更为广泛的争议。一个民事庭定义了张贴广告的用益权,原所有权人永久性地

---

[1] Ch. Atias, op. cit., n° 44a.

[2] Ch. Atias, op. cit., n° 44a.

[3] CharlesBeudant, op. cit., t. Ⅳ, par Voirin, p. 64, n° 70.

[4] J. Carbonnier, Les Biens, op. cit., p. 76 et 77, n° 44.

[5] CharlesBeudant, op. cit., t. Ⅳ, par Voirin, p. 64, n° 70.

保留了在共同所有的不动产上的这个权利。1984 年 1 月 18 日最高上诉院第三民事庭的决议否定了这个定义:这个不是用益权,因为这个权利不具有养老性质。毫无疑问,这也不是一个地役权,因为它并不是为土地的利益而设立。这也不是一个所有权,因为它并未吸收物的全部可用性,所以这个权利是一项自成一格未被确认的物权。[1] 该法令[2]加重了学术界的情绪,Zenati 教授大力宣告反对物权多样化,造成所有权的束缚。[3] 最高上诉院第三民事庭 1992 年 3 月 4 日法令,[4]接受了初审法院关于共有部分上被抽离的收益权利,根据共有权分配的规定而具有永久性物权性质的裁决。Frederic Zenati 和 Tjierry Revet 强调:令人惊奇的不是如此肯定该收益权的物权性质,而是它的永久性。一项永久性的物权从根本上损害了所有权。[5]

在上述理论发展的背景下,他物权的种类会否也被 Zenati 和 Revet 这些教授们批评为幻想之作?答案是否定的,因为他物权的建立不代表创设了新类型的物权。实际上,他物权的法律地位及法律适用没有争议,也没有任何学者对连续用益权人的权利的现实性提出争议。连续用益权的合法性没有争议,连续用益权人的权利被学界赋予物权性质,一部分学者认为是附期限的物权,另一部分学者则认为是附条件的物权。[6]

## 第三节　连续的用益权的设立期限

法国大革命后,很多学者对所有权永久性派生权利的复辟十分担心。Bernard Gelot 认为,众所周知的传统的连续用益权的体制是赠与者,或者遗赠者,为

---

〔1〕 J. Carbonier, Les Biens, op. cit., p. 76 et 77, n° 44.

〔2〕 Cass. Civ 3, 18 janvier 1984, D. 1985, 504, note Zenati; JCP1986, 20547, note Barbieri.

〔3〕 F. Zenati, D. 1985, 504.

〔4〕 Cass. Civ. 3, 4 mars 1992, D. 1992, p. 386, note Atias; Rev. dr. Imm. 1992, p. 240, obs. Capoulade et-Giverdon; RTD Civ. 1993, p. 162, obs. Zenati.

〔5〕 F. Zenati et Th. Revet, Les biens, op. cit., p. 250, n° 213.

〔6〕 Pour cette defférences d'interprétation du rôle de décès érige en terme suspensif ou en condition suspensive, cf. infra n$^{os}$ 400 et s. et spéc. n° 402.

数人设立一个相继用益的养老性质或者临时性质的用益权。[1] 法律没有对其明文规定一个期限，19 世纪的学术界列举了这项所有权派生权利的风险，所以大革命的立法者明确将其废除。[2] 在这方面，Zenati 提出了限制用益权最大期限的观点。永租权的最大期限[3]为 99 年，如今被视为他人之物上的权利应当遵守最大限制，以维护所有权的实用性。[4] 然而，时代变迁，生命期限的延长，规定用益权最大期限为 99 年显得很奇怪。设想在实践中某人在 18 岁时转让其财产而保留用益权，是否在其 117 岁时该用益权灭失？这样的话就违反了设立用益权的期限的契约自由和《法国民法典》第 617 条的规定，该条对养老性质的用益权，并未限制期限。[5]

对于连续用益权而言，设立一个或者几个连续的用益权会否导致所有权的永久性派生？如果答案是否定的，如何界定连续用益权的期限？这些问题是连续用益权设立的核心问题，因为作为一种用益权，连续用益权的设立的其他方面适用《法国民法典》关于用益权的一般规定，也就是说和典型用益权的设立相同，在此不再重复。

### 一、连续用益权的非永久性

连续用益权的特征并不是用益权的连续移转，用益权的连续性移转会导致复制中世纪的法律构建而消除大革命的成果，如封地。事实上，连续用益权一开始就是同时设立了几个用益权，并且是为不同的几个人而设立。Baudry-Lacantinerie 概括道：当用益权为连续的数人设立，第一顺位的用益权人死亡则其用益权灭失，而第二顺位用益权人的权利开启。事实上这些用益权是不同的，用益权人也不相同。[6] Planiol 和 Ripert 强调：连续用益权的表述意义是含混的，它应当是不同权利的连续，而不是相同权利的连续。[7] Demolombe 认为，连续

---

〔1〕 Planiolet Ripert, op. cit. , t. Ⅲ, par Picard, n° 767.

〔2〕 Voir sur ce point, les développements de Demolombe, op. cit. , vol. X, t. Ⅱ, n° 248.

〔3〕 A. M. Demante, Cours analytique du Code Civil, continué et annoté Par E. Colmet de Santerre, t. Ⅱ, 2$^{e}$ éd. , Paris, 1872, n° 461 bis.

〔4〕 F. Zenati, RTD Civ. 1998, . p. 937 et s.

〔5〕 Cf. infra n$^{os}$ 131 et s.

〔6〕 Baudry-Lacantinerie, op. cit. , t. Ⅵ. Des biens, par Chauveau, n° 729.

〔7〕 Planiol et Ripert, op. cit. , t. V, par Ttasbot et Loussouarn, n° 294, p. 407 et 408.

用益权中包含的用益权和指定相继收益的人数量一样。[1] Michel Grimaldi 认为,所有权人可以将同一财产上的用益权赠与或者遗赠给数人,相继收益。这并不是设立一个用益权,而是因前一个用益权人的死亡开启了后一个用益权人的用益,设立了连续的用益权,即不同的用益权连续开始,前一用益权在前一个权利人死亡时灭失。[2] 因此,连续用益权不是继承性质的用益权,如 Zenati 强调,连续开始的方式省去了用益权的转让,因为相继收益的人的权利是原本设计好的。[3]

但是,这并不足以回答连续用益权是否具有所有权永久性派生的风险,因为可以认为设立连续用益权,同样地会穷尽财产的经济可用性,虚有权人则无法获得完全所有权的复归。那么,设立连续用益权的期限则可以回答这个问题。

第一,无偿设立的连续用益权。《法国民法典》第 906 条提出可以在生前赠与用益权,赠与时应当设计。进行遗赠的,应当在遗赠者死亡时设计。然而,赠与或遗赠只有在子女健在的情况下生效。Michel Grimaldi 阐述道:自然人在其出生前已进入法律生活。根据胎儿受孕说,[4]胎儿在受孕时获得法律人格,前提是其具有利益和其出生时为活体。《法国民法典》第 906 条允许从受孕之日起,和出生时存活的条件下,胎儿可以获得赠与或者遗赠。[5] 这个规定,被司法判例数次运用。[6] Proudhon 首先将其运用于连续用益权,强调两方面的结果:一方面,通过遗嘱处分将用益权设立给两个人,必须在遗赠人死亡时有指定的第二顺序的受赠人,因为第二顺位受赠人直接收到遗嘱,这是《法国民法典》第 906 条规定的这类行为生效的条件。另一方面,如果是生前的赠与,将用益权设立给两个不同的人连续收益,两个受赠人必须在赠与时都是生存的。[7] 如何确定在赠与时或者遗赠人死亡时是否对受益者进行设计? Michel Grimaldi 明确道:对明确

---

〔1〕 Demolombe, op. cit., Vol. X, t. II, n° 246, p. 203.

〔2〕 M. Grimaldi, Droit civil: Libéralités, Partages d'ascendants, Litec, 2000, n° 1166.

〔3〕 F. Zenati, RTD Civ. 1992, p. 598. Sur la question de la transmissibilité de l'usufruit par voie successorale, cf. infra n° 113 et s.

〔4〕 Infans conceptus pro nato quoties de commodis ejus agitur: l'enfant conçu est considéré come né chaque fois qu'il y a avantage pour lui.

〔5〕 M. Grimaldi, Droit civil: Libéralités, Partages d'ascendants, op. cit., n° 1116.

〔6〕 Cass. req. 7 nov. 1911, D. P. 1915, 1, 85; Cass. civ. 1re août 1927, S. 1927, 1, 373; Cass. 1re civ. 10 déc. 1985, D. 1987, 449, noteG. Paire, RTD Civ. 1987, 309, n° 3, obs. J. Mestre.

〔7〕 Proudhon, op. cit., t. 1, p. 149, nos 311 et 312.

受孕日的困难,法律用两个推定的方式进行了解决。《法国民法典》第 311 条第 1 款规定,子女被视为在其出生前 300 天到出生前 180 天受孕;第 2 款规定,可以在 121 天的时间段内选择一个最好的时间。另外,从 1972 年 1 月 3 日法令开始,需要有相反的证明来推翻推定:受赠者在遗赠人死亡 300 天后出生的不能得到遗赠,只需要继承人证明受赠人的出生时间。[1]

Paulette Veaux-Fournerie 提炼出《法国民法典》第 906 条对连续用益权的效力:两个用益权人在连续用益权设立时或者在遗赠人死亡时都应当是存活的,因为他们相继从赠与人或者遗赠人处获得权利。因此,直接设立在某个生存的人名下的用益权,不会持续很长时间。[2]《法国民法典》第 906 条的严格适用如今已经消除了所有权永久性派生的全部风险。Zenati 教授在赠与方面提出一个根本性的规定:《法国民法典》第 932 条第 2 款规定在赠与人生存期间接受赠与的义务,也适用于用益权人,即连续用益权中的首位用益权人。[3] Zenati 教授认为,这个要求限制了用益权在首位用益权人生存期间扩展到第二个用益权的可能性。[4] 由此,财产的公共秩序被遵守。[5]

第二,有偿设立的连续用益权。William Dross 教授概括了学术界关于有偿设立的连续用益权的激烈争论:大部分学者认为,连续用益权的受益人应当在设立用益权之日已经出生或者至少已经受孕。如果说《法国民法典》第 906 条规定解决了无偿设立的连续用益权的问题,那么有偿设立的情形就更为棘手。[6] Zenati 教授认为,用益权的连续性使用益权的复归变得不可知,如果给予用益权数百年延续的性质,甚至永久性的,将导致所有权被否定。[7] 所以,当设立用益权的行为是有偿的,应当考虑阻止所有权派生权利数代延续的一些实践。Demolombe 提出:当连续的用益权以有偿名义设立,没有必要所有被指定受益的

---

〔1〕 M. Grimaldi, Droit civil; Libéralités, Partages d'ascendants, op. cit., n° 1166. I. Najjar. Rép. civ. Dalloz, Dispositions à titre gratuit, n^os 60 et 61. Dans le sens Cass. req. 1^re août 1843, 1, 926; Cass. req. 7 nov. 1911, D. P. 1915, 1, 85.

〔2〕 P. Veaux-Founerie et D. Veaux, JCL Civil, art. 578 à 581, n° 65.

〔3〕 Pour de plus amples développements sur ce point, cf. infra n^os 361 et s.

〔4〕 Dans ce sens Demante, op. cit., n° 460bis; Beauabt, op. cit., t. Ⅳ, par Voirin, n° 415.

〔5〕 F. Zeanti, RTD Civ. 1998, p. 938.

〔6〕 W. Dross, op. cit. n° 248.

〔7〕 F. Zenati, RTD Civ. 1998, p. 939.

人在缔结合同时存在或者已受孕。Proudhon 认为,某人可以为自己和其继承人设立用益权,法定继承人或者遗嘱指定的继承人在设立人死亡时被设计好,以拥有用益权。[1] Duraton 和 Taulier 认为,用益权可以为三代连续的继承人而设立,1790 年 12 月 18 日法令第 1 章第 1 条即论据。[2][3] 这个法令规定,生存期间的租赁可以延续数代,但不能超过三代。Demolombe 并不完全赞同这个观点,他直言:这个学术观点相当具有争议。[4]

应当对 Proudhon 和 Duraton&Taulier 的观点进行区分,前者的观点能站得住脚,后两者的观点则不然。和后两者不同,前者不认为所有权派生权利可以为三代人设立,而只能为一个人和其直系继承人设立。他的论据是:根据《法国民法典》第 1119 条的规定,一般只能规定自己,并不能规定除自己之外的他人。根据《法国民法典》第 1122 条的规定,人们可以为自己也可以为自己的继承人规定,在继承人代表被继承人的情形下,这个继承人不能被视为不同于死者的另一个人。[5] 他总结道:当涉及用益权为数人设立连续继承时,通过规定移转用益权,无须收益的继承人在合同设立时已经存在,这和所有受赠人必须在赠与设立时存在不同。[6] 然而,如果继承人在连续用益权设立时并未生存或者并未受孕,则应当在用益权人本人的继承开启时是生存的或者受孕的,因为他应当接受死者的遗产以主张为继承人所规定的用益权的交付。[7]

Philippe Malaure、Laurent Aynes 和 Philippe Stoffel-Munck 提出:通过对他人的规定,合同赋予某人一项权利。订约者和承诺者订立合同,承诺者保证给订约者还有第三人提供利益,第三人为受益人。作为受益人的第三人直接变成承诺者的债权人……在关于他人的规定中,明确损害了合同的相对性,因为合同产生了关于第三人的权利,这个第三人既不是也不会是合同的当事人。[8] 所以,第

[1] Proudhon, op. cit., t. Ⅰ, n° 327 et s.

[2] A. Duranton, Cours de droit français suivant le Code civil, 4e éd., Paris, 1844, éd. Gobelet., t. Ⅳ, n° 491.

[3] J. F. Taulier, Théorie raisonnée du Code civil, Grenoble, t. Ⅱ, 1841, p. 300.

[4] Demolombe, op. cit., Vol. Ⅹ, t. Ⅱ, 1880, n° 248.

[5] Proudhon, op. cit., t. Ⅰ, n° 328, p. 154.

[6] Proudhon, op. cit., t. Ⅰ, n° 328, p. 155.

[7] Proudhon, op. cit., note précédente.

[8] Ph. Malaurie, L. Aynes et Ph. StoffleL-Munck, Les obligations, Defrénois, 2004, 1e éd., n° 807.

三人受益者不是本来行为的当事人，那么在相关法律行为进行时继承人受益者不存在或者未受孕则并不影响行为的有效性。Ripert 和 Boulanger 明确道：可否为某个未明确的人的利益规定？应当承认可以。只有在合同对受益者产生效力时，该受益者是明确的。〔1〕这完全符合逻辑，如 Christian Larroumet 和 Dominique Mondoloni 所强调：只要第三人受益人没有同意合同中规定给他的权利，就没有必要在合同缔结时明确该受益人。〔2〕因此推论出在用益权合同缔结时，不需要受益人已经出生或者已经受孕。对此，Ripert 和 Boulanger 强调：第三人的同意只是为了确定权利，他和权利的设立无关。在对权利进行规定时不用要求第三人的存在和他的意愿。〔3〕然而，尽管这个法律理由很奇怪，但学术界比较赞同可以指定一个不确定的人或者将来的人作为对他人之规定的受益人。〔4〕1930 年 7 月 13 日关于保险的法令〔5〕规定可以将即将诞生的子女作为人寿保险合同的受益人，结束了这方面的争议。〔6〕

更进一步地分析，连续用益权真正的设立行为是订约者死亡时进行的行为，目标是建立一个应有形式的用益权，这是承诺者的义务。继承人在用益权建立时应当是已出生或者已受孕的。连续用益权，通过设立人生前的行为，为不同的数人设立，所有被指定的受益人都应当参与到这个设立行为，因为合同的效力只溯及合同的当事人。连续用益权的权利人不是通过继承取得连续用益权，也不是通过他们的父亲作为中介来获得用益权，这个权利是承诺者直接为他们设立的。

连续用益权会否导致所有权数代的派生，成为一项永久性的派生权利？答案是不会。因为虽然受益者未被在原合同中明确，但至少他在订约者死亡时是存在的，因为这样才具有订约者继承人的资格，成为第三人受益人。如果原合同

---

〔1〕 Ripert et Boulanger, op. cit., n° 645.

〔2〕 Ch. Larroumet et D. Mondoloni, Rép. civ. Dalloz, Stipulation pour autrui, n$^{os}$ 34 et 36.

〔3〕 Ripert et Boulanger, op. cit., n° 649.

〔4〕 Voir notamment Beaudant et Lerebours - Pigeonniere, Cours de droit civil français, t. Ⅸ, Les contrats et obligations, par LAgarde et Perrot, 1953, éd. Rousseau et Cie, n$^{os}$ 952 et s.; Planiol et Ripert, Traité pratique de droit civil français, t. 2, 1$^{re}$ Vol., Obligations: Théorie générale, 9$^{e}$ éd., 1998, Montchrestien, n$^{os}$ 785 et s.; G. Marty et P. Raynaud, Les obligations, t. 1, Les sources, 2$^{e}$ éd., 1988, Sirey, n° 286.

〔5〕 BLD 1930, p. 508.

〔6〕 Article L. 132-8, alinéa 3, du Code de assurances.

明确规定为订约人的子女、孙子女,甚至曾孙子女的利益而约定,虚有权人有义务设立这些不同的连续用益权。这是虚有权人自始为不同的受益人设立全部的连续用益权,这些受益人应当在设立人死亡时已经出生或者已经受孕。所以,连续用益权的设立和典型用益权的设立是两相并列的机制,连续用益权的设立不是一个最初的合同行为而是在订约者死亡时的行为。那么,正如 Paulette Veaux-Fournerie 所强调:用益权不会持续很长时间,因为它直接设立在生存的人的名下。[1]

不同的声音仍然存在。1991 年 4 月 4 日最高上诉院第一民事庭的一项法令[2]分析道:通过连续用益权的方式规定用益权的不可继承性,在法律上或者在事实上不知是否应当得到好评。[3] Thierry Revet 教授也强调:用益权的不可继承性如今已经得到一致确认。但它并未禁止为不同的人设立连续的用益权……在事实上用益权发生了移转,用益权的主要性质——临时性和养老性被蔑视。[4] 这个杰出的教授指出:设立的用益权可以在死后被接受,并不限制用益权人的代数。用益权的复归形成一个怪胎,导致可以分解所有权。根据以前的学者的建议,指定了永租权的最大期限为 99 年,以预防用益权的永久性。[5]在他人之物上的权利应当遵守这个期限。[6]

根据《法国民法典》第 1583 条的规定,如果某人以有偿名义设立数个附有期限连续用益权,三个、四个或者更多……那么买卖必须是完备的,对标的物和价格要达成一致。根据《法国民法典》第 1582 条的规定,将该行为具体化,以公证文书或者私署证书的形式确立,当用益权的转让涉及不动产时,应当进行公示。因此,即使没有任何明确的条文规定合同缔结时不同的连续用益权的买受人已经存在或者已经受孕,合同法的一般规定也要求,为了能有效地签订合同,至少在设立行为之日他们是受孕的,他们全部参与到设立行为中。

---

〔1〕 Paulette Veaux-Founeriee t D. veaux, JCL Civil, art. 578 à 581, n° 65.

〔2〕 Cass civ 1, 4 avril 1991, Bull civ. Ⅰ, n° 128; JCP 1991, Ⅳ, 217; D. 1991, I. R. 166; Gaz. Pal. 1991, pan. 240; RTD Civ. 1992, p. 597 et s. obs. Zenati.

〔3〕 F. Zenati, RTD Civ. 1992, p. 599.

〔4〕 F. Zenai et Th. Revet, op. cit., n° 245, p. 278.

〔5〕 Dans ce sens Demante, op. cit., t. Ⅱ, n° 461 bis.

〔6〕 F. Zenati, RTD Civ. 1998, p. 937 et s.

从 Demlombe、[1] Planiol 和 Ripert、[2] Beudant 和 Lerebours－Pigonniere[3] 以来的学说，一致考虑将连续用益受益人至少已受孕的义务扩展到所有连续用益权的设立而不区分是无偿还是有偿。Alfred Ried 强调：当用益权通过生前行为建立则在用益权设立时，当用益权通过遗嘱建立则在设立者死亡之日，对于为自然人设立的用益权假设其已经出生，或者至少已经受孕。[4] 连续用益权也是如此。[5]

因此，为数代人设立派生权利只能通过直接设立的方式。还有观点提出：可否不考虑直接设立用益权的技术，而考虑设立临时用益权附有灭失期限的技术。这个期限应当是确定的，如一个明确的日期。在这种情况下，用益权人在期限到期前将用益权移转给子女。那么，这样的连续用益权是否和传统理论中所主张的用益权具有的养老性质相悖呢？

**二、连续用益权养老性质的非必然性**

用益权的养老性质已经取得学术上一致性。[6] Zenati 教授言道：我们一致认为《法国民法典》第 617 条关于用益权的养老性质的规定是设立者的意愿不能超越的最大限度。[7]

学术界对此观点一致的原因来自担心所有权的永久性派生，Proudhon 强调：如果用益权不因为用益权人的死亡而灭失，而如同所有权一样进行移转，那么虚有权不过是虚幻的和无用的东西。然而，这个观点混淆用益权的临时性质和养老性质，对于用益权的临时性质不再有疑问，而对于用益权的养老性质，其实并没有成文的依据，并且这个观点只是建立在最高上诉院的一个判决上，而这个判决是针对财务问题而非民事问题的判决。

---

[1] Demolombe, op. cit. Vol. X, t. II, n$^{os}$ 748 et s.

[2] Planiol et Ripert, op. cit., t. III, par Picard, n° 767.

[3] Beudant et Lerebours-Pigeonniere, op. cit., t. IV, par Voirin,, n° 415.

[4] A. Rieg, op. cit., n° 64.

[5] A. Rieg, op. cit., n° 68.

[6] Dans ce sens Carbonnier, les biens, op. cit., n° 94.; Mazeaud, et F. Chabas, op. cit., t. II, 2$^{e}$ Vol., n° 1649; Planiol, op. cit., t. II, par Ripert et Boulanger, n° 3035. Cf. également Ch. Atias, op. cit., n° 136; Ch. Larroumet, op. cit., n° 503.

[7] F. Zeanti, RTD Civ. 1992, p. 598.

(一)用益权必须是养老性质缺乏法律根据

法国民法关于如何结束用益权[1]的规定集中在《法国民法典》第617条至第624条。《法国民法典》第618条规定了用益权人不得滥用收益和通过司法判决终止用益权。第619条规定了为法人设立的用益权不得超过30年。第621条至第624条规定了关于出卖设立用益权财产、财产的灭失以及放弃用益权的情形。第617条直接涉及用益权人死亡的问题,第620条间接涉及用益权人死亡的问题。

《法国民法典》第617条规定,用益权在以下情形下灭失:

用益权人的自然死亡和民事上的死亡;[2]

所设立的期限届满;

用益权人和所有权人一致同意;

30年未使用用益权;

设立用益权的物的全部灭失。

该条文使得用益权(包括连续用益权)可以各种方式灭失,主要因为用益权人的死亡或者协议的用益权的期限到期而灭失。这个条文规定了用益权的一定期限的依据源于《法国民法典》第580条规定:用益权建立到某日或者附期限,附终止期限或者灭失期限。

然而,Pierre Berger强调:大部分的学者[3]根据第617条第1款认为用益权人的死亡造成用益权的灭失,从Demolombe[4]开始学术界坚持不懈地重复用益权的主要性质是养老,在用益权人死亡时灭失。[5] 那么,根据Proudhon的观点:如果用益权设立了一个确定的期限,比如十年,如果用益权人不到十年死亡,那么用益权就无法到十年。[6] Pillippe Delmas也认为,无论何种情况,只不过在用益权人生存期间对用益权的期限进行限定。如果用益权人在期限届满前死亡,

---

〔1〕 Article 617 et suivants du Code civil.

〔2〕 Rappelons, si besoin était, que la mort civile a été supprimée par la loi du 13 mai 1854, sans pur autant que l'article 617 du Code civil soit modifié.

〔3〕 Nous pouvons noter, en effet, la position plus nuance du doyen Gérard Cornu, Droit civil, introduction, les personnes, Les biens, op. cit. n° 1311, p. 523.

〔4〕 Demolombe, op. cit., X, t. II, n$^{os}$ 245 et s.

〔5〕 P. Berger, Réserve et réversion d'usufruit, Droit et Patrimoine, 1999, n° 68, p. 17 et s.

〔6〕 Proudhon, op. cit., t. 1, p. 4, n° 11.

用益权同样灭失。[1] 另外，Jean-François Pillebout 提出一个重要观点：《法国民法典》第 617 条例举了用益权灭失的原因，首先是用益权人的死亡，然后是设立用益权的期限届满，但是并非暗示灭失的原因应当一个接一个。[2] 实际上，该条的文字表述绝对没有给予第 1 个相对其他原因的优先权，将用益权人的死亡作为用益权灭失的时间，实际上设立了一个更长的用益权期限。

Proudhon 认为用益权具有养老性质的优势是出于对用益权永久性质的担心，然而如果设立用益权时有明确的期限，这个担心就没有根据。即使用益权通过继承的方式进行移转，期限届满时用益权也会结束，消除了所有用益权永久派生的风险。《法国民法典》第 617 条并不是让用益权人的死亡作为用益权的期限具有优先性，而是建议当事人明确地商定一个期限作为补充。如果没有明确的期限，用益权应当为养老性质，期限为用益权人有生之年。如果立法者修订《法国民法典》第 617 条，将用益权人的死亡作为一个补充的期限，当事人协议的期限为优先的期限，那么对所有权永久性派生的担心完全可以消除。

《法国民法典》第 620 条规定：为某人设立的用益权以第三人到一定年龄为期限的，即使这个第三人在确定的年龄前死亡的，用益权也持续到这个期限结束。这条的情形是为某个确定的人设立用益权，但是终止期限以第三人到达某个年龄为限，如同以下这个例子：X 先生将属于儿子 Y 的房子的用益权给予自己，期限规定为其妻子 X 太太到 60 岁的时候。在这个例子中，严格适用第 620 条的情况下，即使 X 太太 50 岁的时候就死亡了，Y 先生也能继续主张还有十年的用益权，直到 X 太太假设到 60 岁的时候。Ripertet Boulanger 对此解释道：法律规定年龄应成为用益权灭失的期限标记，并不将第三人的生命设计为用益权维持的必要条件。[3] 然而，这个法条考虑的情况没有直接涉及用益权人在确定期限到来前死亡的情形。Demante 提出：当用益权人过早地死亡，是否用益权应当持续到确定的期限届满？抛开无偿设立用益权的移转，他对有偿设立的用益权的答案是肯定的：如果是有偿设立的用益权，合同当事人的意思是保障用益权的整个期限并就此确定了价格。所以，在期限内用益权通过继承而移转没有违反

---

〔1〕 Ph. Delmas Saint Hilaire, LPA n° 84, 28 avril 1989, p. 92.

〔2〕 J-F. Pillebou, A propos de la tontine et de la réversion, op. cit.

〔3〕 Ripert et Boulanger, op, cit., t. Ⅱ, n° 3035.

任何原则。[1] Demolombe 对此进行了激烈的反对,他认为,双方当事人共同对用益权确定一个明确的期限,只不过是当事人或者说处分人给予用益权一个必须达到的期限,这只是一个不能超过的最大期限。[2] 但这个论证并没有关键性的说服力。

其实,即使《法国民法典》第 620 条没有直接提及用益权人的死亡,但它提出了在以第三人年龄为期限的条件下第三人过早死亡的情形。将这个规定推论到以用益权人自身的年龄为用益权终止期间的情形,则用益权人在确定的年龄前死亡不应终止用益,而用益权应当持续到确定的期限结束,这个确定的期限就是原定的用益权人的年龄。在这种情况下,用益权在剩余的期限中继续履行,原用益权人的继承人受益,从原用益权人的遗产中得到该用益权。Zenati 对用益权通过连续设立而移转的观点十分推崇,他分析道:《法国民法典》第 620 条如同规定了用益权移转的情形,用益权以用益权人确定的年龄为期限,用益权持续到这个确定期限,即使用益权人在这个期限到来前死亡。[3] Ducaurroy、Bonnier 和 Roustaing 强调:如果是当事人协议的用益权或者是遗嘱设立的用益权,即使用益权人死亡,用益权也应当持续到规定的期限为止,根据 1790 年 12 月 29 日法令第 1 条第 1 款,可能到用益权能设立的最大期限为 99 年。[4]

相反地,Proudhon 尝试再证明用益权优先具有养老性质,其性质是通过法律确定的,即使用益权是协议的产物。这个权利是不能连续移转的,它和人相关,和人的行为举止相关或者和人对权利的行使相关,因为人的死亡而灭失。[5] 他还指出:用益权是用益权人的一种个人的权利,不可交换,也不可转让。因为这种收益的权利主要和使用它的人有关,随着这个人灭失,用益权也就不存在了。[6] 这个观点主要是基于用益权的人身性质,[7] 而并非从债的观点去理解,

---

[1] Demante, op. cit., t. Ⅱ, n° 461 bis.

[2] Demolombe, op. cit., Vol. Ⅹ, t. Ⅱ, n° 680.

[3] F. Zenati, RTD Civ. 1992, p. 598.

[4] Ducaurroy, E. Bonnier et J-B. Roustaing, Commentaire théorieque et pratique du Code civil, Paris, t. Ⅱ, 1851, n° 223; Adde Duranton, op. cit., t. Ⅳ, n° 654.

[5] Proudhon, op. cit., t. Ⅰ, p. 383.

[6] Proudhon, op. cit., t. Ⅰ, p. 4, n° 9.

[7] Planiol et Ripert, op. cit., t. Ⅲ, Les biens, Par Picard, n° 862.

可以理解为和人相关的物权。[1] Cornu 院士定义用益权为单纯的个人权利，解释道：这其实是另一种方式来表达用益权的临时性质。用益权是一种和用益权人相关的权利，这就是为什么用益权是不能因死亡而移转。[2]

事实上，用益权不能因为用益权人死亡而转移的根本性原则并没有任何的法律规定，这个观点似乎来自社会公共秩序。Jean-François Pillebout 提出反对：这个论据没有任何说服力，是一个奇怪的悖论。它认为用益权是一种不可转让的物权，然而乡村的租赁权，是一种人的权利并可以移转给某些继承人（C. Rural.，art. 832）。[3] 并且，为何根据《法国民法典》第 595 条第 1 款的规定，作为用益权的使用权和居住权可以在生前转让，却不能连续移转？[4] 事实上，虽然用益权一般地因为设立者和受益者之间的个人关系而协定，但是，如果这个协定没有阻碍用益权人生前转让用益权，就不能说禁止用益权的死因转让。为了符合继承移转用益权的合法性，可以在设立文书中明确规定：如果用益权人过早地死亡，用益权可以移转给其继承人直到协议确定的期限届满。

更具有决定性的论据来自《法国民法典》第 595 条规定，用益权人有权转让其权利给第三人。Jean-François Pillebout 对此阐述：用益权转让的情形是区分权利期限和权利人生存时间的例子。实际上，原用益权人的死亡造成权利灭失，而受让人的死亡并不导致用益权的灭失，而是移转给其继承人[5]直到转让人死亡。Proudhon 尝试解释第 595 条给予用益权人的转让用益权的权利，他认为法律的这个处分不是一种完全的移转。因为，既然法律表明用益权主要是个人权利，则导致用益权人为第三人利益所做的转让并不是他自己的权利。尽管是转让，转让人仍旧是名义上的用益权人，只要其死亡，用益权就要灭失。[6] 这个观点没有任何法律基础以及学说的、判例的基础。Proudhon 继续证明：转让是事实上对收益的转让，转移给受让人的是可用的收益，而不是将用益权移转给他，换言之，他只是被转移了用益权的行使。当受让人死亡，用益权转移给受让人的继

〔1〕 Planiol et Ripert, op. cit., t. V, par Trasbot T et Loussouarn, n° 294.

〔2〕 G. Corin, op. cit., n° 1263, p. 507.

〔3〕 L'ancien article 832 du Code rurale est aujourd'hui codifié à l'article L411-34du même Code.

〔4〕 Jean-François Pillebout, à propos de la tontine et de la réversion, op. cit.

〔5〕 J-F. Pillebout, A propos de la tontine et de la réversion, op. cit.

〔6〕 Proudhon, op. cit., t. I, p. 6, n° 15.

承人,这就不能是真正的用益权,因为用益权因其死亡而灭失。〔1〕 Proudhon 根据用益权不能因为死亡而转让的原则提出被转让的不可能是用益权。事实上没有解释清楚用益权不可因死亡而移转的根据。

Carbonnier 强调:用益权人可以直接转移用益权。用益权也是一种财产,可以转让、出卖、赠与和抵押。然而,新的用益权仍旧和原用益权人不可分离,因原用益权人的死亡而灭失。〔2〕 Alfred Ried 强调:《法国民法典》第 595 条明确允许用益权人无偿地出卖或者转让用益权。这样的处分行为应当被视为物权的真正转移,使得受让人拥有所有用益权人的权利,包括收益权、经营管理权和转让权等。〔3〕 现今的学说大多数不同意 Proudhon 的观点,〔4〕如今用益权的转移没有任何疑问,它产生一般的效力,正如 Alfred Ried 所说:第一,用益权的移转不能解除对虚有权人负有的义务,主要是对受让人滥用收益行为的限制和救济。〔5〕 第二,用益权的转让没有改变用益权的期限,仍旧取决于原用益权人的生命期限,而并非取决于受让人的生命期限。受让人死亡,用益权并不灭失,受让人的继承人继续行使他的权利直到转让人死亡。〔6〕 第三,转让人是否必须提供担保的问题还有待讨论。〔7〕

最重要的结论正是 Jean-Françosi 所强调的:用益权的期限和其权利人的生命期限相区分。〔8〕 用益权最初是为转让人设立,对其期限并未明确规定并不具有养老的性质。当由当事人协议设立用益权时,〔9〕用益权的转让不能改变原来的用益权的期限,即转让人的生命期限。我们不能转让比自己所有的更多的权利,但也不能反对临时性质的用益权转移给先逝之用益权人的继承人,直到原定

---

〔1〕 Proudhon, op. cit. t. Ⅰ, p. 6, n° 15.

〔2〕 J. Carbonnier, Les biens, op. cit., n° 95.

〔3〕 A. Rieg, op. cit., n° 177.

〔4〕 Baudry-Lacantinere, op. cit., t. Ⅵ, par Chauveau, n° 540; Aubry et Rau, op. cit., t. Ⅱ, 230, n° 428, texte et note 79; Planiol et Ripert, op. cit., t. Ⅲ, par Picard, n° 813; Beudant et Lerebours-Pigeonniere, op. cit., t. Ⅳ, par Voirin, n° 434; Mazeaud et Chabas, op. cit., t. Ⅱ, 2e Vol., n° 179.

〔5〕 Aubry et Rau, op. cit., t. Ⅱ, 230, n° 428; Beudant et Lerebours-Pigeonniere, op. cit., t. Ⅳ, par Voirin, n° 434; Planiol et Ripert, op. cit., t. Ⅲ, par Picard, n° 813.

〔6〕 Auteurs préc. note précédente; Mazeaud et Chabas, op. cit., t. Ⅱ, 2e Vol., n° 1679.

〔7〕 A. Rieg, op. cit., n° 178.

〔8〕 J-F. Pillebout, A propos de la tontine et de la réversion, op. cit.

〔9〕 或者如果是遗嘱设立的用益权,则是单方设立的。

的期限届满。因此,认为用益权必须是养老性质的缺乏法律依据。

(二)用益权必须是养老性质缺乏判例基础

尽管学术界有观点偏向于用益权具有养老性质,但是并没有判例确认用益权的养老性质。1933 年 6 月 16 日最高上诉院合议庭的一项裁决[1]指明用益权设立应当具有一定期限。通过对这项裁决的研究,得出:不能被民事领域的这方面的学术观点所要挟。

1911 年 7 月 10 日,Pasquier 女士,77 岁,将不同的不动产赠与其子女们,自己保留了 11 年用益权。根据 1901 年 2 月 25 日法令第 13-2 条(这条后来成为《法国税法典》第 762Ⅱ条),设立固定期限的用益权价值,每十年期限为所有权价值的 2/10,[2]所以保留给 Pasquier 女士的用益权,估价为所有权的 4/10,但考虑到她的年龄,一个养老性质的用益权被估价为所有权的 1/10。财务管理拒绝使用固定期限用益权估价的相关规定,而以养老性质用益权的估价为基础来征税。最初,Laval 的民事庭否认了财务管理的方案,当该案上诉到了最高上诉院,最高上诉院撤销了该判决,理由如下:设立了确定期限的用益权,因用益权人的死亡而当然灭失。为了确定生前无偿移转的财产在虚有权人和用益权人之间分摊的价值,法律在已经明确根据用益权人的年龄来总体评估征税的规则外,还考虑确定期限的用益权,规定另外一个不考虑年龄的特殊估价方式。这个特殊的计算方式在给予固定期限用益权比无固定期限用益权更高价值的情况下不适用。然而,最高上诉院的法令是针对单纯的财务问题,学术界由此从民事角度下定论显得冒失。

法院的决议对于用益权人在固定期限到期前死亡的用益权是否保留没有明确。对为自然人设立固定期限用益权的情形,Zenati 提出的参考永租权的方案似乎有用。《法国民法典》第 619 条规定为法人设立用益权期限为 30 年,[3]但没有任何条文限制为自然人设立的固定期限用益权的期限。另外,如果固定期限的用益权可以通过继承方式移转给在确定的期限到来之前已故的用益权人的继

[1] Cass. Ch. réunies, 16 juin 1933: Receuil Hebdomadaire 1933, p. 393; Rép. Defrénois 1933, art. 23621, p. 655.

[2] 注意:2004 年 1 月 1 日开始,根据税法典的新条文,每十年的用益权价值是所有权的 23%,不考虑用益权人的年龄。

[3] 《法国民法典》第 1838 条规定:公司的期限不能超过 99 年,在遵守《法国民法典》第 1844-6 条的前提下,这个期限可以通过特殊的股东决议无限制延长,因此,风险是真实存在的。

承人,那么明显应当确定一个限制用益权的期限,以避免所有权永久性派生的风险。Zenati 认为,指定永租权的最大期限 99 年作为他人之物上权利的最大期限,以尊重所有权的可用性。[1] 这个观点相似于 Ducaurroy、Bonnier 和 Roustaing 的观点:用益权,如果是合同当事人的意愿或者遗嘱人的意愿,在用益权人死后仍然继续,直到确定的期限届满,可能达到 99 年。[2] Pierre Berger 在此基础上认为,固定期限的用益权被限制在小于 99 年,如果用益权人死亡,用益权人的遗产包括剩余期限的用益权转归属于其继承人。如果拒绝这样的可能性,不会限制在用益权上明确期限吗?更准确地讲,在用益权人死亡后的这个期限内的契约自由吗?综合上述观点,学术界的认识并不一致,也没有具有压倒性的论据。比较折中的,如 Jean-Françosi 所强调:即使用益权呈现出必要的养老性质,这也不是唯一的可能。[3]

连续用益权作为一种特殊的用益权,是一种物权,并且是临时性的。它附有一个中止期限,并因首个用益权人的死亡而设立,实际上赋予了权利人使用属于他人的财产和对之收益的权利,在用益期限内完全享有权利。连续用益权完全是一项物权,因为它的设立必须经过所有权的派生。连续用益权是一项特殊的物权,因为它附有中止期限禁止连续用益权人现实的收益,即如果前一个用益权人仍然健在,后续的用益权人只能期待用益财产。这个结论表明连续用益权不是自物权、物上的权利,而是他物权、对物的权利,这是法国 18 世纪的教规中所发展的一种特殊物权,如今普遍地用于附中止期限的一项物权。连续用益权也是一项临时性权利。学术界的一部分学者对因设立数个连续用益权而产生的所有权永久性派生的担忧是没有根据的。事实上,数个连续的用益权的存在会延长所有权派生时间,而对虚有权人的利益有损害,但是这个并非用益权通过继承方式进行移转,而是一种直接为不同受益人设立的不同的用益权。如 Demolombe 所强调的:事实上,存在多少个连续用益的人,就存在多少个连续用益权。[4] 另外,当连续用益权设立时,无论以无偿形式设立还是以有偿形式设立,连续用益权人必须是存在的或者至少是已受孕的。Paulette Veaux-Fournerie 认

---

〔1〕 F. Zenati, RTD Civ, 1998, p. 937 et s.

〔2〕 Ducaurroy, Bonnier et Roustaing, op. cit., t. Ⅱ, n° 223; Adde Duranton, op. cit., t. Ⅳ, n° 654.

〔3〕 J-F. Pillebout, A propos de la tontine et de la réversion, op. cit.

〔4〕 Demolombe, op. cit., Vol. Ⅹ mt. Ⅱ, n° 246, p. 203.

为：据此事实，用益权不会持续更长时间，因为它直接设立在生存的人的名下。[1] 用益权的临时性质的确定并不意味着用益权，包括连续用益权，必须是一项养老性质的权利。将用益权人的死亡作为用益权绝对期限的优先性，缺乏法律根据和司法基础。《法国民法典》第617条的规定并没有将用益权人的死亡作为最为优先的用益权灭失原因，而应当优先考虑的是当事人意愿明确表达的期限。当用益权终止期限缺乏明确指示时，用益权应当视为具有养老性质，以用益权人的生命期限为界。

---

〔1〕 P. Vraux-Fournerie et D. veaux，JCL Civil，art. 578 à581，n° 65.

# 第五章 法国公司权利用益权：双重用益权

公司用益权产生了颠覆性的观念。公司用益权引起法国学者的兴趣，他们对财产权利和个人权利相结合的公司权利所具有的法律地位的复杂性进行研究。随着个人有限责任公司的设立和家庭不动产被民事公司所持有，财产形式包括了大量的无形动产。公司份额或股份不再是一种学术假象，而真实地作为财产管理常用的技术手段运用于公司权利上。[1] 除财务领域的推崇外，用益权也是一项法律手段，和公司合同相结合，用于财产转移中权利和资产的分解。比如家庭作坊的移转，Gentilhomme 强调：将继承人打造为公司（家庭作坊）负责人的复杂过程需要或长或短的传授程序，在此期间，最终的权利属于父母。[2] 设立公司权利用益权则可以实现这个目标。广泛地，根据契约自由原则，制定公司的形式和利用用益权立法技术超高效地满足各种公司财产管理和移转的需求。[3]

事实上，公司权利的用益权产生了一定的动荡。某些学者

[1] M, Grimaldi, Etretien, JCP ED. N2000, p. 10.

[2] R. Gentihomme, La dissociation du pouvoir et de l' avoir dans la trans, isson familial de l' entreprise sociétaire, Droit et Patrimoine, septembre 2001, p. 46.

[3] P. Berger, in société civile et gestion du patrimoine en 150questions, introduction, ouvrage collectifEFE, 1998, p. 1.

认为存在关键性的困难,[1]主要有以下两个原因:第一,如今,使用用益权进行专业财产管理不稳定。用益权的实际状况和民法典中的制度精神不符。事实上,用益权在法律许可范围内,由当事人自由设立,[2]这就不可避免地将契约自由引入这项已经有数千年基础的制度中。然而,在《法国民法典》的一般的用益权规定中没有任何内容是关于公司用益权法律制度的。《法国商法典》第 L225-110 条[3]规定在用益权人和虚有权人之间分配投票权,第 L225-140 条[4]规定了各自的优先认购权。这些规定是公司法方面关于公司用益权制度的纲领,但是过于碎片化,没有对公司用益权整体的问题进行规定,公司权利用益权人的地位至今仍旧没有明确的成文化的法律规定。第二,更深层次的是,公司股份或者份额的特殊性质导致公司权利用益权产生许多问题。众所周知,《法国民法典》第 529 条规定了公司权利属于动产。这个定义过于宽泛概括,没有突出公司股份或者份额的特点。公司权利极大的独特性来自其特殊性质,其权利持有者不仅仅是所有权人,他们首要是公司合同的当事人。对于共有的公司,根据《法国民法典》第 1832 条的规定,股东具有分享收益和利息的权利。另外,股东还具有参与公司社会生活的权利。从一个全面的研究角度讲,股东是金钱权利和政治权利的持有者。公司是一个媒介,股东通过公司并对公司行使自己的权利。这些股东的权利已经在行使公司权利用益权时出现了困难和问题。

财产权利,完全不同于畜群和农作物,运用于用益权相当棘手。用益权赋予了用益权人获得财产收益的权利和赋予虚有权人在确定的期限到期后的完全所有权。也就是说,《法国民法典》的条文对虚有权人和用益权人之间由公司权利而得到的金钱利益分配规定得很充足,一个享有物上的收益,另一个拥有收回本金的确定性。但是,财产权利和公司结构存在而带来的权力逻辑相去甚远,不适应股东权利分配的特殊规定。法律给予了用益权人如同虚有权人享有在公司经营中选择空间的政治权利,即以股东名义的公司权利。这个股东资格被用益权标的财产所解释:公司权利赋予其权利人,在财产权利之外,给予公司社会生活

---

〔1〕 D. Fiorina, L'usufruit d'un portefeuille de valeurs mobilières, article précité, p. 43 et s., n 3. Adde: Démembrement: entre doutes et opportunités, Dossier in Droit et Patrimoine 2005, n° 137, p. 145 et s.

〔2〕 Art. 579 du Code civil.

〔3〕 Anc. art. 163L. 24 juillet 1966.

〔4〕 Anc. art. 187L. 24 juillet 1966.

中的股东资格。另外，公司权利用益权具有双重属性：财产权利和超财产权利。

## 第一节　公司权利用益权的权利属性

当用益权涉及公司股份或者份额，这些用益权特征和区别的描述应当被重新讨论。事实上，用益权涉及了新型财产或者用于新的目的延伸了用益权的适用领域，而在学术上对于用益权的性质提出了新的问题。这些问题有些混乱，如今引起激烈的争议。不能否定公司权利的特殊性给用益权制度带来某种程度上的染色，然而并没有改变其典型特征。公司权利用益权仍旧是一项物权和一项临时性受益权利。

### 一、收益的物权

用益权是一项来自所有权派生权利的收益权。至今为止的传统分析，都认为用益权是物权，也赋予权利人使用和收益用益物的权利。用益权的物权特征来自它是完全所有权派生的一项权利。Demolombe 的分析非常清楚：所有权赋予权利人在其物上绝对的排他的物上权利，所有权是所有物上能有的物权的聚合。那么，非所有权人的物权可以设立于物上，明显地赋予其物上的某种权利。这种权利直接赋予非所有权人，在某些方面和范围内或多或少地有限制。物处于非所有权人控制下，在物和非所有权人之间不存在任何的媒介，甚至有些像所有权，所以物上的所有权之派生权利不再是排他的也不再是绝对的。所以，该权利的物权属性来自所有权，更准确的属性是完全所有权的派生权利。[1] 当用益权设立在公司权利上时，对用益权的传统分析被两个方面打乱。一方面，某些学者提出用益权当被设立在无形财产上时是否能被分析为一项物权？这个结论对所有权的理论也是一种挑战。事实上，Demolombe 巧妙地回答：用益权物权性质的判断完全围绕着用益权是一项所有权的派生权利来进行。因此，要确认公司权利用益权人支配的收益权为用益权，就要承认公司权利是所有权的标的。另一方面，只赋予用益权人使用和收益权利的原则会因为用益财产的性质而变得

---

〔1〕 Demolombe, Cours de Code napoleon, Traité de la Distinction de s biens, De la propriété: De l' usufruit, de l' usage et de l' habitation, Vol. 10, t. 2, 3$^{ème}$ éd. , n 471.

模糊。某些特殊财产(包括公司权利)会改变用益权制度的面貌。

(一)传统的用益权:公司权利所有权派生权利

根据《法国民法典》第529条的规定,公司权利属于法律上的动产。更准确地讲,公司权利并没有物质存在形式。[1] 公司份额和股份是无形动产,[2]公司权利给予其权利人股东权利,主体权利的两分法要求将股东权利归类于物权或者个人权利。对此,学术界认为股东权利应当归属于人的权利,也就是说债权。[3] 这种划分是最具逻辑性的,理由有如下两个:第一,物权在《法国民法典》中有限制性的例举,并不包括股东权利。这个论证没有说服力,因为1834年2月13日法国最高院的诉状审理庭的一项旧法令[4]确认了当事人之间协议设立的物权。然而,这个裁决最初获得学术界的热情欢迎,[5]进而饱受批评。[6] 第二,更具说服力的原因是,股东权利来源的法律分析。公司权利实际上来自公司财产的股资。和股资相关的投资人,变成了股东,获得公司的权利。公司作为法人,取得整体的法律人格,和股东个人的人格相区分。所以,股东和公司之间的联系,都符合人的权利的定义,特点是确定的某人要求另外一人给付的权利。出资人成为股东,获得对公司的某些权利:获得收益的财产权利和对公司的行使决议的超财产权利。股东对公司的债权具有特殊性:这是一种可能的债权,对未来收益的债权,以及在公司解散的情况下对资产分配的债权。这是一种新颖的债权,因为除金钱的权利外,还有参与公司经营的权利等非金钱权利。[7]

---

〔1〕 Y. Guyon, Droits des affaires, t. 1, Droit commercial générale et societies, 11ème éd., Economica, 2001, n° 728, p. 755.

〔2〕 Y. Guyon, op. cit., loc, cit; M. Cozian, A. Viandier et Fi. Deboissy, Droits des sociétés, 13è éd., Litec, 2000, p. 310, n 916; P. MERLE, Retour sur la notion de valeur mobilière, Bull. Joly2000, 185, p. 765 et s., n 18 et s.; Ripertet Roblot, Droit commercial, t. Ⅱ, n °1738 et 1783. Contra: D. Martin, De la nature corporelle des valeurs mobilières et autres droits sripuraux, D. 1996, chronique, p. 47 et s.

〔3〕 Voir notamment. Ripert et Roblot, Traité de droit commercial, t. 1, 17ème éd., par M. Getmain et L. Vogel, n °1081 et 1510; Rép. Civ. Les Biens, par R. Libchaber, n 31, p. 32; Ooppetit, Les rapports des personnes morales et de leurs membres, thèse dacty1., Paris, 1963, p. 97 et s.

〔4〕 Req., 13 févier 1834, S. 1834, 1, 205; D. 1834, 1, 218.

〔5〕 Voir notamment sur les elements de la discussion: Planiol et Ripert, Traité pratique de droit civil français, t. Ⅲ, Les biens, par Picard, n °48; C. Atias, Droit civil, Les biens, 11ème éd., Litec, 2011, n °44-a, p. 59 et s. Adde: Infra, n °72.

〔6〕 F. Zeanti et T. Revet, les biens, 2ème éd., PUF, 1997, n 213 et s., p. 249.

〔7〕 Ripert et Rtoblot, Traité de droit commercial, t. 1, 17ème éd., par M. Germain et L. Vogel, n °1081 et 1510.

根据《法国民法典》第581条规定的推论是:如果用益权可以建立在任何种类的动产和不动产上,那么法律允许用益权设立在无形动产上。[1] 公司权利用益权设立的有效性无须争论,而公司权利的定性成为学术争议。学术界的一部分人认为对人权的权利派生不再是用益权,因为对人权不是所有权的客体。这个理论,基于对所有权的严格定义应当丢弃,因为权利不能不考虑公司往无形化、去物质化方向的演进,如今公司的主要财产都是去物质化和数字化的资产,公司本身也是以非物质化的方式进行移转,表明了法律体系应当融合所有权的新形势和所有权移转的新方式。[2] 为了除非物质化的理论障碍,以实现公司的实际移转和法律结构相符,应当建立一个新的所有权理论。以此,无形财产用益权性质这个棘手的问题只是所有权概念问题所包含的多重挑战之一。另外,《法国民法典》关于用益权的条文适用于公司权利只证明了公司权利用益权是一项财产上收益的物权,是所有权的派生权利。应当给予公司权利用益权一个明确的法律定位,这个定位要反映出:所有权不仅如传统学术所认为的是有形财产上的权利,还可以扩展到无形权利以及债权,从而形成股东权利。

1. 对所有权传统理论的批评[3]

在传统的概念中,所有权是一种典型的物权。根据Carbonnier的观点,物权是人在物上直接获取的全部或者部分物的经济可用性的法律权力。在物权的权利关系中,人和物的关系是直接的,物从属于人,服从于人。为了完全行使这种物权,财产(所有权标的)的物质化是必需的。换言之,只有有形的、可触知的、物质化的物才能成为所有权的客体。这就是说,物权设立在具体的物上,这里的物指的是一种原始意义上的物。[4] 再者,《法国民法典》第544条指出:所有权是

---

〔1〕 R. Libchaber, L'usufruit des creances exsite-t-il?. , RTD civ. 1997, p. 614 et s.

〔2〕 A. Reygrobellet, le droit de propriété et créance. Elaboration d'un système rationnel des droits patrimoniaux, LGDJ 1960; F. Zeanti, la nature juritique de la propriété, thèseLyon, 1981; M. Fabre-Magnan, Propriété, patrimoine et lien social, RTDciv. 1997, p. 583 et s. ; F. Zeanti, pour une rénovation de la théorie de la propriété, RTDciv. 1993, p. 305 et s.

〔3〕 Voir notamment: Demolombe, Cours de code napoléon, Traité de la Distinction des biens, Propriété et usufruit, 3ème éd. , Vol. 9, t. 1; Larroumet, Droit civil, t. 2, Les biens. Droits réels principaux, 3ème éd. , Economia, 1997; Marty et Raynaud, Droit civil, 4ème éd. , Cujas, 1998; J-L. Bruschi et S. Cimamonti, Traité de droit civil, sous la direction de J. Ghestin, Les biens, LGDJ, 2000.

〔4〕 R. Savatier, Les métamorphoses économiques et sociales du droit civil d'aujourd'hui, Ⅲ. 1959, n° 468, p. 146.

一种对物的绝对支配权。所有权给予权利人完全的权利,通过对物的有形的控制得到物的全部有用性。对于这一点,对房屋的使用比对顾客群或者债券的使用更容易感知。

所有权的传统理论将这个权利和其派生权利限制在有形财产上,直接得出债权用益权不是物权的结论。从无形财产(包括债权)不能作为所有权客体的原则出发,债权用益权打破了用益权或者所有权的物权性质,被认为这是一种对人权。这种观点其实是经不起推敲的旧理论,用益权是不是物权不能根据财产是不是有形财产来判断。〔1〕还有观点提出:应当承认用益权可以设立在无形财产之上,这种权利不再是用益物权,而是对人权的派生权利。〔2〕也就是说,有形物上设立的用益权是财产用益权中一种普遍的种类,而无形财产用益权则是另一种类。必然地,用益权应当被重新定义为一种派生权利,不是所有权的派生权利,而更广泛地成为财产权利的派生。〔3〕然而,如果在纯理论研究的角度,所有观点都可以自圆其说,但是,这些观点运用于实践中难以被理解,且必须至少对用益权的条文规定进行修订。

《法国民法典》第 578 条规定用益权是对他人所有之物的使用、收益的权利,引申出派生权利以所有权为前提。《法国民法典》第 581 条允许用益权设立在所有动产和不动产上,即债权用益权合法有效。《法国民法典》第 588 条是关于养老年金的特殊规定。《法国民法典》第 584 条规定了民事孳息:一定钱款的利息。《法国民法典》第 586 条规定了法定孳息的收取。最后两条相对于有形物上设立的用益权,更易于应用于债权用益权。〔4〕因此,重建债权用益权的制度规定显得多余,法国很多关于债权用益权的判例是根据《法国民法典》一般规定而作出的。〔5〕另外,根据《法国民法典》第 544 条的规定,只有所有权赋予了其权利人使用、收益和处分的权利。如果将用益权定义为财产权利的派生,大胆地在权利结构

---

〔1〕 R. Savatier, op. cit., loc. cit.; adde: Larroumet, Droit civil, t. 2, Les biens, Droits réels pricipaux, 3ème éd., Economica, 1997, n°451, note1.

〔2〕 C. Larroumet, Droit civil, t. 2, Les biens. Droits réels principaux, 3ème éd., Economia, 1997, n°469.

〔3〕 F. Terre et P. Simler, op. cit., loc. cit.

〔4〕 Francon, L'usufruit des creances, RTDciv. 1957, p. 3, n° 2.

〔5〕 Francon, op. cit., loc. cit.; adde: R. Libchaber, L'usufruit des créances existe-t-il?, RTDciv. 1997, p. 614 et s.

中研究由所有权派生而来的使用和收益的权利所形成的用益权,[1]那么没有任何条文规定如何在用益权和虚有权人间分配权利,因为财产权利的权能并不明确。

如果脱离《法国民法典》第578条关于用益权为所有权派生权利的引申意义,如何将用益权的制度应用于债权派生权利上呢?[2] 这些不一致性被一些卓越的学者提出来了:我们多次看到所有权的概念很窄,因为将所有权的适用限制在有形财产上。当涉及无形财产时,我们不再提所有权,但是只有知识产权(尽管其产生的法律效果类似于物权)被细致地区分出来。然而,我们拒绝采用所有权派生权利的定义,却认为这些权利仍然是用益权,导致理论上的自相矛盾。我们说用益权可以设立在无形财产上,就是承认一项物权可以存在于无形财产上,这就间接地确认了所有权可以设立于无形财产上,然而却又认为无形财产不能接受所有权![3]

债权所有权十分不同于传统所有权,债权整个作为新的法律客体成为用益权的标的。债权用益权人的权能是:使用债权、使得债权产生孳息和以所有权人的名义收取孳息。债权用益权确定了用益权人的对他人之物的一些权利,这些都表明了它仍旧属于物权。[4] 所有权的传统概念太过狭隘,[5]为了理论发展,应当放弃这个概念。近来的理论发展逐渐和经济现实性相适应,并且未将所有权的标的限制在有形财产上。

2. 所有权的标的可以是无形财产

一旦确定债权可以成为所有权的标的,自然地,应当考虑在其上设立的用益权保留了物权的性质。Ginossar 和其后继者 Zenati 对所有权进行了批判的分析,突出了传统理论的不足。传统所有权理论是从其内容来定义概念的。事实上,所有权传统的定义是来自三项权能:使用、收益和处分。这些权能给所有权人提供了使用物、获取物之孳息和转让物的权利。这三方面对于描写物上的三种权能是比较完善的,[6]但是,它没有对所有权人和物相结合的关系进行定义。对

---

[1] F. Zeanti et T. Revet, Les biens, 2ème éd., PUF, 1997, n° 244, p. 275.

[2] C. Atias, Droit civil, Les biens, 11ème éd., Litec, 2011, n° 18, p. 25.

[3] Planiol et Ripert, Traité pratique de droit civil français, t. Ⅲ, Les biens, 2ème éd., par Picard, n° 758; adde: G. Marty et P. Raynaud, Droit civil, Les biens, par P. Jourdain, Dalloz, 1995, n °86.

[4] R. Libchaber, l' usufruit des créances exsite-il? RTD civ. 1997, n° 20, p. 627.

[5] M. Villey, Les biens et les choses en droit, Archives de philosophie du droit, 1979, préface p. 2.

[6] M. Fabre Magnan, Propriété, patrimoine et lien social, RTD civ. 1997, p. 583 et s.

物的控制不再表现出是所有权的自然属性,所有权人可能被剥夺对物的控制,即将物保留给所有权人的关系不再存在,所有权只不过是物属于某人的一种关系。[1] 因此,所有权如今只是一个允许某人强制他人脱离与物的关系和保护这种关系的技术性程序。[2] 这种在主体和客体之间优先的关系并不只存在于有形财产,虽然物质化更适用。[3] 无形财产的复杂性和法律商业客体都反映出保护排他关系的必要性,这个排他关系同于人与有形财产之间的关系。

在实证法上,经常使用所有权保护无形权利。[4] 宪法委员会自1982年颁布的国有化法令,给予了所有权宪法价值[5]和在代表国家的公司(国企)资本的证券上行使控制的权利;[6]欧洲人权法院在一项关于大不列颠航海航空工业国有化的Lithgrow法令中行使了相似的控制权,剥夺了国有化证券的股东的权利。[7] 在宪法的保护和合同的保障下,获得公司的股份的有价证券的所有权同样被立法者在1988年12月23日关于集体投资有价证券的机构的法令中认可。这个法令认为共同投资的成员为共同所有权人。这些实践中的例子表明无形财产所有权并非对所有权的滥用,而是实证法中的现实。[8] 无形财产所有权制度还可以转移无形财产之价值,因为它保障了财产的商业化和财产的保留,成为被采纳的模式。[9] 传统学派的支持者指责上述理论掏空了所有权本身的概念,[10]将其缩小为一种从属关系。这个批判是具有现实意义的,应当在强调所有权是人和物的关系的基础上进一步提炼所有权的概念。[11]

---

〔1〕 Ginossar, Droit reel, propriété et créance. Elaboration d'un système rationnel des droits patrimoniaux, thèse précitée, n° 12, p. 33.

〔2〕 F. Zenati, Pour une rénovation de la théorie de la propriété, RTD civ. 1993, p. 316.

〔3〕 Sur le fondement de l'article 17 de la Déclaration des droits de l'homme de 1789.

〔4〕 Ibid,. p. 311 et s.

〔5〕 Sur le fondement de l'article 17 de la Declaration des droits de l'homme de 1789.

〔6〕 Conseil constitutionnel, 16 janvier 1982, D. 1983. 169, note Hamon; JCP 1982. Ⅱ. 19788, note N. Guyen Quoc Vinh et Franck; J-L. Mestre, Le Conseil constitutionnel, 1996, p. 227 et s.

〔7〕 Cour EGH, 9 juillet 1986, Lithgow et autres, 8 juillet 1986, série A. , n° 102-A. ; JCP Ed. E. 1987. Ⅱ. 14894, note Jeantet.

〔8〕 F. Wenati, Pour une rénovation de la théorie de la propriété, RTD civ. 1993, p. 312 et s. Mélanger Colomer, 1993, Litec, p. 281 et s.

〔9〕 J-M. Mousseron, J. Raynard, T. Revet, De la propriété comme modèle, Mélanges Colomer, 1993, Litec, p. 281 et s.

〔10〕 J. Dabin, une nouvelle définition du droit réel, RTD civ, 1962, p. 20 et s.

〔11〕 M. Fabre-Magnan, propriété, patrimoine et lien social, RTD civ. 1997, p. 583 et s.

Ginossar 注意到债权人和债权的关系与所有权人和有形物之间关系相同。为了证明,该学者用债权转让合同进行举例。债权的有偿转让,以无形财产买卖合同方式进行。[1]《法国民法典》关于债权买卖的章节名为债权和其他无形权利的移转,债权的有偿转让和买卖的主要特征严格地说是一致的。《法国民法典》第 1582 条将买卖定义为一方有义务交付物,而另一方有义务对价给付的协议。而债权的转让,是债权人即转让人,通过协议将其债权转让给合同另一方即受让人,在转让的名义下债务人是确定的。[2] 因此,债权的有偿转让具有与一般的买卖相同的特征,即以对价给付的方式转移一项财产。债权的转让将债权移转给受让人,受让人变为原债权的权利人,而并不产生新的债权。[3] 债务人有权利以所有可以对转让人主张的抗辩事由对抗受让人。Malaurie 和 Aynes 提出:债权的有偿转让和买卖一样,如同被出售的马应当从出卖者手中给予到购买者手中,债权转让也应当将转让人所持有的债权移转给受让人。[4] 学术界认为,当债权以有偿的方式转让时,转让价格应当如同一般的买卖那样,在转让期间明确或者是可明确的。[5] 因此,债权的转让以对价支付的方式将财产转移给另外一人,和买卖相同。

另外,债权转让人和出卖人的义务也有相似性。《法国民法典》第 1603 条设定了出卖人的两个主要义务:交付物和提供担保。转让者也具有同样的义务,因为:一方面,《法国民法典》第 1689 条规定了债权的交付在转让人和受让人之间通过证券的交付而进行;另一方面,《法国民法典》第 1693 条规定了出售债券或者其他无形权利的,应当担保在移转时债权确实存在。存在于出卖人和转让人的义务之间唯一的不同是,出卖人应当担保财产的质量,但转让人只需担保债权的存在。[6]

综上所述,如果债权的有偿转让类似于买卖,那么就认为债权人是所有权

---

〔1〕 Contra:F-X. Lucas, Les transferts temporaries de valeurs mobilières, pour une fiducie des valeurs mobilières, op. cit., n° 453 et s.

〔2〕 P. Malaurie et L. Aynes, Droit civil, Les obligations, 10ème éd., Cujas, 2000, p. 735.

〔3〕 Cass. Com., 28 oct. 1986, Bull. civ., Ⅳ, n° 194.

〔4〕 P. Malaurie et L. Aynes, op. cit., n° 1229.

〔5〕 En ce sens, Jcl. Civ, articles 1689 à 1695; fasc. 20, n 10 et 40; rép. civ., cession de créance, n° 101 et s.

〔6〕 Ghestin, Traité de droit civil, Les principaux contrats spéciaux, par J. Huet, LGDJ, 1996, n° 11110.

人。支配财产的权利不正是证明了债权人拥有财产所有权人的特权吗？买卖的主要目的是所有权的转移,所以出卖他人之物是无效的,债权的移转应当遵守同样的规则,债权的所有权人也就是转让人将债权转移给受让人。[1] 因此,债权所有权不构成语言的滥用,而是实证法的现实。[2] 因为已经确定所有权可以扩展到债权上的权利,[3] 债权用益权的体制重新找到它的一致性。债权,所有权的客体,可以在其上设立用益权,在遵守用益权传统定义的前提下,分配给用益权人债权上收益的物权。

(二)特殊用益权:准用益权

当用益权设立在公司份额或者股份上,根据《法国民法典》第 578 条的规定,用益权人被授予财产上收益的权利,但是不能对设立用益权的财产造成损害。用益权人维持物之本体义务证明了用益权人在原则上不是处分权人。传统理论中,处分权是保留给虚有权人的。这种权能分离的方式成为用益权人和虚有权人的权利界限。一方面,用益权人的使用收益权利受到限制;另一方面,虚有权人只能够出卖派生权利的财产标的。[4] 设立用益权财产的转让原则上需要用益权人和虚有权人双方的同意。然而,这个原则使得财产管理更加困难。禁止用益权人转让,会导致对作为派生权利的客体的财产的富有活力的管理陷入瘫痪。根据《法国民法典》第 587 条的规定,财产管理职业人重新发现准用益权实践中的实用性。准用益权扩展了用益权人在用益财产上的临时所有权。准用益权是一种比较奇怪的法律制度,对准用益权法律制度的研究显露出和所有权的紧密联系。准用益权事实上是一种折中的产物,罗马法中设计为一种"和解、妥协",[5] 它来自《法国民法典》第 581 条,该条允许在所有类型财产上设立用益权。那么,消耗性财产不能满足所有权人的使用、收益和处分权能在两个不同人之间分配的要求。实际上,消耗性财产的特性混同了使用和处分,在技术上不可能在消耗性财产上设立传统的用益权。

---

[1] Ginossar, op, cit., n °19, et pour une analyse détaillée de la maîtrise du créancier sur son droit de créance, p. 46 à 86.

[2] F. Zeanti, pour une rénovation de la théorie de la propriété, RTD civ. 1993, p. 310.

[3] Ibid., p. 312.

[4] G. Cornu, Droit civil, introduction, les personnes, les biens, Montchrestien, 9ème éd., 1999, n° 1267.

[5] Demolombe, Cours De Code Napoléon, Traité de la Distinction des biens, Vol. 10, t. 2, n° 261, p. 218.

换言之，在消耗性财产上设立传统的用益权在实践中将剥夺所有的用益权的好处，因为财产转让的权利被剥夺，用益权人就没有对用益财产使用的权利。这是一个权利结构和客体之间的悖论，[1]这个悖论使得1804年的立法者在《法国民法典》第587条中加入了这样的条文："如果用益权包含了非经消耗不能使用的物，比如金钱、谷物、饮料，用益权人有权消耗，但有义务在用益权结束时以等量或者等值的物返还，或者以返还之日评估的价值返还。"用益权加上准字的概念的引用比较突然，它的制度实际上证明了准用益权的特性，准用益权远远超出用益权的概念了。[2] 准用益权将用益权人置于一个特权地位，显得如同一个设立用益权财产上的临时所有权人。准用益权事实上赋予权利人其权利所涉及之物上的所有权，使得虚有权人成为物的价值的简单债权人。[3]

《法国民法典》第587条的文字表明准用益权自然地保留在客观的消耗性财产上。但是，法律策划职业将这个制度扩展到其他类型的财产，因此在法定准用益权外还存在协议的准用益权。从消耗性财产的定义出发，排除了公司权利的法定准用益权而承认设立协议的公司权利准用益权的可能性。《法国民法典》第587条规定了消耗性财产是指非经损耗或者转让不得使用的物。[4] 存在两种类型的消耗性财产：物质形态的消耗性财产（如食品）和法律意义上的消耗性财产（如金钱）。第一种类型财产的消耗导致财产消失，对第二种财产的使用导致其被转让。实际上，这两种类型的财产共同的特点是一经使用则从所有权人的财产中脱离。[5] 因此，这些客观上消耗性的物的特殊性质使得不经损耗不能使用，或者非经转让无法被使用。[6] 1998年11月12日最高上诉院第一民事庭的决议[7]允许用益权人转让证券账户内的证券，提到有价证券不是消耗性财产。这个非消耗性应当确定地扩展到指示证券和公司份额，因为尽管在分配的权利

---

[1] Beudant et Lerebours-Pigeonniere, Cours de droit civil français, tome Ⅳ, 2ème éd. par Voirin, n° 421, p. 463.

[2] P. Sirinelli, Le quasi-usufruit, Les Petites Affches, 21 juillet 1993, n 87, n° 8, p. 32.

[3] Planiol et Ripert, Traité pratique de droit civil français, 2ème éd., t. Ⅲ, Les biens, par Picard, n° 759.

[4] Vocabulaire juridique, Association H. Capitant, sous la direction de G. Cornu, Puf, Quadrige, 2000.

[5] En ce sens: P. Jaubert, Deux notions du droit des biens, La consomptibilité et la fongibilité. RTD civ. 1945, p. 75 et s.

[6] P. Jaubert, op. cit., p. 81.

[7] Supra, n° 32.

上有很多不同,但是它们至少都具有非消耗性的共同特点。关键在于它们都赋予权利人对发行证券公司的权利,这个权利不因使用而灭失。[1] 公司权利自然不属于《法国民法典》第587条规定的消耗性财产,排除了公司权利的法定用益权。

在公司权利上协议设立准用益权在学术上激起两方面的质疑:第一,是否可以将准用益权制度适用于非消耗性财产;第二,如果准用益权无偿设立,并被捐赠人所保留,是否违反赠与权利的强制性规定。对于第一方面的回答是可以在公司份额或者股份上协议设立准用益权,且必须知晓当事人的真实意愿。对第二方面的回答是保留公司权利用益权的捐赠有效。

(1)公司权利上的准用益权的协议设立

将准用益权扩展设立到非消耗性财产上来自1926年3月30日申诉庭的一项决定:性质上不可替代的物可以通过当事人之间的协议成为可替代性的,从而《法国民法典》第587条规定的情形对此适用。基于达成的协议和双方当事人共同的意愿,在估价的条款中将动产的处分权保留给某寡妇,符合准用益权。[2] 法院提到可替代性应当是消耗性,法官认为第587条适用到客观上非消耗性财产要考虑到当事人的意愿。因此,性质上非消耗性的物可以经过当事人的意愿协议成为消耗性财产,无论在何种类型财产上设立准用益权,当事人都应当明确表达其意愿。可见,允许当事人协议在公司权利上设立准用益权。

对准用益权的适用通过协议扩展,在学术上受到了大部分人的欢迎,[3] 但是Grimaldi对此保留了意见,他认为只有可替代的公司权利才能成为准用益权的客体。为了论证此观点,该学者提出两个论据:一方面,所有权派生的本质是虚有权人在用益权结束时可以收回设立用益权的物而该物重新成为虚有权人的

---

[1] 包括股东的金钱权利和政治权利。

[2] Cass. Req. ,30 mars 1926,DH1926,217;Gaz. Pal. 1926. 2. 51.

[3] Demolombe,Cours de Code Napoléon,Traité de la Distinction des biens. De la propriété:De l'usufruit,de l'usage et de l'habitation,Vol. 10,t. 2,n° 287,p. 238;Baudry-Lacantinerie et Chauveau,Traité théorique et pratique de droit civil,2ème éd. ,t. V,Des biens,n° 579;Marty et Raynaud,Droit civil,Les biens,par P. Jourdain,1995,n° 84,p. 140;F. Terre et P. Simler,Droit civil,Les biens,5ème éd. ,n° 733,p. 599;H. ,L. et J. Mazeaud,leçons de droit civil,biens,droit de propriété et ses démembrements,8ème éd. ,par F. Chabas,1994,n° 1652,p. 384;P. Sirinelli,op. cit. ,n° 33,p. 7.

实物财产。另外,金钱的返还是等量返还,只能是可替代物的返还。[1] 然而事实上,准用益权的本质是虚有权可以获得返还到他的实物财产吗? 正相反,虚有权人接受协议设立准用益权,等于放弃了设立用益权的物实物返还给他。如果虚有权人的愿望是以实物返还给他,最好的方法是设立传统的用益权以保障用益权设立之物回到虚有权人。另一方面,Grimald 认为,消费借贷合同只能涉及可替代性的物,否则物只能进行买卖或者流通。实际上,关于消费借贷,《法国民法典》第 1892 条强制贷方同种类同质量返还。但是,用益权人履行返还义务的方式不能推论出设立准用益权的财产必须是可替代的。设立准用益权的协议可以限制在可替代性财产上,并规定同种同质的返还。如果返还方式没有明确,用益权人可以价值返还。[2]

《法国民法典》第 587 条所指的财产(谷物、饮料)客观上是可消耗的。可消耗性还包含于对物的使用,根据物的用途产生的可消耗性。当一项财产只有通过转让给所有权人或者占有者带来可用性,这个转让将使得该财产从原财产中消失,应当认为这呈现可消耗性。所以,可消耗性要根据相关情况来考虑。[3] 同理,公司份额或者股份的用途具有多种可能,如取得一个家庭型小有限责任公司的公司份额或者购买一些上市公司的证券,用途大不相同。因此,即使不涉及客观上的可消耗性财产,也可以衡量设立公司权利的准用益权。如果可消耗性可以通过当事人的意愿产生,那么可替代性也应当遵循同样的规则。公司份额确定不是可替代的,股份则可能是可替代的。[4] 在公司份额和股份上协议设立

---

〔1〕 M. Grimaldi et B. Savoure, l'usufruit et le quasi-usufruit: questions de droit civil, in Actes du colloque du 27 septembre 1999: Démembrement de propriété: stratégie actuelles et perspectives, Droit et Patrimoine, novembre 1999, p. 57. Dans le même sens: F. Sauvage, Les nouvelles frontières du quasi-usufruit, JCP Ed. N2000, p. 691 et s., n° 25.

〔2〕 Adde: J-P. Ferret, Démembrement, utilization du quasi-usufruit-montages, in Actes du colloque du 27 septembre 1999: Démembrement de propriété: stratégies actuelles et perpectives, Droit et Patrimoine, novembre 1999, p. 71 et s.

〔3〕 P. Sirinelli, op. cit., p. 7, n° 35.

〔4〕 Ces inconvenient n'ont pas manqué d'être relevés par M. Grimaldi, Actes du colloque du 27 septembre 1999: Démembrement de propriété: stratégies actuelles et perspectives, Droit et Patrimoine, novembre 1999, p. 57, et cité par l'auteur: A. Benabent, Les contrats spéciaux, n° 442, 445 et 447.

准用益权[1]涉及不可替代的物，如果当事人更乐于让用益权人成为物的价值的债务人，[2]应当经过协议进行。

(2)当事人意愿的探究

当事人意愿可以明确地通过合同条款清楚地表示。虚有权人和用益权人对财产返还之方式、用益权客体、用益权人等量等值返还或者以价值返还的可能性达成一致。[3] 当事人的意愿也可以采用默示的方式表达，包括强调财产的估价，原则上对不满足设立用益权的情形设立准用益权。俗话说，估价则意味着出售。这个原则还是有所保留的：在不动产方面，评估是法律要求进行的，并不意味着当事人有任何的意愿。在动产方面，最经常的评估的目的是物被损害的情形下用益权人对虚有权人进行金钱上的补偿，这并不表示放弃实物返还。[4] 事实上，如果估价不是很模糊不清，可以发挥这样的作用。Periguex 法院民事庭的一项裁决宣告：一般地，当用益权结束时用益权人没有返还物或者物被损毁，估价的作用是衡量用益权人的补偿额；如果当事人有出售的意愿，估价意味着出售。[5]

(3)保留公司权利用益权的捐赠

设立准用益权的意愿还来自利害关系人协商给予物的用途，[6]在公司权利上协议设立准用益权是有效的。那么保留准用益权的公司权利的捐赠是否有效呢？《法国民法典》第 587 条和《法国民法典》第 894 条的规定产生了冲突，第 587 条允许准用益权人成为财产的所有权人，第 894 条剥夺准用益权人的财产，而且

---

[1] En ce sens：J. Prieur，Démembrement，utilisation du quasi-usufruit-montages，in Actes du colloque du 27 septembre 1999：Démembrement de propriété：stratégies actuelles et perspectives，Droit et Patrimoine，novembre 1999，p. 79.

[2] Demolombe，Cours de Code napoléon，Traité de la Distinction des biens，De la propriété；De l'usufruit，de l'usage et de l'habitation，Vol. 10，t. 2，n° 287，p. 238.

[3] En ce sens：Mary et Raynaud，Droit civil，Les biens，P. Jourdain，1995，n 84；P. Sirinelli，op. cit.，n° 34，et cité par lui un arrêt de la Cour d'appel de Paris validant ce type d'accord entre les parties (jurisdata，n° 243).

[4] H. L. et J. Mazeaud，Leçons de droit civil，Biens，Droit de propriété et ses démembrements，8ème éd. par F. Chabas，n° 1663，p. 389.

[5] Tribunal civil de Périgueux，27 juillet 1932，D. H. 1932. 566.

[6] Il a notamment été admis par la chamber des requêtes de la Cour de cassation dans une décision du 30 mars 1926，précitée，que l'usufruitier d'un mobilier de ferme mort et vif destiné à une exploitation agricole，doit pouvoir être autorisé à se séparer du mobilier à la cessation de l'activité de l'exploitation agricole.

做出结论:保留用益权的捐赠无效。而《法国民法典》第 949 条实际上允许捐赠人为自己的利益而保留,或者为他人的利益而处分所捐赠的动产或者不动产的收益或者用益权。这条并没有排除消耗性财产。因此,保留准用益权的捐赠合同具有法律根据。《法国民法典》第 1078 条确定了赠与分割中的财产估价的规则,明确规定金钱的赠与可以保留用益权。对公司权利准用益权的有效性应当承认,对其制度的研究证明准用益权实现了用益权财产的临时移转,赋予权利人在财产上更为宽泛的权利。

**二、临时性的收益权利**

法国关于财产权利的教科书实际上围绕两种观点对用益权制度的特征论述:用益权是一项收益的物权,也是一项临时性的收益权利。这个规定很容易被所有权的主要特征所证明:用益权是所有权的一项派生权利,因为所有权是一项绝对的、永久的、排他的权利,用益权则应当是临时性的物权。正如 Proudhon 所述:如果用益权的期限是永久的,那么就没有所有权了。[1] 学界比较一致地认为用益权主要是一项养老性质的权利,用益权人的死亡构成其权利的最大限度的灭失期限。这个观点却存在缺点:将受益者生命期限作为用益权的期限,给予了用益权不确定的期限。公司用益权如今成为财产移转的良好工具,它导致实际上经常地适用合同来安排专业的财产移转,这个用益权操作的法律安全性却减弱,缺乏用益权期限的风险要求加强法律的安全性。既然用益权可以通过不同的意愿确立,那么也可以通过人的意愿规定期限,因为《法国民法典》第 580 条规定:用益权可以单纯地建立或者附某一个日期或者附条件地建立。学界认为这个期限只能对用益权法定期限缩减,协议的目的是修改用益权的法定期限而不违反任何公共秩序和遵守用益权临时性质。在这种情形下,设立者的意愿确定了用益权的期限,用益权应当可以长期存在,即使用益权人的死亡先于期限到来。在这个观点使得用益权的主要性质不是养老的,养老性质是补充的。

当用益权设立固定期限,就必须给予一个最大的期限。为了确定这个期限,似乎可以从永租权的制度中受到启发。如此类推是被允许的,因为在承租人和用益权人之间存在许多共同点。实际上,永租权赋予其权利人一项物上的物权,如同用益权人,永租权中的长期租赁人也有临时收益的权利。但是因为这不是

---

〔1〕 Proudhon, Traité des droits d'usufuit, d'usage personnel et d'habitation, 2ème éd. 1836, Vol. 1, n° 8.

一项养老的权利,法律明确其期限不能超过 99 年。为什么不接受用益权人的收益权利也用此期限的限定?这个期限和实际情况相符。在第三章论述了设立数个连续用益权唯一的限制是必须为当时生存的人设立,在缔结合同时可能有将来出生的用益权人作为连续用益权人:实际上用益权可以持续到 99 年。[1]

在关于用益权期限的研究中有一件事是确定的:用益权,来自所有权的派生,应当是一项临时的权利,这个原则性的特征是权利的性质。而用益权在现实中的适用存在灵活度的问题,《法国民法典》第 617 条第 1 款的顺序问题值得讨论。用益权的养老性质不是必然的权利本质,而是用益权法律制度的一个补充规定。这个不同之处很重要,因为它使得利害关系人可以选择以受益人的生命期限作为用益权的期限或者一个固定的期限作为用益权的期限。这个用益权法律制度意义上的合同自由,如果没有提供最基本的担保,不应当被履行。首要的路径是考虑将用益权人的死亡作为默示的权利灭失期限,双方当事人可以指定一个最大为 99 年的明示期限来代替这个默示的期限。

设立用益权的财产的无形的性质并不能妨碍其和有形财产一样条件下的占有,公司份额或者股份所有权的派生权利的操作合法有效,公司权利用益权就没有变质。公司权利用益权人的收益权利的性质根本上保持着物权性质和临时收益权利的性质。但是,财产的特性,不会不对用益权产生一定的影响。首先,用益权本身性质的风险。这个风险是指用益权的性质造成了用益权的不稳固性。[2] 为了对付这个风险可以使用协议:确认了养老性质不是用益权必然的本质,而实践中更明确了用益权的法律制度打开了当事人为用益权约定期限的可能性,用益权人的死亡不会带来派生权利的提前灭失。其次,特殊用益权的典型性的影响。因为权利派生设立在有价证券账户上,或者因为当事人希望将公司权利用益权从属于准用益权的制度,改善了用益权人的地位。在这两种情形下,给予了用益权人处分证券的权利,股东权利不再分离。在用益期间,虚有权人不能主张公司份额或者股份上的某种权利。一方面,用益权设立在有价证券账户上,概括性财产的存在改变了权利的传统研究角度:派生权利的客体从内容(有

---

〔1〕 现实中连续用益权往往在最后一个用益权人死亡时灭失。这里只是阐述连续用益权可以持续到 99 年。

〔2〕 M. Grinaldi, Les aspects civils du démembrement de propriété, in Actes du colloque du 17 octobre 1994: Démembrement de propriété-vulnérabilités et parades, Droit et Patrimoine, Hors rie n° 2, mars 1995, p. 31.

价证券)变成了载体(账户),证券的可替代性给予用益权人所有权,用益权人成为有价证券给予的股东权利的唯一权利人。另一方面,当事人缔结准用益权合同,其权利人也就是设立用益权的公司权利的临时性所有权人。虚有权人成为返还之债务的债权人。这种非典型用益权,在这两种形式下,所具有的自身的问题不同于传统的用益权,因为不需要在用益权人和虚有权人之间分配权利。

相反地,传统的用益权需要进行权利分配,用益权人才能享有对用益财产使用和收益的权利。公司权利的用益权人,即物权和用益财产临时收益权利的权利人,以用益权人的名义支配用益权一般规定明确给用益权人的权利。

## 第二节　公司权利用益权的收益分配

用益权人的收益给予其使用和收益物的权利,用益权的权利规定给予孳息法律制度的选择空间,以含蓄地非直接的方式对待用益权人的使用权。[1] 使用的概念没有在学术上成为真正的客体,定义使用权是利用物的权利[2]而没有明确何种可用性以确定对公司份额或股份的使用。所以,有观点认为公司权利用益权人的使用权时具有某种缺陷。学界几乎从未考虑这点,也认为这是无意义的,因为公司权利的使用,在股东权利的角度,是没有具体的现实性的。[3] 相反地,用益权人对物的孳息的职责最初地在《法国民法典》有所安排,规定了孳息是用益权人的权利。如 Corun 所提出的:作为用益权的法规这个地位指出孳息概念的特别重要性。[4] 根据《法国民法典》第 582 条的规定,实际上用益权人具有对任何种类的孳息的收益权利,孳息可以是自然的,也可以是人工的,还可以是法定的。孳息可以成为它所涉及的用益权的客体。收益权,用益权人主要的权利,[5]要求在股东的金钱权利中区别出属于公司权利之孳息的部分。

---

〔1〕 如《法国民法典》第 597 条规定了用益权人如同所有人一样享有所有权人的各项权利。

〔2〕 Voir notamment:Planiol et Ripert,Traité pratique de droit civil français,2ème éd. ,t. Ⅲ,les biens,par Picard,n° 775.

〔3〕 Voir pour les éléments de la démonstration:infra,n° 194.

〔4〕 G. Cornu,Droit civil,introduction,les personnes,les biens,9ème éd. ,Montchrestien,1999,n° 1274.

〔5〕 Planiol et Ripert,Traité pratique de droit civil français,2ème éd. ,t. Ⅲ,les biens,par Picard,n° 776.

公司权利赋予其权利人在公司范围内各种金钱权利。变现股份，股东则成为公司直接的债权人。当公司解散时，确认给股东收回资本的权利。这个债具有特殊性：这是一个可能的债，在公司状况良好的前提下，公司解散则债到期。超越资本的偿还的权利，设立公司主要是股东参与公司成果分配的意愿。这个分享公司收益在《法国民法典》第 1832 条中规定，这一条提出：公司由两个及以上的人建立，通过合同分配给公司共同的财产或者他们的产业，并分享收益或者公司产生的经济效益。股东间公司收益的分享可以不同的方式进行，主要的分配当以投资分红的形式进行。

公司权利用益权的存在要求股东的金钱权利成为财产定义的客体——孳息或者资本，以明确哪些是用益权人收取的而哪些又是虚有权人收取的。另外，公司法没有提及这个问题，民法典的规定也没有。这个立法的空白被司法碎片化地填补，对判决的审视反映出司法的某些模糊不清。在公司派生权利的权利人之间分配金钱权利提出了许多的问题，这些问题和派生权利的财产客体相关。所有的困难来自公司权利不能自己产生某些金钱利益，这和一定钱款的债权所产生的利息不同。因为股东的财务权利来自公司收回的成果，而不是来自公司权利。如果原则上，用益权的真正性质使得用益权人和设立用益权的财产具有直接的关系〔1〕和直接在财产上行使某些所有权的权能，对用益权人权利传统的研究角度难以转移到公司权利上。因为公司权利所带来的金钱利益，必须通过公司作为媒介，才是可能的。公司的活动包含了创新财富的可能性而不是公司权利直接创造的。这种媒介作用使股东金钱权利的定性变得复杂：它们是公司权利，或者是分红，或者是有限认购权，但是如何在用益权人和虚有权人之间分配这些不同的权利？

公司实现利益，技术上不可能一开始就建立了公司权利的孳息。孳息的传统的定义是物的周期性产物，对物实质上没有改变。〔2〕 Dockes 注意到这个特征

---

〔1〕 C. Atias, Droit civil, les biens, 11$^{ème}$ éd., Litec, 2011, n° 138.

〔2〕 Voir notamment: C. Croizat, la notion de fruits en droit civil, commercial er fiscal, thèse Lyon 1925; C. Atias, Droit civil, les biens, 11$^{ème}$ éd., Litec, 2011, n° 23; F. Terre et P. Simler, Droit civil, les biens, Préis Dalloz, 5$^{ème}$ éd., 1998, n° 16; F. Zeanti et T. Revet, les biens, 2$^{ème}$ éd., PUF, 1997, n° 70; G. Marty et P. Raynad, droit civil, les biens, par P. Jourain, Dalloz, 1995, n° 41; G. Cornu, Droit civil, introduction, les personnes, les biens, Montchrestien, 9$^{ème}$ éd., la direction de J. Ghestin, les biens, LGDJ, 2000, n° 82bis.

可以区分孳息和收益性财产。[1] 利益在实现的阶段,不是个体化的,除非在资产表或者收入账户中:利益存在于公司资产中且毫无疑问地提高设立用益权的公司份额或者股份的价值。但是这个附加值不能和公司份额相分离,所以它不属于孳息。[2] 公司收益缺乏使其划分为孳息的特征,更为确定的是属于公司成果构成了公司产物。[3] 这个明显确认了公司收益本质上不可能是公司权利的孳息,因为其通过公司实现,它从一开始就属于公司,而不是属于股东。[4] 公司成果记入公司的资产负债表,和公司本金构成公司自有的资本,公司的价值得以确定。收益的实现使得公司获利,这个构成了净资产的收入[5]而不是股东的个人收入。

另有主张认为,公司收益本质上构成公司权利的收益,[6]概括起来为:公司收益从实现开始,股东对其具有所有权。如果我们接受公司收益从实现开始就是公司权利的收益,就要确认股东对公司实现而取得的收益的所有权。那么这个理论导致的后果是:一方面,股东对收益分配意见不一致的话,就没有公司用其实现的收益自我资助的可能性;另一方面,有限责任公司的公司收益不用对公司债务进行担保,因为收益是股东的财产而不是公司的财产。这个观点实际上导致否认法人的存在,只能被抛弃。应当考虑股东对公司具有债权,这个债权涉及整个公司的收益,无论其将来如何分配。

大多数学者的观点是否认公司收益为孳息的。[7] Labbe 提出:公司通过经营活动,会使得公司股份的销售价格比购买价格更高,收益则包含在这两个不同价格的差价中。由于经营活动具有风险性,这个价格差异有可能是亏损的,所以这个差价应该认定为资本而不是孳息,所以不应当将公司收益作为孳息。[8] 公司在进行收益的分配时必须明确收益的性质,公司收益不能确定为孳息,有以下

---

[1] E. Dockes, essai sur la notion d'usufruit, RTDciv. 1995, p. 483.

[2] Ibid., p. 484.

[3] En ce sens: F. Zeanti, obs. sous Cass. com., 23 octobre 1990, RTD civ. 1991, p. 362.

[4] F. Zenati et T. Revet, les biens, op. cit., n° 78.

[5] Croze et Reinhard, note sous cour d'appel Lyon, D. 85, p. 128.

[6] E. Thaller, si les bébéfices de commerce sont ou ne sont pas des fruits, Annales de droit commercial, 1896, p. 194 er s.; R. Savatier, la communauté conjugale nouvelle, 1970.

[7] Voir notamment: C. Croizat, La notion de fruits en droit civil, commercial et fiscal, thèse Lyon, 1925, p. 131 et s.

[8] Labbe, note sous Req. 14 mars 1877, S. 1878. 1. 7.

两个原因:一方面是因为公司权利不能和收益性的财产相分离,另一方面是因为公司权利从产生之初就不属于股东的所有权,但股东可通过集体决议对公司年度成果进行分配,这和用益权的性质相符合。股东享有对公司盈利的分配权,可以通过这种权利决定公司盈利的用途。如果股东决定分配会计年度的公司盈利,则可根据各自份额获得对公司的债权,公司收益变成属于股东个人的收入。[1] 这个公司营利性质的改变,要经由公司决议同意,体现集体的意愿,从而实现对公司收益的分配,确定公司权利的用益权人享有的金钱方面的权利。

**一、原则:分配的利益是孳息**

分配会计年度收益的决议将收益转变为红利,红利应当为股东提供。当公司权利成为所有权派生权利的客体,红利符合孳息的特征,应当分配给用益权人。那么红利属于何种孳息?应当如何分配?

(一)红利不属于民事孳息

孳息在最初的研究中被定义为物的周期性产物而不改变物的本质,许多的学者[2]如今一致同意单有这个定义不足以包含孳息的多样性。孳息的概念实际上是一个两面的概念:如果存在我们自然地认为是孳息的财产,人类也可以给予某些财产指定用途而将其变为孳息。这个自然孳息和指定孳息的区别被 Croizat 提出:自然孳息长期传统地存在,足以反映出通常所接受的孳息概念的完美的准确性。而面对工业大发展,人类接受着对孳息性质的调整,周期性财产满足其一般标准,孳息的法律概念和孳息的自然概念相混同。[3] 如今,人类通过自身活动取回其财富所含有的全部可用性,用人为的安排替代财产的自然安排,用人为的用途代替自发的用途。在某些情况下,通过物的本体将孳息穷尽,甚至包括生产基础资源的周期性产物。[4]

《法国民法典》给出了一些自然孳息的例子,如收成、一定钱款的利息。同样也承认了人为的安排可以给予产物或者物质资源以孳息的性质,如大树木独有的用益制度。第 591 条规定:用益权人在一定期限内,按照原所有权人的使用对

---

[1] H. Croze et Y. Reinhard, note sous cour d'appel Lyon, 23 févier 1984, D. 1985, jur. , p. 127 et s.

[2] Voir notamment: Demlombe, Cours de Code napoleon, Traité de la Distinction des biens, De la propriété; De l'usufruit, de l'usage et de l'habitation, 2$^{ème}$ éd. , Vol, 9.

[3] C. Croizat, Ibid.

[4] Ibid.

大树木进行有规划的砍伐，或者周期性地在一定范围的土地上进行砍伐，或者在相对独立成片的区域进行一定量的砍伐。换言之，大树木的产物变成孳息，前提是原所有权人表明意愿，有规划地进行使用并符合砍伐的数量或者开发利用土地的范围。[1] 既然财产的用途给予财产的安排具有影响其种类的作用，自然地应当确认公司作为公司利益分配的掌控者，其意愿在公司成果定性中的作用。

公司关于收益分配给股东的决议使得红利具有孳息的主要特点。一方面，股东决定收益分配。股东使得收益和衍生性财产实体性分离，因为他们确定了分配给每个股东的红利的数额。财产孳息成为可以和衍生性财产相分离的。另一方面，收益来自公司的财产且成为股东的排他性所有权。最终地，公司成果的全部或者部分年度分配反映了创始人将收益转化为孳息的意愿，因为它使得股东可以收取周期性的收入。另外，当人们以获得周期性收入的方式来安排其资源，则给予了自己所收取的财产孳息的性质。[2]

在公司权利派生的情形下，红利自然地属于用益权人，因为股东决定利益的分配赋予股东收入的来源确认为孳息的主要特征。股东分配公司利益的意愿赋予财产产生孳息的特征：[3]分配红利的决议给予每个股东获取孳息的权利。股东会议的决议确定这个权利，尤其宣布和设立这个权利。[4] 所以，红利是指定的孳息，这是人的意愿对定性的影响，[5]这里是集体的意愿。全体股东，代表公司意愿，集体决定公司成果的分配。所以，某个股东不能自行要求收益的份额，更不用说虚有权人或者用益权人决定其所相关的公司权利的收益分配。Labbe注意到：集体的决议影响人的意愿，以使公司收益转换成资本或者孳息。当这个

---

〔1〕 C. Croizat, op. cit, p. 36; Colin et Capitant, Cours élémentaire de droit civil francais, 2ème éd., t. 1, p. 807; Planiol, Traité élémentaire de droit civil, t. 1., 8ème éd., p. 875; Aaubry et Rau, Cours de droit civil français, 3ème éd., t. Ⅱ., p. 687.

〔2〕 Labbe, note sous Req. 14 mars 1877; S. 1878. 1., p. 7.

〔3〕 J. Leblond, Des droits respectifs du nu-propriétaire et de l'usuruitier dans les bénéfices, les réserves, les remboursements et amortissements de capital, ainsi que dans les augmentations de capital en numéraire ou par incorporation de réserves, Gaz. Pal. doctrine, p. 1. J. Cocard, L'usufuit des actions et des obligations, thèse Caen, 1938, p. 50. A. Colomer, Réserves des sociétés et régimes matrimoniaux communautaires, Defrénois 1980, art. 32380, p. 1021.

〔4〕 Y. streiff, note sous TGI Bourges, 7 févier 1989, Bull. Joly 1989, 314, p. 907.

〔5〕 F. Terre, op. cit.

意愿因合法地独立于虚有权人或者用益权人的意愿产生,应当遵守并且给予虚有权人和用益权人自己的权利。[1]

所以,在公司份额或者股份的派生权利的情形下,用益权人得到收取分配红利的权利。在股份公司中,用益权人获得这种权利可以在章程中规定,选择被支付红利或者股份。[2] 但是,如果用益权人在公司存续期间设立,收取红利方式的问题具有特殊的利益。因为,根据自然孳息、人工孳息和法定孳息不同,分配方式也是不同的。

一旦承认通过孳息的原则设立收益的分配,应当确定他们属于哪一种类。《法国民法典》将孳息分为三类:根据第583条的规定,自然孳息是指土地上自然产物之类的果实,人工孳息是指通过耕作获得的果实。第584条规定民事孳息是房屋的租金、款项的到期利息以及分期支付的定期金款项。该条第2款补充:租赁土地的地租也属于民事孳息。这些不同的种类,反映出当时的农村经济[3]有些过时。Savatier院士认为,《法国民法典》第583条第一句话反映出史前的年代,而第二句话反映出游牧的年代(畜类的产物与繁殖,也属于自然孳息),第三句话反映出土地被用于耕作的年代。第584条规定内容开始于合同之初的年代。[4] Demolombe提出:我们很多的手工业产物,投入到世界市场的财富,只是被强行地在民法典中进行了归类。[5] 无论如何困难,必须进行分类,因为孳息的分类确定了其取得方式,取得方式因自然孳息,还有人工孳息或民事孳息而不同。自然孳息可以通过收取获得,人工孳息或民事孳息要逐步地实现。如果用益权在公司运行期间设立,红利的分类必须由权利人预先明确以便分配。这个问题成为司法判例摇摆不定的东西,现在仍然具有争议,即使大部分学者同意红利是民事孳息。[6]

---

[1] Labbe, note sous Cass. Req. 14 mars 1877. S. 1878. 1., p. 9.

[2] Art. L. 232-18 (Anc. art. 351L. 24 juillet 1966) du Code de commerce.

[3] F. Zenati, les biens, PUF, n° 77.

[4] R. Savatier, la communauté conjugale nouvelle, 1970, n° 1 et s.

[5] Demolombe, Cours de Code napoleon, Traité de la Distinction des biens, De la propriété; De l'usufruit, de l'usage et de l'habitation, Vol. 10, t. 2, n° 279.

[6] Voir notamment: Planiol et Ripert, Traité pratique de droit civil français, 2ème éd., t. Ⅲ, les biens, par Picard, n° 777; J-J. Daigre, note sous Cass. com., 23 oct. 1984, Rev. sociétés 1986, p. 97; R. Micha-Goudet, Nature juridique des dividendes, JCP Ed. E 1998, p. 68 et s.; I. Robert-Cadet, l'usufruit des droits sociaux, les petites affiches 2000, n° 100, p. 54 et s., n° 18.

1. 判例的摇摆

20 世纪关于红利定义的种类的发展使得必须对相关判例裁决情况进行分析,可以看出真正的困难在于红利所属于的孳息的种类,主要分为两个时期:在最初的一段时间,最高上诉院明确将公司收益划分为民事孳息,在 1931 年 10 月 21 日的裁决和 1941 年 7 月 7 日的裁决中,法官决定:商业公司的收益,在章程规定的情况下,周期性地在权利人之间进行分配,具有民事孳息的特征。它们相似是因为它们被认为在公司的每一个运营年度逐日收益。[1] 这两个裁决中的前者增加道:虽然分享两合公司利益的受让人具有收益的权利,但如果收益在转让后分配,只能按照其收益的期限的比例分配给他,除非有明示或暗示的相反的规定。转让人股东有权主张转让之前的公司收益。经过一段时间的发展,最高上诉院在 1984 年 10 月 23 日的一项商业法庭法令中宣布:只有具有孳息性质的铅矿,成为分配利益的一部分。根据章程或者裁决在权利人之间进行分配。[2] 这个裁决的异议很明确:最高上诉院将孳息(最初的收益)和在股东之间分配的红利进行了比较。这个法令明显地有别于之前的决议,因为它清楚地决定只有分配的红利构成公司权利的孳息。但是最高上诉院没有对孳息的性质进行阐述。从这个裁决开始,可以认为司法判例的摇摆不定因为没有任何法令明确认为红利是民事孳息。

值得注意的是:凡尔赛上诉院的 1990 年 2 月 23 日法令明确指出了红利不具有民事孳息的确定性和周期性的特征。理由很明确:如果民事孳息的特征是确定性和周期性(如利息、租金或者尾款),那么在民事或者商业公司中分配的红利不具有这个特征。实际上,红利的分配及总额和每一个会计年度的收入相关,而这个具有偶然性和不确定性,这和民事孳息的确定性和周期性相反。民事孳息可以每天取得,股东对红利的权利只在决议进行分配红利时进行。公司的状况在不规则地演变:在开始运营时通过开发利用获得利益,然后又亏损;或者相反的情况……在缺乏特殊约定的情况下,可以决定份额的受让人获得全部的收益

[1] Cass. civ. ,21 octobre 1931. 1. 100, note Cordonnier; S. 1933. 1. 137, note Batiffol; Cass. civ. ,7juillet 1941, DA. 1941. 370.

[2] Cass. com. ,23 octobre 1984, Rev. sociétés 1986, p. 97, note J-J. Daigre; Defrénois 1985, art. 33629, obs. J. HONORAT; RTD civ. 1986, p. 165, obs. J. Patarin.

而不是像法庭错误的决定那样得到一半。[1]

最高上诉院商业法庭在1990年10月23日的争议裁决中确认了这个观点。争议具有财务性质，一位继承人对以下事实提出异议：登记部门所登记的一项纳税的继承资产，是从被继承人死亡之日起开始的公司份额所产生的红利而不仅是股东大会所进行分配的红利。Bourges法庭同意该继承人的要求，因为红利不是民事孳息可以逐日计算。财务部门上诉到了最高上诉院，最高上诉院驳回了该上诉，宣布：判决明确指出由股东大会以红利形式分配的全部或者部分的在经营年度实现的收益，是股东大会给予其法律上的存在，这个红利之债不存在于被继承人死亡之日，所以不能作为继承资产的一部分。[2] 这个法令，完全拒绝确认红利具有孳息的性质，没有对它所打算给予的定性进行宣告。[3]

最终，最高上诉院商业法庭1999年10月5日的一项法令，遵守《法国民法典》第586条和第1652条的规定认为，作为分配性收益的钱款，或者根据章程，或者根据股东大会的决议，在股东之间进行分配的，具有孳息的性质。[4] 这个法令的事实很少见：在对股份转让的价款尾款延迟支付后，转让人要求受让人根据《法国民法典》第1652条支付法定利息，这条规定买受人应当支付出卖价格的利息，主要适用于被售卖的物产生孳息的情况下。值得讨论的地方是，要确定股份是不是产生孳息的财产。对于这个问题，初审法院给出了否定的回答，因为股份的红利没有民事孳息所具有的确定性和周期性的性质。最高上诉院推翻了初审法院观点，因为红利具有孳息的性质。最高上诉院的转变和在最近的裁决中表现的谨慎提供了学界分析讨论的观点，可以明确地注意到：法庭的犹豫不是基于红利的定性而是基于它们所应该划分的种类。实际上，没有任何的裁决明确地认为红利是民事孳息。法庭的摇摆是合理的，且是通过对民事概念的精确分

---

〔1〕 Cour d'appel Verseilles, 23 févier 1990, JCP Ed. E 1991. Ⅱ. 125, note Y. Guyon; Bull. joly 1990, 148, p. 552.

〔2〕 Cass. com., 23 octobre 1990, D. 1991. 173, note Y. Reinhard; RTD civ. 1991, p. 362, obs. F. Zenati; Bull. joly 1990, 337, p. 1042; JCP Ed. N 1991. Ⅱ. 97, obs. M. Marteau-Petit.

〔3〕 M. Lecene, les parts et actions d'une société commerciale qui appartiennent à plusieurs persommes, thèse Bordeaux, 1992, n° 117, p. 121 et s.

〔4〕 Cass. com;, 5 octobre 1999, Bull. Joly 1999, 258, p. 1104, note A. Couret; Droit des societies, décembre 1999, p. 27, note H. Hovasse; A. Viandier et J-J. Caussain, JCP Ed. N2000, chronique, p. 659, n° 2 et JCP Ed. E 2001, p. 895, n° 3; Droits des sociétés, janvier 2000, p. 4, note T. Bonneau; Defrénois 2000, art. 37090, obs. P. LE Cannu; Rev. sociétés 2000, p. 286 et s., note H. Le Nabasque.

析而对照出来的,这个分析使得技术上不可能同时确认:只有分配的利益构成孳息和它们属于民事孳息。

2. 概念的悖论

根据《法国民法典》第584条的规定,民事孳息是房屋的租金,钱款的到期利息和分期支付的定期金款项。从这条规定可以推论出:民事孳息来自通过合同对物的安排。[1] 传统上认为民事孳息符合周期性和确定性性质,是因为它是物之收益的对等物,[2]随着时间分期出现。比如,租金是租赁财产收益的对等物,借贷利息构成一定数量钱款的收益对等物。[3] 来自合同的民事孳息自然是周期性的和确定性的。

分析表明,民事孳息和红利明显缺乏相似性。红利的实现并非随着时间而显现的,而是来自分配利益的决议所产生的股东债权。孳息产生的日期和其性质紧密相连,但红利在其产生之前并非孳息。[4] 有观点认为,收益是随着公司的经营逐日取得的,应当属于民事孳息,这个观点被反驳如下:推论商事收益的性质不应只从其取得开始,而应该严格界定民事孳息的性质,这也包含了它们的取得方式,而红利只有当它们被投票决议分配时才构成公司权利的孳息。世纪初的判例展现了先期的混乱:通过思考公司取得收益的制度而不是通过股东取得收益的制度来推论收益的性质,使得公司收益和红利之间产生混淆。[5]

股东对红利的取得和公司对收益的取得方式不一样,民事孳息的概念和红利的概念是相互对立的,确认红利是民事孳息是对民事概念的粗暴对待。实际上,红利的存在具有两个偶然性:首先是经济上的偶然性,因为红利的分配前提是公司收益分配的实现;其次是政治上的偶然性,因为收益分配决议的作出是前提。虽然股东的首要职能是分享公司的收益,但是并没有任何法律强制性规定进行分配。红利只在双重的条件下存在:公司产生收益,股东集体决定利益的分

---

〔1〕 Demolombe, Cours de code napoleon, traité de la distinction des biens, de la propréité: De l'usufuit, de l'usage et de l'habitation, 2ème éd., Vol. 10, t. 2, n° 273; Rép. Civ., fruits, par S. Piedelivre, n° 32.

〔2〕 F. Terre et P. Simler, Droit civil, les biens, précis Dalloz, 5ème éd., 1998, n° 110; J-L. Bergel, M. Bruschi et S. Cimamonti, Traité de droit civil sous la direction de commerce, Défrénois 2001, art. 37297, p. 167 et s.

〔3〕 Voir sur cette question le célèbre arrêtAuthier C/ Pouyat: Cass. civ. 1ère, 31 mars 1992, Bull. civ. Ⅰ, n° 96.

〔4〕 F. Zenati, obs. sous cass., com., 23 octobre 1990, RTD civ. 1991, p. 362.

〔5〕 Ibid.

配。所以，红利既不是周期性的也不是确定性的，而这两个特征是民事孳息所要求具备的。民法典所列举的民事孳息是基于合同的存在，合同创设了当事人之间的债，保障其产物的一定持久性。相反地，不存在任何的红利分摊的法定义务。只有章程可能规定红利的分配以保障所实现的红利的分配。在这种情形下，政治上的偶然性消失但是经济上的偶然性还在，因为红利的分配是以公司实现它的可分配收益为前提的。

司法判例的摇摆在于认为红利不是孳息，又同时认为通过红利的分配将它相似于民事孳息。当涉及宣告红利准确的法律性质，司法上表现得矛盾。将民事孳息概念和红利概念对比反映出不相符合性，却必然地将分配的红利归纳到孳息中的这种或者那种，以便确定红利的收取方式。只有将人工孳息概念扩展到工业经济，才能建立一个严密的法律体系。这个法律体系使得孳息产生的日期和红利收取的法律制度一致。

（二）分配的红利是人工孳息

1. 人工孳息概念的扩大

如果红利不再是民事孳息，但仍旧属于孳息，那么最妥当的解决方案就是承认存在新的孳息：人工孳息。这个学术建议〔1〕在一段时间内存在并引起注意。这个理论显得反传统，因为人工孳息通常属于农作物，公司活动至今和耕田、放牧大不相同，〔2〕然而把公司收益当作人工孳息是恰当的。民事孳息的概念不能包含红利，但我们必须确定红利的性质，这样才能分配给权利人。Zenati 强调：商事营业资产的商业收益可以确定为人工孳息，因为商事营业资产的性质包含获得收益。〔3〕 从这个意义上讲，红利更接近于人工孳息的特性：通过商事营业资产开发利用实现的收益不能划分为民事孳息，那是因为该收益不是通过物的使用产生的，而是人类通过开发利用物的活动所产生的。〔4〕 本来必须来自田地的收成，如今成为商业收益。这个变化要求法学家解放他们自身对孳息概念的理

〔1〕 Y. Strff, note sous TGI Bourges, 7 février 1989, bull. joly 1989, 314, p. 901 et s. adde: G. Morris-Becquet, note sous cass. com., 5 octobre 1999, D. 2000, jur., p. 552 et s.; H. Le Nabasque, note sous cass. com., 5 octobre 1999, Rev. Sociétés 2000, p. 286 et s.

〔2〕 Y. Streiff, op. cit., p. 908.

〔3〕 F. Zenati et T. Revet, les biens, 2ème éd., PUF, 1997, n° 77.

〔4〕 J-P. Chazal, L'usufruit d'un fonds de commerce, Défrénois 2001, art. 37297, p. 167 et s., n° 16.

解,并超越罗马法中孳息的种类。虽然1804年《法国民法典》中的人工孳息明确为农业产物,但随着现代经济对人工孳息概念的开放性解释,人工孳息作为一个法律概念,不仅适用于农作物,还适用于诸如公司经营活动等产业经济。[1]

即使红利不像农作物一样可以直接在公司的大树上采摘,[2]将红利归类于人工孳息,这能够给予该概念更具活力的新内涵。红利作为股东投资资本的酬劳,是股东通过其投资所实现的收益,而这个收益是通过经营活动来实现的。所以,红利正是通过人类的活动才能够实现,这符合人工孳息的概念。[3] 将人工孳息概念扩展到公司经营活动所产生的收益,这是理论上的大胆突破,因为1804年的立法将人工孳息定义为通过农作物获得的收益,但这种突破将民法典的定义适用于现实的经济环境。

2. 红利收取的方式

将红利划分为人工孳息意味着两件事情。首先,排除了红利按比例分配的制度,因为人工孳息通过收取获得。在这点上,判例长期以来排除给权利人按比例分配红利,这里找到了法律依据。按比例分配的规则实际上被法庭排除是因为法官不认为公司收益是最开始的孳息。从上诉院开始,[4]最高上诉院之后数次判决得出:红利排他地被股东获得,从分配利益的决议作出之日开始公司收益以红利的形式支付。[5] 这个方案也扩展到预先支付部分红利,巴黎的上诉院1993年5月6日的裁决中,写道:自从红利的分配被作决议的主管机构决定,匿名公司的股东有权获得红利。因此公司的股东,在决议作出之日起,应当收取红利。如果股份的转让发生在分配决议作出之前,红利属于保留股份收益权的股东,如其收益的转移被确定在分配决议之后的某个日期。[6] 如果今天判例确认按比例分配的规定被排除,当红利被支付时,认为红利是人工孳息给予古罗马大

---

〔1〕 Y. Streiff, op. cit., loc. cit.

〔2〕 H. Croze et Y. Reinhard, note sous cour d'appel Lyon, 23 févier 1984, D. 1985, p. 127 et s.

〔3〕 Y. Reinhard, note sous Cass. com., 23 octobre 1990, D. 1991, p. 174; H. Lenabasque, op. cit.

〔4〕 Cour d'appel Paris, 15 novembre 1976, JCP 1979. 2. 19129, note J. Evesau; cour d'appel Lyon, 23 févier 1984, D. 1985, jur., p. 127 et s., note H. Croze et Y. Guyonon; cour d'appel Versailles, 23 févier 1990, JCP Ed. E 1991. Ⅱ. 125, note Y. Guyon; Bull. Joly 1990, 148, p. 552.

〔5〕 Cass. com., 11 mars 1986, Bull. Joly 1986, 132, p. 506, note Z. L. B; Cass. com., 23 octobre 1990, op. cit., D. 1991. 173, note Y. Reinhard; RTD civ 1991, p. 362, obs.

〔6〕 Cour d'appel Paris 6 mai 1993, Rev. Sociétés 1993, p. 661, note Y. Guyon; JCP Ed. E1994. Ⅱ. 553, note A. Viandier; Bull. Joly 1993, 215, p. 737, note A. Couret.

法官的方案一个稳固的法律位置,在财产的划分和其法律制度之间实现了必要的和谐。这个规定是排斥民事孳息的,[1]民事孳息使得在用益权人收益期间按比例分配收益。民事孳息的划分使得必须使用按比例分配的规则,Demolombe对此说明:在确定的期限到期前取得以支付,在每日结束时债权诞生日收益率,还有尽管支付还没有到期。[2] 这个规定不适用于孳息,孳息的产生不随着时间进行。这个罗马法的解决方法,因为它排除了按照比例分配的规则,准确地提炼规定的结果,根据规定只有公司采取分配给个人红利的决议才能给每一个股东孳息的权利。

其次,将红利划归为人工孳息的种类意味着:应当确定权利人根据人工孳息收取的方式分配红利。学术界的教授观点:收取的问题是民法典第586条扩展到孳息的现实分支。[3] 另外,红利的现实分支不是在决议分配公司收益之日产生而是在支付红利之日产生。因此,必须严格适用这个规定以精炼法官的观点,他们认为,从公司决议分配红利之日起,红利由有资格的股东获得。这个规则严格地适用于人工孳息收取并完美地适用于收取红利的方式,如今存在于运营的公司中。实际上,Avis de la SBF第N. 4. 1. 32条决定:利息凭证的纳税或者红利从其支付之日起执行。[4] 这些解决方案根据实证法的现实情况,当它涉及上市证券或者非上市证券时不是严格的一致。当收益的权利人在公司分配红利的决议和进行现实支付红利之间的时间改变,适用上市证券的规则确认受让人作为权利人进行分配,而对于非上市的证券,则适用现实的司法方案,提供红利给在分配决议之日有资格的权利人,也就是转让人。

所希望的法律制度的统一,[5]可以通过对人工孳息的取得专门规定精细的分析实现,这些规定要求支付给公司权利收益的受让人以红利。换言之,人工孳息收取制度的严格适用要求适用现行的上市证券的解决方法。这些解决方法被

---

[1] Contra:R. Micha-Goudet,nature juridique des dividendes,JCP Ed:E 1998,p. 68 et s.

[2] Demolombe,Cours de code napoléon,traité de la distinction des biens,de la propriété:De l'usufruit,de l'usage et de l'habitation,2ème éd.,Vol. 10,t. 2,n° 2770.

[3] Demolombe,op. cit.,n 275;G. Marty et P. Rayaud,Droit civil,les biens,par P. Jourdain,Dalloz,1995,n° 72.

[4] Voir la cession de Conseil des Marchés Financiers du 21 juin 2000 ayant approuvé d'importantes modifications au titre Ⅳ des règeles de marché des la SBF Bourse de Paris.

[5] En ce sens:Y. Guyon,note sous cour d'appel Paris 6 mai 1993,Rev. sociétés 1993,p. 661;J-J. Daigre,note sous cour d'appel Rouen,27 févier 1991,Bull. Joly1992,256,p. 791.

批评,因为它们提供给债权诞生时已经是权利人之外的人以红利。实际上,这个结果可以通过当事人的转让合同排除,可以由转让人提高证券转让的价格而被赔偿遭受的损失。相反地,在公司(红利借方)和股东之间,最简单的解决方案是适用上市证券的规定,这个规定避免了在红利分配时寻求股东的一致性。将红利分类为人工孳息具有几个好处:首先,从设计的角度,延伸地接受人工孳息的观点建立了一个将民法上的分类适用到新型财富的阐释。其次,从适用的角度,将红利包含在人工孳息中被判例进行了明确的定性,避开了所有的批评,因为它被按比例分配的规定证明合理。最后,对于人工孳息收取的法律制度,简化主义者认为对借方即公司可以适用简单有效的支付红利的规定,一方面,放弃按比例分配的规定避免了探究最开始的利益分配;另一方面,在继承的权利人运营公司的情况下,公司应当给有资格的人支付红利,也就是说根据支付时的股份制进行。

**二、例外:分配的收益为某些收入**

如果公司有意愿将收益转化为人工孳息,公司则成为盈利用途的掌控者。在这种情况下,Labbe 强调还有另一个原则要考虑:当一个物上同时存在用益权和虚有权,而这两种权利在同一客体上彼此存在冲突,那么公司盈利是否能够确定为孳息,就不能够泛泛地由人的意愿来确定,因为虚有权人的意愿毫无疑问地遇到了用益权人相反意愿的对抗。[1] 这个对抗性,是基于所有权分离为用益权和虚有权所固有的。为保证用益权人可靠地获得收益而不顾及利害关系人的意愿,在这种情况下,这个对抗性会更加激烈。[2] 用益权人和虚有权人应当服从于公司股东所进行的共同选择。[3] 此外,根据公司分配盈利的决议,如果将公司的红利确定为人工孳息,那么这对用益权人是绝对有利的,虚有权人对此不得表示抗议。在收益分配中,用益权人的法定义务是维护财产的本体,但在现实中有时候会遇到不同的情况:金钱分配的性质有时候会损害财产的原有状态,也会导致损害虚有权人的利益。为应对产生这种冲突的风险,可以考虑在某些合同

〔1〕 Labbe, note sous Cass. Req. 14 mars 1877. S. 1. 8.

〔2〕 Sauf dans l'hypothèse ou les titulaires de droits onjet d'un démembrement détiennent la majorité des droits de vote. Voir infra, n° 257 et s.

〔3〕 P. Didier, Le consentement sans l'échage: contrat de xociété, in l'échange des consentements, RJ com, n °spécial, nov. 1995, p. 74 et s.

中约定预防措施,从而完善确定红利性质的程序。

(一)利益分配和损害物之本体

用益权人的收益,并不严格地等同于完全所有权人的收益。如果所有权人可以随心所欲地使用财产,那么用益权人则必须维护财产的本体——分解权利之客体。这个义务就要求对公司权利本体勾勒出具体的轮廓。但这个问题比较棘手,公司本体的概念难以全部系统化,因为每个事物都有自己的本体,财产的种类无穷尽且不断更新,现有的法律背景难以囊括所有复杂的定义。传统的物之本体的定义体现两个观点:〔1〕第一个,它是物质化的财产具体形式。第二个,它是指分配给财产的用途。这两种观点很简明,可以看出第一个观点和公司权利的不相适应性,当然也是普遍地和非物质化财产总体的不适用性。无形财产,本质上没有物理载体,公司份额和股份的本体应当遵从于它们的用途。这个语义学上的转变,〔2〕逐渐地围绕从本体到本体性质的改变而展开,证明在不同的权利属性中,本体的用途优于具体的物质本体。〔3〕因此,只要统一了公司权利本体等同于其用途,就可以解决公司权利本体定义的困难。在这方面有一项引人注意的法令,1991 年 10 月 1 日最高上诉院商业庭作出决定:当转让的情况剥夺公司实现其经营目标而进行经济活动和营利性活动的权利,这就是损害了公司权利本体的特征。〔4〕由此,最高上诉院给予公司权利本体特征以定义。另外,公司的定义确定了公司份额和股份的用途,公司由一人或数人设立,为了分享收益或者获得经济收入而通过合同约定分配给共同的公司以财产。

在设立公司的合同中,如果提出收取公司的收益并改变公司权利的本体,实际上是投入资本以获得收入,这是符合公司法的。具体而言,红利的收取构成公司权利主要特点之一,也符合其首要用途。在传统的法律定义中,可分配收益是指会计法上的收入和支出的差异,以及营运年度开始和结束时净资产的变化。这个观点符合实际情况,当收益来自公司的日常活动(如开发利用的收益)是可

〔1〕 C. Atias, Droit civil, les biens, 11ème éd., Litec, 2011, n° 147 – a; E. Dockes, Essai sur la notion d'usufruit, RTD civ. 1995, p. 479 et s., spéc. n° 6 et s. et note n° 44.

〔2〕 E. Dockes, Essai sur la notion d'usufruit, RTD civ. 1995, p. 488.

〔3〕 G. Vivien, De l'erreur déterminer et substantielle, RTD civ. 1992, p. 307 et s.

〔4〕 Cass. com., 1er octobre 1991, JCP Ed. E 1992, 2, p. 227, note A. Viandier; D. 1992, p. 190, note G. Virassamy.

以分配的。[1] 在特殊情况下，比如公司资产的转让，这种收入也可以定义为收益[2]。如一个民事公司是不动产的所有权人，且公司决定出售该资产，转让的增值将作为收入记账，在法律上作为可分配的收益。

来自资产转让的收益分配掏空公司本体的一部分，成为用益权人之收益。经济学上公司的损失，法律上反映为公司权利的减损。实际上应当强调公司权利的本体和公司本体是相互依赖的关系，公司本体的创设紧密地依赖于公司权利的创设。公司的设立，其财产本体也是股东的出资额，相反在公司存续期间，公司权利的本体根据公司本体的变化而变化。如果特殊情形下，收入的分配涉及公司本体，它将对公司权利产生作用。传统上，虚有权人可以通过适用停止滥用的方式达到制止用益权人的目的。《法国民法典》第618条规定："用益权人如滥用其享有的使用、收益权利，造成财产损毁，或者听任财产损害而不加修缮，用益权也可因此而终止。"但是，采用这个行为要求证明财产本体的损害是由于用益权人滥用收益而造成的。

还有，在实证法中存在有些财产是孳息，而它们的收取会损害产生其的物的本体。比如，分期支付的尾款是孳息，但是会逐渐地穷尽本金。大树木，原则上是本金，进行有规则的砍伐，它们就成为孳息。这些例子来自对财产的特殊安排使得产物可以成为孳息的事实，人的意愿成为它们产生的主要标准。这个规定适用于所有权人的安排被证明是合法的，因为所有权人的主要权利之一就是选择其财产的用途，[3]他接受产生收入逐渐地减少物之本体。相反地，当这个意愿来自第三人就是不合法的，如公司的中介或者其决议机构不顾股东的意愿将财产设定为产生收入的物而导致了其本体的损害。更多地，根据公司得出的收入决定财产用途是多样性的。公司权利的虚有权人位于一个很不利的位置：一方面，他不能援用《法国民法典》第618条；另一方面，他应当在某些情况下，忍受对物的本体产生损害的财产安排。对孳息定性的程序，不只考虑公司的决议还有分配金额的性质，这个构成珍贵的指标来衡量是否对物之本体造成损害。对虚有权人的保护预防措施的采用被职业财产人所建议，他们知晓所有权派生时

[1] Art. 230-1 du P. C. G 1999.

[2] Au sens comptable.

[3] E. Dockes, Essai sur la notion d'usufruit, RTD civ. 1995, p. 479 et s., n° 19.

的利益对抗，建议在用益权人和虚有权人之间进行利益分配。

(二)根据章程的规定进行分配

在民法的观点中，对物之本体造成损害的收入的分配是产物，即本体萌发的部分的分配，[1]原则上对用益权人没有影响。然而，某些孳息也会损害物之本体，但是它们被划分为孳息是因为对财产的安排在使物之本体损害的情况下产生收入。当分配收益对公司权利的本体产生损害，虚有权人在后续阶段不具有对这个分配产生争议的可能性，因为这个分配来自股东集体对收益的安排。还有，当对物本体的损害不是由用益权人滥用收益造成的，虚有权不具有对物的损害的修复请求权。唯一的可能性实际上是将收益划分的原则(股东全体决定的用途)在遵守公司意愿的前提下增加其他的标准。在这方面，对虚有权人的保护必须规定进章程。因为如果章程的条文明确了在用益权人和虚有权人之间分配收益的方式，年度股东大会应当遵守。但是，章程对用益权人和虚有权人之间分摊收入的安排在遵守关于分配给用益权人的孳息性质的收入和分配给虚有权人产物性质的收入的规定时才有效，这个区别在实践中取决于会计法对收入区分了不同的等级。

1. 成果分配条文的有效性

在公司权利虚有权人和用益权人之间分摊红利的条文的有效的前提是证明某些分配的收益是产物，以证明它们不是被用益权人所掌握。事实上，分配财产孳息给虚有权人的条文歪曲了用益权而招致无效，因为用益权人不能被剥夺其取得孳息的权利。1965 年 11 月 17 日巴黎上诉院的一项著名的法令宣告了这类条文的无效性，这项诉讼要求法官评价有限责任公司的股东所缔结的两份合同的有效性：第一份合同以象征性法郎价格转让给某股东用益权，明确该用益权人只有投票权，有效代表虚有权人参加股东大会。第二份合同，同日缔结，规定用益权人放弃红利和其他相关份额的财务权利。两份文书联合起来使虚有权人获得相关股份的全部金钱权利，而赋予用益权人对公司的管理权。初审法院的裁决是两份文书有效，法庭的判决指出：这样的转让，导致金钱权利和公司管理权

[1] Demolombe, Cours de droit civil, Vol. 10, n 270 et s.; Planiol et Ripert, Traité partique de droit civil français, t. Ⅲ, les biens, par Picard, n° 255; F. Zenati et T. Revet, Les biens, Montchrestien, 9ème éd., 1999, n° 970; C. Atias, Droit civil, les biens, 11ème éd., Litec, 2011, n° 23; J. Carbonnier, Droit civil, les biens, t. 3, 19ème éd., PUF, 2000, n° 60.

利的分离,没有涉及公共秩序,股东大会的投票权构成有限责任公司的主要权能之一,如同股份公司。[1] 如果裁决的大部分好处在于判决任何在转让用益权的形掩盖藏下,实际上实现一个被禁止的投票权的转让的操作无效,[2]上诉法院宣告两份合同文书的无效,也宣告了所有以提取用益权人股东金钱利益为目标的合同无效,这个金钱利益是公司份额收益的主要权能之一。相反地,如果涉及产物的金钱权利,条文将其分配给虚有权人是完全有效的。产物,和孳息相对,传统上被定义为物的开发利用所产生的财产,会造成物之本体损害。产物实际上是它们所来源的物的本体的一部分,所以它们对虚有权人的掌握有影响。另外,已经证明:根据财产的特殊例外性质进行的某些分配对物的本体有损害,则它们符合产物的民法定义。这种类型的红利分配给虚有权人遵守了派生权利的区分,即将孳息分配给用益权人和将产物分配给虚有权人。

还需要强调:在公司权利派生权利人之间分摊成果,为了有效,应当预先在章程中规定。实际上,股东应当尊重公司意愿,公司是成果用途的掌握者。另外,虚有权人不具有任何对股东集体决议的救济,除非涉及明显的滥用,因为民法典规定了孳息的产生对产生孳息的物之本体的损害的安排是有效的。然而,这个规定并不排除其他的安排,如给予某些分配以财产特征的安排。如果存在人工的孳息,那么也存在人工的产物。[3] 也就是说产物来自给予财产的特殊的安排。然而,这个安排为了有效应当组织好。另外,股东如果可以自由地分配收益,至少应当遵守章程的命令:如果章程安排成果的分配,虚有权人和用益权人则可以根据此安排进行抗辩。从严格的财产权利观点出发,对收益用途的附加安排的条文,应当从明确用益权人收益权利的准确稳固性分析。这个条文的有效性,首先由其可抗辩性保障,其次要求找到一个在用益权人和虚有权人之间分摊成果的标准。

2. 成果分摊的标准

公司的法定权利没有给予可分配收益大概的定义。相反地,会计法明确:经

---

〔1〕 Cour d' appel Paris, 17 novembre 1965 D. 1966, p. 10; JCP 1966. Ⅱ. 14553, note J. R; RTD com. 1966, p. 611, obs. Rodoere.

〔2〕 A l' époque des faits régie par l' article 28 de la loi du 7 mars 1925.

〔3〕 C. Croizat, la notion de fruits en droit civil, commercial et fiscal, thèse Lyon, 1925.

营的产出和支出归类于不同的成果级别。[1] 会计上的区别产生法律上的区分，以及在公司权利用益权人和虚有权人之间提供成果分摊的标准。实际上，会计法将公司成果区别为流通的成果和额外的成果。它没有给出每一种成果明确的定义，而是偏向从会计清单(《法国会计法》第 521-4 条)[2]和经营情况表(《法国会计法》第 532-7 条)方面分析。但是，某些规定是为了明确不同的收入标准：产出和支出应当根据不同成果内容来划分，且实现的额外的成果和公司的日常经营没有关系。[3] 国务委员会认为一定性质的操作产生一定数额的公司收入，这个操作的性质决定了收入金额的性质，这个操作可以来自公司日常活动，也可以来自公司例外的活动。[4] 结果，经营成果是根据公司经营性质的操作，其他类型的成果来自额外的操作。比如，会计清单上有资产成分转让的产物计入第 77 项名下，和额外的产物有关。这个类型的操作，因为不是来自公司的正常经营活动，没有计入公司权利的正常用途。从此，在日常成果和额外成果之间的会计区分，法律上可以构成一个成果分配的模式。换言之，章程条文的目的是在公司权利用益权人和虚有权人之间分摊收益，可以从区分日常成果和额外成果的会计区别方面来拟定：日常成果属于孳息，额外成果属于产物。基于这个区分，可以在章程中商定一个条文规定开发利用的收益，一旦进行分配属于用益权人，而额外收益属于虚有权人。

股东应当遵守公司的意愿，公司是公司成果的财产用途的掌控者。章程商定的分配标准并非排他性的，它的主要目的在于确定一个分配的标准以避免某些情形下虚有权人的利益受到损害。这个标准除对收益的安排外，还考虑分摊金额的来源。它是一个以保护虚有权人利益为目的的补充性分配标准。除用益权人明显的滥用，[5]虚有权人不能对公司决议的红利分配方案提出异议。用益权人和虚有权人之间的冲突是现实的。为了去除或者弱化这个冲突，应当有所预防。应当对公司决议的分配原则进行适当的调整和变化，这个调整和变化主要地要考虑分配金额的性质。从此，章程中规定的日常成果和额外成果的区别，

---

〔1〕 Art. 230 in fine du P. C. G. 1999.

〔2〕 Plan comptable général 1999.

〔3〕 Art. 14 du décret n 83-1020 du 29 novembre 1983.

〔4〕 Bulletin CNCC, n 61, mars 1986. p. 11.

〔5〕 Dans cette perspective, le nu-propriététaire dispose de plusieurs actions; voir infra, n° 260 et s.

相应地,作为孳息和产物的区别,构成用益权人和虚有权人之间红利的分摊之争议问题的有效解药。[1]

## 第三节 公司权利用益权人的股东权利

### 一、公司权利用益权人的股东资格

用益权人是股东象征性权利的权利人。将投票权赋予公司权利用益权人和虚有权人,立法者表明了其意愿:将两者结合进行公司的经营。将投票权这样分配给公司权利派生权利之权利人证明了用益权人和虚有权人的股东资格。实际上,可以从判例的活动和立法的修改中得到启示,对投票权是否是股东的主要特性提出疑问,[2]这些疑问不会也不应当去掉投票权全部的特色功能。[3] 实际上,尽管去除用益权人的投票权如今是备受质疑的,但是不代表这种权利的策略性分配失去了所有的意义,因为有一件事是确定的:用益权人,如同虚有权人,具有一项权利,如果不再是主要的,仍旧是一项意味着股东的权利。这个观点毫无疑问地不能满足对用益权人股东资格的确认。比如,不动产的出售人并不一定是所有权人,买卖可以是有效的,如果它的权利人由于委托合同而具有出售的权利。以此类推,应当自问用益权人作为公司权利收益的权利人,是否具有投票权。这个研究陷入僵局是因为投票权是股东的专有权利,也就是说具有股东资格的人才能具有投票权。

公司投票权的规则实际上使得这个决议性的权利成为唯一的公司股东专有的权利。账户专员或者债券持有人被允许知晓公司的某些文件或者出席股东大会,可以对公司的决议投票。原则上,投票权是股东的特权。那么在产生了公司权利用益权的特殊情况下,是否将投票权分配给用益权人则构成该原则的例外?问题形成如下:用益权人的投票权是一项收益的权利还是一项股东的权利?投票权的法定用途是否反映出用益权人的股东资格?对这些问题的回答要求对照

---

〔1〕 Société civile et gestion du patri,oine en 150 questions,ouvrqge collectif,EFE,1998,p. 147.

〔2〕 Infra,n 233 et suivants.

〔3〕 Pietrancsta,Usufruit et droit des société,Droit et Patrimoine,mai 2005,p. 74 et s.

相关的法律规定以证明投票权是股东专有权利。投票权，是股东的特殊权利，既不是公司权利的收益也不是履行法律行为的权利。

（一）用益权人的使用、收益和投票权

用益权人具有使用公司权利和收取公司权利孳息的权利。另外，参与股东集体决议的权利既不是使用权也不是收益权。[1] 首先，我们记得孳息是物的周期性产物。这个定义和投票权完全不符合，投票权是一个赋予公司权利人的超财产权利。投票权不是任何公司权利的产物。所以，这个决议的权利完全不同于孳息的概念，因为它没有任何孳息的特征。[2] 如此，投票权是物的使用权的阐述更加棘手。某些学者对此主张：[3]应当说在 1966 年和 1978 年的法令生效前没有投票权的法律规定，必然导致学界构建一个分摊权利的体系，这个体系只从用益权人和虚有权人权利的性质的分析出发来构建。如今，物的使用权包括投票权的观点没有达成一致。实际上，所有权派生的制度赋予用益权人专有的使用权，公司的法定权利赋予公司权利派生权利人以投票权。尚未对投票权的分摊标准进行深入分析之前，[4]就对投票权分配了归属，使得财产权利的分类不能进行。它不能主张投票权时而是使用权的阐述——当它被赋予用益权人，时而是处分权——当它保留给虚有权人，正如公司法和股份公司法根据不同的方式来分配投票权。[5] 实际上，没有任何的论据可以证明投票权时而是使用权，时而是处分权。

（二）用益权人也具有投票权上的股东资格

学界一直统一认为用益权人应当履行维护和管理财产的行为，这个财产用益权人具有收益权。法律加强了这个观点，以含蓄谨慎的方式[6]允许用益权人给用益财产招租。这个权利不是绝对的，因为《法国民法典》第 595 条对用益权

---

[1] Sur l' incidence de l' arrêt de la chamber commercial de la Cour de cassation du 31 mars 2004 invalidant les clauses statutaires qui ôtent à l' usufruitier tout droit de vote, voir infra, n° 244 et s.

[2] J. Cocard, L' usufruit des actions et des obligations, thèse Caen, 1938, p. 98.

[3] A. Le Bayon, L' usufruit des parts socials, Rev. sociétés 1973, p. 453 et s. : l' auteur le suggère tout en reconnaissant les difficultés d' application de la notion d' usage à la répartition du droit de vote; adde: F-D. Poitrinal, L' usufruit conventinnel d' actions, un outil financier méconnu, Banque et Droit, n 31, septembre, octobre 1993, p. 7.

[4] Infra, n° 207 ets.

[5] Infra, n° 194.

[6] D. Fiorina, L' usufruit d' un portefeuille de valeurs mobilières, RTD civ. 1995, p. 45, n° 7.

人可以单独进行的租赁和需要虚有权人同意进行的租赁进行了区分。但是不存在赋予用益权人完成派生权利之标的物上的法律行为之权利的一般规定。学界提出参考传统的法律行为的三段论，填补这个空白，形成维护、管理和处分的权利。给予用益权人在用益物上行使维护和管理的权利，加入了以下观点：收益权包括经营管理权。[1] 相反地，处分的行为，对用益权人是禁止的。应当注意到理论上的管理行为——允许给用益权人和处分行为——禁止用益权人行使，在实际应用中存在很严重的困难，[2]主要因为管理行为的概念是一个不明晰的概念，根据其涵盖的领域有所不同。[3] 困难还来自用益权人不能损害物之本体的义务。Verdot 强调：这个义务，毫无争议地，将引导管理行为；在任何情形下，这些行为不应当威胁到行使权利的客体，即使是一部分的。这样的行为习惯地被认为是日常的管理，但是如果给虚有权人的权利造成损害，即时的或者将来的，对其是禁止的。这就是为什么同样外观和同样法律性质的行为被法庭以完全不同的方式考虑。[4]

我们注意到关于明确允许用益权人进行这些行为的特殊规定的缺乏，在采用对管理行为和处分行为的区别时，用益权人被赋予收益的权利被不能损害物之本体的义务所削弱。然而，明显地，由于民法中规定用益权人权利的不稳定性和稀少性，大量的学者建议在用益权人和虚有权人之间分摊投票权，从脱离与用益权一般规定的分析出发。缺乏关于在公司权利用益权人和虚有权人之间分配超财产权利的特殊规定，使得20世纪初期的学界从民法典规定的移转适用出发开始构建用益权人的地位，提出许多的理论。

某些学者提出将投票权全部给予用益权人，这个观点被大多数学者所维护。[5] 这个学派基于投票权的性质，在法律行为的三部曲面前，将投票权划分

---

〔1〕 C. Atias, Droit civil, les biens, 11é éd., Litec, 2011, n° 142.

〔2〕 En ce sens: M. Grmaldi, les aspects civils du démembrement de propriété, in Actes du colloque du 17 octobre 1994: Démembrement de propréité - vulnérabilité et parades, droits et patrimoine, Hors série n° 2, mars 1995, p. 30.

〔3〕 Pour une étude détaillée et en faveur d'une conception dualiste de la notion: R. Verdot, la notion d'acte d'administration en droit privé français, LGDJ, 1963.

〔4〕 R. Verdot, op. cit., n° 56.

〔5〕 Voir notamment: Houpin et Bosvieux, Traité général théorique et pratique des sociétés civils et commerciales, 7ème éd., t. Ⅱ, n° 1125.

到管理权。比如，Wahl 认为，正常的或者破例的出席股东会是一种管理行为，因为这包含在证券中给予的利益无需转让。另外，用益权人有权也有义务管理设立用益权的物，所以他代表证券出席股东会。[1] 这个观点被批评是因为股东会上的投票某种程度只是公司的管理权，且会连续地对公司权利本体造成损害。[2]

某些学者提出根据股东会的性质在用益权人和虚有权人之间分摊公司权利。[3] 这个体系是被股份有限公司特殊法所主张的，没有被全部的学界所接受。比如，Cocard 指责：这个体系确立了一个在实践中不可能进行的区别。实际上，他强调：我们不能说一般股东会的决议只与收益权相关，而特殊股东会的决议只和处分权相关。还有，不可能以绝对的方式整理出每一个股东会的决议应当归类于管理行为或者处分行为。[4] 这个学者提出另一个解决方法，就是两个权利人以协议的方式相互作为股东会的代表。Cocard 主张：实际上，用益权是所有权的派生权利。两个利害关系人中的任一方具有用益权客体上的权利，且他们维护自身权利。另外，投票权本质上构成资本权利和收入权利的一般保护。用益权人和虚有权人每方持有所有权的一部分，投票权是单独的，但是和他们都相关。为此这个权利可以行使，应当由虚有权和用益权权利人的意愿结合起来行使。[5]

学界提出的多种观点使得财产法对在用益权人和虚有权人之间分摊决议的权利不适合。主要有两个原因：首先，没有明确的指导，财产法的适用使得所有对公司方面的移转适用变得尤其复杂。民法典在这方面的缺乏很容易被解释：实际上，学界统一同意原则上用益权人在用益财产上履行管理行为的权利。这个规定经过仔细分析，是远远没有被严格遵守的。因为用益权人的收益权利是特殊的，它应当和义务相结合，义务是尊重物之本体的原则。从此，确定用益权人权利不是在区分管理行为和处分行为中，而主要是在物之本体的法律限制用益权人权利的角色中。这些履行行为的内在的重要性一般地不同于关于用益权

---

〔1〕 A. Wahl, op. cit., p. 109.

〔2〕 J. Cocard, op. cit., p. 109.

〔3〕 Voir la liste des auteurs cités par J. Cocard, op. cit., p. 111, note 24.

〔4〕 Ibid., p. 112; adde: A. Le Bayon, L'usufruit des parts socials, Rev sociétés 1973, p. 456, n° 21.

〔5〕 Ibid., p. 114.

人权利的定义。[1] 其次,赋予股东的政治权利的特殊性无疑构成第二种困难因素。它在这里不涉及对在财产上完成的行为的分摊(如招租权、收取资本的权利、修复物的权利),而是赋予公司派生权利人用益物上不同的实体权利。还有,公司的中介和决议机构的存在使得对每一方的权利确定变得困难。

没有任何提出的观点得到学界的承认,因为都固执地将这些不适用的原则移转适用。如果在一般法上,完全准确地确认用益权人在收益的前提下只有管理的权利,[2]这个规定不能提供分摊投票权的标准。将投票权赋予股东是将其处分影响公司经营的方式,但是它的行使,无论采用哪种解决方法都不可能和公司权利本体联系太间接。如果希望在用益权人和虚有权人之间分摊股东的金钱权利,资本和孳息的区别构成一个难得的指引,但是对于超财产的权利,没有任何的可用性,因为投票权和孳息或本金概念的联系太远了。Bayon 在一篇如今成为权威的文章中,清楚地描绘了学界严格地在用益权人和虚有权人之间分摊投票权的困难。她直接地确定,在提出许多建议的体系作为证明后,这个问题形成一个僵局。[3] 公司权利的立法者的做法更为明确:在金钱权利份额分摊方面保持谨慎,明确地将投票权赋予公司派生权利之权利人。

法律规定终结了学术界的模糊不清,证明了立法者不担心用益权人和虚有权人的法律地位,让他们以分摊的方式行使投票权。对照用益权的一般规定和投票权的条文使它们显出了不和谐:投票权不再是处分权。没有精确分析公司法和股份公司法的规定,立法者的选择被权利的特殊性和财产法的不适用所证明。具有两个主要原因:首先,1978 年的立法者没有采用 1966 年颁布的规定。1966 年的法律规定根据股东会的性质在虚有权人和用益权人之间分摊投票权,1978 年的法律规定根据目的来分配。从此,所有民法上的划分都无效。Fiorina 提出:法律对于不同观点的多变性本身具有意味。实际上,它令人思考:这些解决方式不是服从相同的原则,也逃避了传统的标准。[4] 比如,股份的用益权人,作为一般股东大会投票权权利人具有对年度收益分配的投票权,也可以任命公司的领导人。相反地,公司份额的用益权人,服从公司法的管理,只具有年度收

[1] D. Fiorina, L'usufruit d'un portefeuille de valeurs mobilières, RTD civ. 1995, p. 48, n° 14 et 15.

[2] A. Le Bayon, L'usufruit des parts sociales, Rev. sociétés 1973, p. 455, n° 21.

[3] Op. cit, loc. cit.

[4] Fiorina, op. cit., p. 51, n° 19.

益分配的投票权。如果根据授权给用益权人的行为来划分投票权,应当考虑在股份公司中经营者的任命是一项管理行为,因为用益权人具有投票权,以及在一般法上这是一项处分行为,因为投票权保留给虚有权人。这个例子证明了从财产法角度定性投票权的荒谬和不可能性:如何支持任命经营者的权利时而来自公司权利收益权,时而又来自虚有权呢? 其次,分摊投票权的法律规定完全是意愿的补充。给予利害关系人修改法律规定的空间构成一个补充的论据以确定只从财产法的角度去证明是不可行的,财产法没有给予对法律行为分类的修改权而留下契约自由。在用益权人和虚有权人之间分摊投票权的特殊规定表明财产法在权利人之间分配权利的无能为力。

用益权人没有减少他们财产上的管理者资格。在最近的研究中,学者提出将投票权全部分配给用益权人,用益权人成为财产管理人。〔1〕 这个观点存在不妥。一方面,Robert-Cadet 提出的假设很不稳固。权利的物权性质反映出用益权人的特殊地位以及这个地位没有限制为他人财产上的管理人资格。如果无能力行使权利,监护人就是他人财产的管理人,用益权人的地位明显不同。〔2〕 还有,用益权人和虚有权人在同一客体上相互有权利,两人都应维护财产的利益:首先,让物可以持续地产生收益;其次,通过对其地位的思考带来完全的所有权人。〔3〕 另一方面,Robert-Cadet 女士的观点是消极的解决办法,因为它导致否定了全部的物权价值。公司法规定明确将投票权分配给用益权人和虚有权人,不存在任何的论据可以证明财产法优先于公司法。相反地,法律的一致性和公司权利用益权不可避免地产生的方式,就是分配给用益权人股东资格的主要理由。

仅从用益权人对物的收益权来证明分配给用益权人决议性特权并不合理,根据投票权是股东专有权利的原则,必须得出:拥有投票权的用益权权利人是股东。同样的理由可以适用于虚有权人。因为股东概念的首要标准(出资者的资

〔1〕 I. Robert-Cadet, L'usufruit des droits sociaux, les Petites affiches 2000, n° 100, spéc. p. 60, n° 26.

〔2〕 Voir pour une analyse comparative de la situation respective du tuteur et de l'usufruitier: Fiorina, op. cit., p. 52, n° 21. 2.

〔3〕 Proudhon, Traité des droits d'usufruit, d'usage personnel et d'habitation, 2ème éd., 1836, t. 1, n° 7; J. Carbonnier, Droit civil, les biens, t. 3, 19ème éd., PUF, 2000, n 104, G. Cornu, Droit civil, Introduction, les personnes, les biens, 9ème éd., Montchrestien, 1999, n° 1269.

格)在这里不是恰当的,适用第二个标准(分配不可触摸的权利)使得提出股东双重性的观点。实际上,虚有权人,完全如用益权人,也具有投票权。基于这个观点,给其分配股东资格是合理的。总之,确认用益权人的股东资格是基于稳固的论据:首先,如今不存在任何实证法的论据可以证明只有虚有权人具有股东资格。如果在传统的分析中,出资者的辨别原则上是一个分配股东资格的单薄的标准,这个标准不能恰当地给股东资格只分配给虚有权人提供支持,因为用益权人也可以是最初的出资者。应当在对公司权利派生权利分配的分析中穷尽确认股东资格的专有因素。其次,对公司权利投票权的法定规则的研究可以证明投票权不仅是股东的主要权利,也是专门给股东的权利。这个权利,如今也提供给虚有权人和用益权人参与集体决议,是一个足以确认股东资格合并的因素,这个资格由虚有权人和用益权人共同具有。最后,最高上诉院采纳的观点没有构成对股东资格双重性确认的障碍。实际上,最高上诉院主要在 Gaste 法令中确认了虚有权人的股东资格,但从来没有对用益权人的股东资格进行宣告。[1] 只有一些商事裁判提出:股东的资格专门属于虚有权人,因为只有虚有权人和出资的权利义务相关。[2] 所以,最高上诉院缺乏明确的态度,富有争议的裁判依据不能确定最高上诉院拒绝分配给用益权人以股东资格。相反地,最高上诉院确认给每一个共有人以股东资格的事实构成一个丰富的先例,因为它证明了可能在同一证券上具有数个股东的观点。

## 二、用益权人作为股东的权利义务

### (一)用益权人股东的权利

在股东具有的不同权利中,让权利人参与到公司经营管理的运行中的权利被划分为政治性权利,更广泛地是和公司生存具有联系的权利。这个参与的权利形式是千变万化的,从公司经营管理的权利到公司领导权利,这些不同的政治权利提供给股东使其可以或多或少地投入到公司事务的管理中。因为政治权利不参与公司份额或者股份的使用,也不参与其收益,不能根据虚有权人和用益权人之间财产权利分配规则进行分配,[3] 用益权人的政治权利的区分要另行处

---

〔1〕 Cass. com. ,4 janvier 1994,references supra,note 391.

〔2〕 Trib. com. Lyon,27 septembre 1993,Droit des societies,décembre 1993,n° 217,p. 3,note T. Bonneau;Ord. Ref. ,Trib. Com. Roanne,13 septembre 1991,RTD com. 1992,p. 201,n° 5,obs. Y. Reinhard.

〔3〕 J-F. Pillebout,Réflexions sur le droit d'usufruit,JCP 1977. Ⅰ. ,p. 173 et s. ,n° 23.

理。1966年和1978年的立法者部分地确认财产法无法在公司派生权利的权利人之间分配政治权利。因此,和金钱权利相反,用益权管理权的确定成为部分法律规定的目的。这些规定,为用益权人股东参与公司活动留下许多未决的问题。公司权利用益权人股东资格的确认填补了立法空白且授予其一个真正的个人地位,令其积极地参与到公司事务中。

确定用益权人的政治权利要求将其区分为投票权(股东的根本性权利),和其他的股东政治权利,在投票权之外共同授予权利人参与公司事务的特权。这个区分反映出立法者在规定政治权利方面的偏向:法律条文规定了公司派生权利权利人的地位主要和投票权相关;其他权利问题成为部分司法判例裁决的目标,但是许多方面法律和司法都还没有解决。投票权毫无疑问的是最重要的决议性权利,当然还存在许多其他的参与和影响公司存续的权利方式。用益权人的股东资格使得他拥有管理公司必要的权利,完全与赋予他的投票权的法律规定是和谐的。

(二)用益权人股东的义务

不可能对股东的义务详尽地确定。传统地,参照《法国民法典》第1832条的规定,确认股东是必须实现出资和负担亏损的人。但是,应当注意,Godon[1]认为股东义务的确定不能单独地满足于《法国民法典》第1832条的规定。因为,除合同规定外,公司是对将来的收益赌注,随着时间推移,股东对公司的义务将具有不同内容:对于共同的公司,设立当初并不知道其具体的走向,所以当事人默示地接受服从于公司目标所暗示的未来的所有义务也并不令人惊讶。[2]股东的义务不可能系统化,[3]Godon先生提出一个股东法定义务的综合性观点,参考婚姻制度法,在义务的初级制度下再集中。

Godon先生的研究表现如下好处:在股东主要义务的探测中引导读者,股东主要义务的性质是十分不同的。实际上,首先存在严格意义上的义务,也就是说指定的股东债务人对于公司的给付义务,公司是该债务的债权人。这个义务明确地来自公司的合同以及呈现金钱性质的共同特性。其次,远离债务的严格概

〔1〕 L. Godon, Les obligations des associés, Economica, 1999, spéc., n° 3 et s.

〔2〕 R. Libchaber, La société, contrat special, Mélanges Jrantin, Dalloz 1999, p. 286.

〔3〕 L. Godon, op. cit., n° 4.

念,股东也服从某些关于公司权利转让的强制性规定。这个区别给用益权人义务的确定提供了支持,被赋予股东资格的用益权人,应当在给其确认的股东权利之外,也负有其资格固有的义务。

# 第六章 法国知识产权用益权：财产权利用益权

用益权原本最清晰的定义是有形财产所有权的派生权利，这个定义将用益权作为一项物权，这点没有问题。但是用益权的概念适用于其他各种财产时发生了变质，比如适用于知识产权。[1] 和罗马法中原本的用益权制度相比较，[2]法国民法学家对知识产权用益权持有保留态度。至少没有忘记提出困顿和怀疑。原因是，用益权和所有权[3]一样被认为构建于可感知的世界，即有形物上。所以，当用益权和非物质化联系在一起时，更准确地讲，和知识产权联系在一起，就必然会产生不适应，主要体现在对这个特殊财产[4]用益权性质产生了疑问。

---

〔1〕 P. Jourdain, Les biens, Dalloz, 1995, n° 64, p. 105 et 106. V. aussi: F. Terré et P. Simler, Les biens, Dalloz, 6ème éd., 2002, n° 796, p. 645; R. Savatier, Les métamorphoses économiques et sociale au droit privé d'aujourd'hui, 3ème série, Dalloz, 1959, n° 468, p. 146 et 147.

〔2〕 T. Vauqette, Institutes de Justinien traduites en franàçais avec le texte latin enregard, t. 1, Paris, 1896, p. 62: Usufructus est jus alienis rebus utendi fruendi, salva rerum substantia.

〔3〕 Carbonnier constate ainsi quedans l'article 544, la propriété est définie pour l'atome de matière (Flexible droit, pour une sociologie du droit sans rigueur, LGDJ, 10ème éd., 2001, p. 371).

〔4〕 Pour l'usufruit des biens incorporels en générale: J-L. Bergel, M. Bruschi et S. Cimamonti, Traité de droit civil sous la direction de J. Ghestin, Les biens, LGDJ, 2000, p. 279.

知识产权十分特殊,它的特殊性并不仅限于无形的特点,还有知识产权所包含的权利具有临时性,这和非消耗性有形财产有很大的区别,非消耗性财产具有稳定性和持续性。知识产权的权利不是消耗性财产,因为它们并非一经使用即被消耗。[1] 所以,本章是关于知识产权用益权的问题,而并非对准用益权的研究。还应当考虑所有的《知识产权法典》的相关规定,对知识性财产进行界定。Revet 记录道:关于大量的非物质化的创造,对于它们的体制问题,民法典并没有规定。[2] 知识产权用益权的研究,记录在关于财产权利的一般思考中。但是,知识产权用益权无可争辩地给用益权制度带来了生机。

对知识产权用益权的研究是边缘化的,但奇怪的趋势是所有人都感觉它十分特别。[3] Zenati 对此的观点是比较悲观的,但他也并非完全不满意,这个杰出的学者提出:事实上,我们今天重新观察到对民法这个分支的兴趣,是在财产权利方面。[4] 如果财产权利没有引起注意,毫无疑问是因为它原本是基于牢固的毫无争议的基础。[5] 在这个体制的中心,物权是一个关键的概念。Demolombe 强调:对于物权,所有都要对其让道,当它全力前进和绝对地通过它自己仅有的力量,不需要任何债务人成为中介,对它直接涉及的物行使。[6] 但是,Planiol[7] 和其门徒[8]对此进行了批评,反对物权的传统定义,认为物权是主体和财产的直接关系,这个也是主流学派的观点。典型的物权——所有权被定义为使用、收益和处分的权利。集合在一人之手,不同的权能给予权利人对于物最宽泛的权利。当这些权能分配给两个人,这个权利不再如所有权般绝对。我们认为,用益权是所有权派生的:用益权人分配到使用和收益的权能,虚有权人分配到处分权

---

〔1〕 Art. 587 du C. civ.

〔2〕 T. Revet, Le code civil et le régime des biens: questions pour un bicentenaire: Dr. et patrimoine mars 2004, p. 28.

〔3〕 F. Zenati, les biens, avant-propos de la 1ème éd., PUF, 1988. p. 11.

〔4〕 Savatier, Le droit des biens, loc. cit., p. 13.

〔5〕 G. Ripert 注意到所有权的概念如同真理般的法律概念。

〔6〕 C. Demolombe, Cours de Code Napoléon, vol. 9, Traité de la distinction des biens, t. 1, Paris, 3ème éd., 1866, n° 473, p. 353.

〔7〕 M. Planiol, Traité élémentaire de droit civil, Paris, 1ème éd., 1896, n° 2158.

〔8〕 H. Michas, Le droit réel considéré comme une obligation passive universelle, Thèse, Paris, 1900; R. Quéru, Synthèse du droit réel et du droit personnel, Thèse, Caen, 1905; J. Prodan, Essai d'une théorie g énérale des droits réels et des droits de créance, Thèse, Paris, 1912; R. Basque, De la distinction des droits réelet des obligations, Thèse, Montpellier, 1914.

能。但是物权的问题仍然存在。在所有情况下,在教科书中所教授的[1]财产权利如同被规定好的乐谱,遵守一个牢固的精密的逻辑形式,如同大理石般被雕刻。然而,这个建筑物将显出它的脆弱。这个脆弱主要来自民法典对非物质化趋势的无力,这个在立法当时确实无法预想。这个观点特别地打击了用益权,用益权和无形化显得十分难以调和。用益权围绕可感知的世界颁布,而无形化完全是抽象的。然而,应当尽力使得它们靠近。这个过程不会没有混乱和问题,但是知识产权应当如同其他所有的无形财产一样和用益权相联系。

## 第一节　知识产权用益权的性质

赋予创造者的私人权利是否是所有权?从大革命时代开始,废除了特权和承认了作者及发明者的法律权利。但问题并不止步于此,赞成者和反对者就所有权定义相互对抗,并没有随着时间而弱化。文化财产所有权和知识产权所有权对比,使得在财产权利的背景下来定义知识产权:是否这些权利是来自《法国民法典》第 544 条。或者是否它们的特殊性质使得它们规避了一般法的规定,使得应当推动知识产权的自治。既然知识产权和《法国民法典》第 544 条规定的所有权不同,用益权不会和所有权的派生权利一样,这是另一种东西。不仅知识产权用益权不是一种所有权的派生权利,[2]而且,传统教学中所有权的定义有所瓦解。无论何种情况,对知识产权用益权制度的检查得出结论:知识产权用益权不能如同有形财产用益权运行的方式那样运行,有形财产用益权的规定来自《法国民法典》第 578 条及以下条文。

### 一、相关争议的阐述

围绕知识产权是不是所有权的问题,相关争议区分为否定的观点和赞成的观点。

#### (一)否定的观点

否定知识产权是所有权的论据主要包括:根据《法国民法典》第 544 条的规

---

〔1〕 J. Carbonnier, Les biens, PUF, 19ème éd., 2000, n° 92, p. 164; F. Terré et P. Simler, Les biens, op. cit., n° 777, p. 633.

〔2〕 Cf. Partie 2.

定,知识产权的使用不具有排他性质;知识产权具有临时性质,而所有权具有永久性;精神权利是知识产权和所有权最直接的区别。

1. 缺乏排他性使用权

Roubier 谈及工业产权的法律性质和历史问题时认为不能将工业产权定义为所有权,因为《法国民法典》并没有涉及这种财产。[1] 通过对所有权的特征属性的观察,[2]他的结论如下:所谓的无形财产所有权的概念并没有所有权的三种权能,而只有收益和处分的权能。[3] 这个学者解释:从创造发明交付公开时,权利人就放弃了使用权。对于公众而言,因为创造发明的发布,其获得准入,从而可以对之用益。论据很容易理解:比如,一个作家决定出版其作品,公众获得作品不仅可以成为实物的载体的所有权人,而且还享有作品的内容。Roubier 强调:自从作品传播,给予了法律特权的同时,所有的公众可以享益这个创作。[4] 这个学者总结称:我们不能认为这个权利是一种所有权,因为它没有包含所有权的传统属性。如果观点或者表达形式上存在所有权,那么权利人可以保留这个观点或者这个表达形式的绝对使用权;另外,知识权利的转让的目的也不是转让所有权而是让公众可以受益。[5] Desbois[6] 和 Michaelides-Nouaros[7] 尤其强调了在文学艺术作品方面,缺乏对作品排他性的享有。

排他性缺失的观点从 19 世纪中叶开始在不同学者的笔下反映出来。Dupin 在 1843 年 7 月 5 日关于工业产权的法律计划中强调:思想观点一旦发布就属于公众。[8] 同样地,Lebert 观察到:观点不是作者所有权的客体;社会公众对作者

---

[1] P. Roubier, Le droit de la propriété industrielle, t. 1, Sirey, 1952, n° 21, p. 94.

[2] Que sont l' usus, l' absus et le fructus.

[3] P. Roubier, Le droit de la propriété industrielle, op. cit., t. 1, n° 21, p. 95; P. Roubier, Droits intellectuels ou droits de clientèle; RTD civ. 1935, p. 280.

[4] R. Roubier, Droits intellectuels ou droits de clientèle, loc. cit., p. 281.

[5] P. Roubier, le droit de la propriété industrielle, op. cit., t. 1, n° 21, p. 95.

[6] H. Desbois, Le droit d' auteur, droit français, Dalloz, 1ère éd., 1950, n° 232, p. 273.

[7] G. Michaélidès-Nouaros, Le droit moral de l' auteur, Etude de droit français de droit comparé et de droit international, Paris, 1935, n° 15, p. 35.

[8] Citépar M. Palmade, la propriété littéraire et artistique et les régimes matrimoniaux, thèse, Bordeaux, 1909, p. 31.

没有任何的义务，社会持有完全所有权。〔1〕 对于 Bertauld 来说，〔2〕他认为排他性占有的财产和思想观点不同，通过对思想观点的分享来满足扩大的需求。思想观点和所有权的性质不可调和，所有权具有排他性占有的可能性。〔3〕 Roubier 在其作品中，已经注意到了这点：不能同时两人占有一个田地，正如 Cauwes 指出的物质不能无所不在，而相反地，对一个发明可以同时十次开发利用。〔4〕 只有有形财产，可以排他性地占有，成为《法国民法典》第 544 条规定的所有权的客体。Starck、Roland 和 Boyer 认为所有权的概念是为有形财产设计的，不是为了非物质成分如智力成果而设计的；物质世界和占有相连因为个人的控制可以导致更好的收益，思想观念的世界是通过共同体来取得收益，自然地，它和所有权不一样，所有权需要绝对的占有。〔5〕 非物质化的领域无所不在的特点是排他性的障碍，也是所有权的障碍。Raulet 也有同样的结论：正是客体性质之间的区别使得我们考虑相关权利的性质。著作权因为其客体呈现独特的性质，我们没有任何确定的原因将著作权归属于或者扩大到所有权的种类。〔6〕

然而，学界存在一部分反对缺乏排他性使用的观点。Mousseron 在发明专利方面强调专利权涉及的财产经济可用性是排他性的。〔7〕 Rayard 对此评论称：承认作品使用具有排他性使问题更多。〔8〕 他从另一方面提出：使用并不完全是排他的，即使在有形财产上行使所有权的情况下。比如一座城堡，其所有权人不能使其消失于公众视野，因此失去了美学收益方面的排他性。〔9〕 我们可以承认有形物的所有权人有时可以承受与第三人一起收益的形式，但我们不能混淆所有权人和发明创造者的地位。有形物的所有权人具有物的排他性，如只有所有权

---

〔1〕 G. -A. Lebert, La propriété littéraire et artistique, Paris, 1878, p. 13.

〔2〕 A. Bertauld, Questions partiques et doctrnales de Code Napoléon, 1ère série, Paris, 1869, n° 241, p. 193.

〔3〕 M. Planiol et G. Ripert, Traité pratique de droit civil français, t. 3, par M. Picard, op. cit., n° 573, p. 578.

〔4〕 P. Roubier, Le droit de la propriété industrielle, op, cit., t. 1, n° 21, p. 97.

〔5〕 B. Starck, H. Roland et L. Boyer, Introduction au droit, Litec, 5ème éd., 2000, n° 1246, p. 461.

〔6〕 J. Rault, Le contrat d'édition, Etude de jurisprudence français, Dalloz, 1927, p. 35.

〔7〕 J. -M. Mousseron, Le droit du breveté d'invention, contribution à une analyse objective, LGDJ, 1961, n°249, p. 273.

〔8〕 J. Raynard, Droit d'auteur et conflits de lois, Essai sur la nature juridique du droit d'auteur, Bibliothèque de droit de l'entreprise, n° 372, p. 335.

〔9〕 J. Raynard, Droit d'auteur et conflits de lois, op. cit., n° 372, p. 336.

人能够在城堡里居住,只有他才能直接控制物。相反地,创造发明完全允许公众准入,这是智力贡献,创作的基础,在团体内传播。所以创造不仅具有惠及公众的一面,创作的主要方面更多的还是通过分享传播,排除了排他性。

围绕使用权的问题展开的争论使得知识产权回到标的物上:当我们把排他性并不和物本身(创造发明)相连而是和知识产权相连,分析的面貌就改变了。因为,实际上,不是发明创造的知识产权具有排他性而是对其开发利用的可能性具有排他性。当创作已经公开,创造者不能阻碍对创作的准入。相反地,他可以禁止所有的开发利用,也就是对创作的应用,因为他将这个权利排他性地保留着。另外,知识产权权利人不是唯一的创造受益人(不具有排他性),但他是唯一享有确认保留给他的法律权利的(存在排他性)的人。Raynard 认为知识产权属于一种所有权,承认保留给创造者的不是创造本身的排他性,而是明确给他的专利权的排他性。[1] 对 lucas 来说,他们坚持作者(如同发明人)显然不能主张保留已经公开发布的知识的获取,但可以保留法律上的获取,就是说对该创造开发利用的可能性可以保留。[2] 这个排他性在权利上行使而不是直接在创造上行使。

这个观点在转让和许可方面得到肯定:转让和许可可以是排他性的,同样其权利人不能主张创造本身的排他性。它使得一项权利可以排他性地转让给某人,而另一项权利可以排他性地转让给另一个人。在著作权方面,可以转让一个豪华版本的排他性复制权给一个人,和转让畅销版本的排他性复制权给另一个人。不能主张任何创造本身的排他性权利,每个人针对自己的权利主张排他性。没有人可以说排他性地享有该项创造,但每个人可以说他唯一有权享有创造上的某项权利。对比创造的排他性和权利的排他性的区别,鲜明地将所有权和创造的难以结合的问题提出来,呈现对所有权客体之争论的开启。我们将创造作为权利的客体,必须注意到收益不是排他的。Desbois 提出这个难题:我们反对排他地行使著作权的复制权,而不是适用于作品本身。[3] Josserand 认为,作品上的权利不是一个所有权,而是许多产权。产权的概念是最灵活的,它指出不同

---

〔1〕 J. Raynard, Droit d'auteur et conflits de lois, op. cit. p. 336.

〔2〕 A. et H. -J. Lucas, Traité de la propriété littéraire et artistique, op. cit., n°23, p. 28. V. aussi: J. Foyer et M. Vivant, Le droit des brevets, PUF, 1991, p. 265 et 266.

〔3〕 H. Desbois, Le droit d'auteur, 1ère éd., op. cit., n° 233, p. 274.

种类权利法律上的最细微差别,这个概念具有无限的可塑性。[1]

但是如此扩大所有权的边界会使得所有权概念分解和使其失去特性;另外,Josserand 坚持认为思想作品包含一个排他性的占有和对抗任何人,具有一种所有权。[2] Ripert 宣告:这个世纪被意识的所有权所统治。所有的私人权利采用所有权的定义和法律形式……[3]智力活动在此阶段可以获得两种途径。第一种途径,在传统的有形物所有权的情形外的各种不同情况:商事营业资产的所有权、债权的所有权、知识产权所有权等。这数个所有权呈现他们各自的特点。Carbonnier 认为,这对普遍研究的所有权,已经是一个错误。所有权不存在,只存在各种不同的产权。[4] 第二种途径,更为严格地,局限于《法国民法典》第 544 条规定的所有权严格的定义。所有权的定义,似乎必须认为知识产权的客体不是创造本身,而是赋予发明者或者创造者的权利。

2. 缺乏永久性

除缺乏排他性外,知识产权的权利的临时性质,也拒绝使用所有权的定义。Routier 提出发明者或者作者的权利,和所有权不同,是临时性质的。[5] 《法国民法典》第 544 条的所有权是永久性的,知识产权的立法者提出知识产权权利的临时性质。Rault 认为,所有权主要的三个权能在著作权中没有体现。所有权是永久性的,这些权能不会消失,会永久性地移转。Ddesbois 也强调:民事上的所有权的永久性与文学艺术作品产权的临时性形成对比。[6] 关于所有权和知识产权主要的不同,Demolombe 认为,知识产权不具有和原始的所有权同样的担保。原始的所有权是永久性的,这个性质是它的本质。它也应当如此,以成为家庭社会的基础和维护方式。[7]

Planiol 指出,《法国民法典》第 544 条的定义突出所有权的两个性质:排他性

---

[1] L. Josserand, Cours élementaire de droit civil, t. 1, Paris, 1929, n °1517, p. 839; V. aussi: L. Josserand, Configuration du droit de propriété dans l'ordre juridique nouveau in Mélange Sugyiama, n° 10, p. 101.

[2] L. Josserand, Ibid.

[3] G. Ripert, Les forces créatrice du droit, op. cit., n° 83 et 84, p. 208 et 210.

[4] J. Carbonnier, Flexible droit, pour une sociologie du droit sans rigueur, op. cit., p. 361.

[5] P. Roubier, le droit de propriété industrielle, op. cit., t. 1, n° 21, p. 96.

[6] Desbois, le droit d'auteur en France, Dalloz, 1ère éd., op. cit., n° 329; v. aussi: n° 233, p. 274.

[7] C. Demolombe, Cours de Code Napoléon, vol. IX, De la distinction des biens, op. cit., t. 1, n° 539, p. 454.

和永久性。[1] Demolombe、[2] Baudry-Lacantinerie 和 Chauveau[3] 肯定了所有权的永久性。Térre 和 Simler,[4] Bergel、Bruschi 和 Cimamonti[5] 或者 Larroumet[6] 也是如此认为。然而,某些学者对所有权的永久性提出反对的观点。一部分的民法学说,尽管认为所有权是永久性的,但也承认存在临时性质的所有权,比如 planiol[7] 或者 Atias[8] 认为,从存在临时性的有形财产所有权,可以推论出永久性质事实上并非是所有权概念必需的。[9] Josserand 承认存在临时性所有权,认为无形财产所有权是临时所有权。[10] 更为激进的观点认为:所有权的永久性质只是一个原则,[11] 对于知识产权有限期限的意义不是太大。[12] 所有权永久性的问题使得我们可以拒绝将知识产权划分为所有权,主要从权利期限方面和不使用导致权利灭失方面去区别。[13]

3. 精神权利的问题

Gautier 提出知识产权所有权的论点后,[14] 没有忘记指出其弱点,这个论点只解释了财产权利没有解释精神权利。Colombet 坚持一样的观点:除所有权的观点对解释作者的财产权利性质显得不足,所有权的概念似乎不能包含精神权

---

〔1〕 M. Planiol et G. Ripert, Traitépratique de droit civil français, op. cit, t. 3, par M. Picard, n° 211, p. 220.

〔2〕 C. Demolombe, Cours de Code Napoléon, Vol. Ⅸ, De la distinction des biens, op. cit., t. 1, n° 549, p. 461.

〔3〕 G. Baudry-Lacantinerie et M. Chauveau, Traité théorique et pratique de droit civil, Des biens, op. cit., n °203, p. 152.

〔4〕 F. Terré et P. Simler, Les biens, op. cit., n° 148, p. 136.

〔5〕 J. -L. Bergel, M. Bruschi et S. Cimamonti, Les biens, op, cit., n° 97, p. 101.

〔6〕 C. Larroumet, Droit civil, Les biens, Droits réels principaux, op. cit., n os250 et s., p. 134 et s. l' auteur parle de la vocation à la perpétuité.

〔7〕 M. Plniol et G. Ripert, Traité pratique de droit civil français, op. cit., t. 3, par M. Picard, n° 213, p. 222.

〔8〕 C. Atias, Les biens, op. cit., n° 122.

〔9〕 L. Aulagnon, La pérennité de la propriété: Rev. crit. législ. et jur. 1934, p. 277 et s.

〔10〕 L. Josserand, Cours de droit positif français t. 1, op. cit., n° 1512, p. 836.

〔11〕 A. et H. -J. Lucas, Traité de la propriété littéraire et artistique, n° 23, p. 28. V. aussi: J. Foyer et M. Vivant, Le droit des brevets, op. cit., p. 266; J. -M. Mousseron, Traité des brevets, Letec, 1984, n° 52, p. 47.

〔12〕 J. Raynard, Conflits de lois et droit d' auteur, op. cit., n° 370, p. 334.

〔13〕 Cf. Infra, n os157 et s., p. 89 et s.

〔14〕 P. Y. Gautier, Propriété littéraire et artistique, op. cit., n° 15, p. 31.

利,因为精神权利是不可转让和不具时效的权利。[1] 据此事实,我们只能提出精神权利呈现的性质显得难以符合所有权的特征和性质。[2]

转让,带来对所有权的转让,应当成为经常性的原则。[3] 如果接受所有权由财产权利和精神权利构成,那么应当承认所有权不能整个转让,因为精神权利具有不可转让性。这样的所有权具有明显的特殊性,只能进行部分的转让。如果认为所有权的客体是作品,存在精神权利和其不可转让的原则使得这个创造的所有权不可能转移给购买者,因为精神权利维持着创造者和作品之间的关系。[4] 任何没有经过同意的对作品的修改,会被处罚。[5] 受让人不能等同于作品的所有权人,作品没有被整体转让。

实证法中虽然有不可转让所有权的例证,[6]但是应当区别作者权利和不可转让的所有权。实际上,涉及不可转让的所有权,物是一点也不能移转的。但物上的财产权利的转让是可能的。[7] 不可转让性仅是法律确认的一部分相关特性。比如家庭的首饰,[8]更通常的,如纪念品,就是对此一个很好的说明。这些物不能自由地转让,但是这个不可转让性和物(首饰、纪念品)并不相关,而是跟背景相关。当所有的家庭背景消失,这些财产是完全可以转让的。相反地,精神权利和反映作者人格的作品紧密相关。著作权的个人方面,不能如作品一样运用于商业,其处分权被限制:所有权被限制不是因为物的特殊性质,而是因为必须保护继承人而阻止享有已逝者的部分财产。如前所述,结论为精神权利的存在产生一种新的情况,这是所有权无法囊括的:精神权利的不可转让性并没有造

---

〔1〕 C. Colombet, Propriété littéraire et artistique et droits voisins, Dalloz, 8ème éd., 1997, n° 21, p. 14. V. aussi: H. Roland et L. Boyer, Introduction au droit, op. cit., n° 1326, p. 464.

〔2〕 F. Zenati, Essai sur la nature juridique de la propriété, Essai sur la nature juridique de la propriété, contribution à la théorie du droit subjectif, Thèse, Lyon, 1981, t. 1, n° 128, p. 178.

〔3〕 F. Terré et P. Simler, Les biens, op. cit., n° 127, p. 121. V. aussi: J. Carbonnier, Les biens, op. cit., n° 68, p. 129.

〔4〕 Ce que M. Gautier appelle le cordon ombilicalpropriété littéraire et artistique, op. cit., n° 15, p. 31.

〔5〕 En cas de modification ou d'altération interdite de l'oeuvre, le cessionnaire engage sa responsabilité sur le fondement de l'article L. 121-1 du code de la propriété intellectuele. Pour un exemple jurisprudentiel: CA Paris, 12 mars 1936: DH 1936, p. 256; Ann. propr. ind. 1937, p. 240; Gaz. Pal. 1936, 1, p. 941.

〔6〕 M. Planiol et G. Ripert, Traité pratique de droit civil français, Les biens, 3ème éd., par Picard, op. cit., n° 55, p. 72 et 73.

〔7〕 Cf., notamment, art. L. 131-3 et L. 131-4, du CPI.

〔8〕 J. Raynard, Droit d'auteur et conflits de lois, op., n° 376, p. 338.

成作品的不可支配。为了限制精神权利的特性,Raynard 坚持认为:《法国民法典》第 544 条的权利所赋予的特权自然地被用于保护非利害关系人的利益。[1] 对作者的保护是文学艺术作品产权的中心,这并不是涉及《法国民法典》第 544 条所有权的情形。所有权人在具有所有权时能够公布其姓名,和对人的保护则不同。事实上,这只是一个所有权人资格的确认,而作者的精神权利在法国传统中,比这个更多;它不仅仅是涉及保护作者的资格,还主要是作者人格的体现。应当承认这样的考虑在所有权的范围内没有。所有的精神权利在所有权效力范围内,会不可避免地导致减少作者精神方面特权的重要性。所有权是典型的财产上的权利,文学艺术作品产权集合了作者的个人权利。[2] 所有权不能证明一些精神特权的行使,比如,所有权人不能被质疑他名下的某居所,因为他具有合同的强制性效力。[3] 相反地,作者可以行使他的权利,[4] 撤销他所同意的转让。

更深层次地,精神权利的目标和所有权的逻辑截然不同。所有权实际上是人和物之间的排他性关系,精神权利则致力于创造者的保护。所有权来自取得,精神权利自始存在。所有权是财产主要成分之一,精神权利和其完全不同。作者权利的混合性质对统一地感知权利总体是一种障碍。Colombet 认为,财产权利来自所有权,而精神权利融合了人格权的种类。[5] 无论何种原因,如同 Polaud-Dulian 所强调的,作品作者精神权利的重要性在著作权中,除此之外,知识产权唯一地归结于开发利用的权利或者物权。[6] 如果我们从传统的学说出发,《法国民法典》第 544 条规定所有权是典型的物权,[7] 精神权利是个人的本质。因此,想要形成总体的著作权很难,也就是说将精神财产权利联合为一项真正的

---

[1] J. Raynard, Droit d'auteur et conflits de lois., n° 376, p. 338.

[2] A. et H.-J. Lucas, Traité de la propriété littéraire et artistique, op. cit., n° 28, p. 34.

[3] Art. 1134, al. 1er, du C. civ.

[4] Art. L. 121-4, du CPI.

[5] C. Colombet, Propriété littéraire et artistique et droits voisins, op. cit., n° 21, p. 15. V. aussi: X. Linant de Bellefonds, Droits d'auteur et droits voisins, Dalloz, 2ème éd., 2004, n° 13, p. 4.

[6] F. Polland-Dulian, Droit de la propriété industrielle, op. cit., n° 34, p. 16. V. aussi: E. Silz, La notion juridique de droit moral de l'auteur, loc. cit., p. 396 et s.

[7] J.-L. Bergel, M. Bruschi et S. Cimamonti, Les biens, op. cit., n° 103, p. 109.

物权很难。[1] 这就是 Crionnet 所说的存在一种因素反对将著作权和物权相类似，它就是精神权利。[2] 著作权混合的性质似乎是所有权定义不可克服的。

（二）支持的观点

1. 学说观点

传统的学说观点认为知识产权是物权性质的所有权，而 Zenati 认为知识产权不是权利也不是财产，是一种创造归属于某人的关系。

（1）物权性质的所有权

在成为法律上的关键点之前，所有权的定义首先是一种社会秩序。被来自法国大革命的人类意识深深地影响，[3] 如 Ddiderot[4] 或者 Lamatine[5] 的文学哲学著作大力地也不乏抒情地反映出作者或者发明人必然成为创造的所有权人。迅速地，著名法学家征服了这个问题。在文学艺术产权方面，Pouillet 参加了争论并捍卫其观点：著作权是一项真正的所有权，[6] 著作权相关的工作和有形物的所有权有着相同的来源。[7] Gastambide[8] 和 Bry[9] 完全赞同，Pataille[10] 分享这个观点。Recht 也是如此，在消除所有权的标的必须是有形性质的异议后，[11] 坚持认为作品自从被创造后是一种财产，[12] 以及著作权是一种新形式的

---

[1] Cf, cependant, M. Raynard, qui défend l'idée d'un droit d'auteur de structure moniste, ne faisant du droit moral qu'un simple correctif des droits patrimoniaux (espression utilisée par MM. Lucas, Traité de la propriété littétaire et artistique, op. cit., n° 29, p. 37).

[2] M. Crionnet, Les droits intellectuels et les règimes matrimoniaux en droit français, LGDJ, 1975, n° 27.

[3] C. -B. Macpherson, La théorie de l'individualisme possessif de Hobbes à Locke, Gallimard, 1971, p. 13; R. Savatier, Les métamorphoses économiques et sociales du droit privé d'aujoird'hui, 3ème série, op. cit., n° 342, p. 12.

[4] C. Colombet, Propriété littéraire et artistique et droits voisins, op. cit., n° 17, p. 12.

[5] C. Colombet, Propriété littéraire et artistique et droit voisins, op. cit., n° 17, p. 12.

[6] E. Pouillet,. Traité théorique et pratique de la propriété littéraire et artistique et du droit de representation, op. cit., n° 9, p. 26.

[7] E. Pouillet, Ibid.

[8] A. Gastambide, Histoire et théorie de la propriété des auteurs, Paris, 1862, p. 77et s.

[9] G. Bry, La propriété industrielle, littéraire et artistique, Sirey, 3ème éd., 1914, n° 740.

[10] Pataille, Commentaire de la loi du 14juillet 1866, combinée avec les lois et décrets antérieurs sur la propriété littéraire et artistique: Ann. prop. ind. 1867, p. 178 et s.

[11] P. Recht, Le droit d'auteur, une nouvelle forme de propriété, histoire et théorie, LGDJ, 1969, p. 208 et s.

[12] P. Recht; Ibid., p. 218et s.

所有权。[1] 20世纪末,新的学者宣告将著作权定义为一种所有权。Raynard反映著作权不过是一种物权,[2]是一种绝对的权利,[3]和排他的[4]权利之后,他简要地总结如下:著作权在其作品上的内容统治着对权利的定义。另外,这个权利代表了创造者对财产排他的和绝对的控制。这个和所有权相类比。[5] Lucas注意到:立法者适用“所有权”这个词和法律上的排他性地对创造的获取,以及这些权利的可抗辩性授权使用所有权的定义,只不过是语言上的便利。[6]

工业产权方面,所有权的观点主要被现代蒙彼利埃学派所维护。Mousseron[7] 作为这个学派的先驱,注意到专利不仅有处分权和收益权,还有传统的所有权所具有的排他性使用权利。[8] 追随他的学者增加:如专利权有时应当承担一些义务,如强制性许可,《法国民法典》第544条规定的所有权失去传统的绝对性。[9] 知识产权缺乏永久性的观点,没有产生任何决定性作用,因为一些研究确认永久性并不是所有权的主要性质。最后,发明的无形性质相关的困难也被清除,因为根据Mousseron的观点,所有权正常地扩展到财产的各类形式上。[10] 最终,所有权的主要性质,即对物的绝对控制,在专利权中出现:专利权代表了对财产的绝对性控制,由所有权人行使,直接在未经开发的发明上发生影响。[11] 当代的学说界,特别是工业产权方面,似乎倾向于工业产权权利是所有权的观点。在这些支持者中,Foyer 和 Vivant,[12] Mathwly、Burst 和 Chavanne[13] 或

[1] P. Recht; Ibid., p. 229et s.

[2] J. Raynard, Ibid., et s., p. 313 et s.

[3] J. Raynard, Ibid., n° 371, p. 335.

[4] J. Raynard, Ibid., n° 372, p. 335 à 337.

[5] J. Raynard, Ibid., n° 380, p. 341.

[6] A. et H. -J. Lucas, Traité de la propriété littéraire et artistique, op. cit., n° 23, p. 29.

[7] J. -M. Mousseron, Le droit du breveté d'invention, contribution à une analyse objective, op. cit., n$^{OS}$ 249 et s., p. 273 et s. V. aussi: Valeurs, biens, droits in Mélanges Breton-Derrida, Dalloz, 1991, p. 277 et s.; L'évolution de la propriété industrielle in L'évolution contemporaine du droit des biens, PUF, 1991, p. 157 et s.

[8] J. -M. Mousseron, Le droit du breveté d'invention, contribution à une analyse objective, op. cit., n$^{OS}$249 et s., p. 273 et 274.

[9] J. -M. Mousseron, Ibid., n° 250, p. 274.

[10] J. -M. Mousseron, Ibid., n° 251, p. 251 et 252.

[11] J. -M. Mousseron, Ibid., n° 251, p. 276.

[12] J. Foyer et M. Vivant, Droit des brevets, op. cit., p. 260 et s.; V. aussi: M. Vivant, Le droit des brevets, Dalloz, 1997, p. 79 et s.

[13] A. Chavanne et J-J. Burst, Droit de la propriété industrielle, op. cit., n° 2, p. 2.

Schmidt-Szalewski[1] 的观点尤为突出。

而另外一些民学家坚持认为知识产权是一种所有权。Planion 和 Ripert 主要肯定存在无形财产可以占有,这些占有的权利只不过是特殊形式的所有权,也可以称为无形所有权。[2] Marty 和 Raynaud 对问题的研究更为细微,他们认为在扩大的所有权概念或者物权概念范围内,[3]可以定义著作权或者无形工业产权,在权利人的行为具有绝对的和即时的性质前提下,这些性质是物权的性质,在占有无形物的时候显现。[4] 尤其地,这个观点被 Josserand 所加强,他认为,所有权具有三个权能,赋予权利人特定性质财产所具有的最大限度的权利和好处。它具有排他性。它的对抗性也是尽可能的完备。[5] 该学者还提道:所有符合这三种权能的权利可以实现占有和归类于所有权。另外,并非只有有形物才能成为这种关系的客体,无形财产也可以:商事营业资产、作者和发明人在其创作上的权利。在对不同无形财产概览后,Josserand 在文学艺术产权和工业产权上有所停滞。

文学艺术产权方面,Josserand 很惊讶于判例和学术界的一部分人拒绝承认在著作权中具有真正的所有权。如果独占性经营开发没构成民法典中的有形财产的所有权,所有权的现代概念足够提供给不同财产的不同形式的所有权。[6] 更多地,他认为,我们不能不经使用而进行收益,使用权假定地包含在收益权中。他最后表明著作权经常包括用益权,而所有权是用益权的根源和来源。这个三段论似乎很完美:用益权是所有权的派生权利,著作权可以区分出用益权,所以著作权是一种所有权。但是这并不意味着我们应当理解用益权是所有权的派生权利。如果我们不再将用益权作为所有权派生权利而是作为财产管理技术,那么 Josserrand 的理由站不住脚。涉及专利权,发明者独占性的开发利用呈现一种和民法典中所有权的紧密相似。专利权如同所有权是排他性的,可以对抗所有

〔1〕 J. Schmidt-Szalewski, Le droit des marques, Dalloz, 1997, p. 23.

〔2〕 M. Planiol et G. Ripert, Traité pratique de droit civil, t. 3, Les biens, 2ème éd. Par M. Picard, op. cit., n° 564, p. 566.

〔3〕 G. Marty et P. Raynaud, Les biens, Sirey, 2ème éd., 1980, n° 429, p. 540.

〔4〕 G. Marty et P. Raynaud, Ibid, n° 429, p. 539 et 540.

〔5〕 L. Josserand, Cours de droit civil positif français, t. 1, Sirey, 3ème éd., 1938, n° 1515, p. 838.

〔6〕 L. Josserand, Ibid., n° 1527, p. 845 et 846.

人。[1] 该学者也注意到,在现行的语言中,专利所有权和这个法律语言可以推论出专利共有权的概念。另外,发明者的权利通过侵权之诉获得有效保护,这个类似于所有权中某一方的追还之诉。对于商标,Josserand 认为设立了一个名副其实的所有权,其是排他的,对世的,没有期限的,因处罚而被收回。[2]

最终地,所有权的观点被 Mousseron、Raynard 和 Revet 所共同捍卫着。在一篇权威的关于所有权的文章中,[3]他们证明了知识产权是《法国民法典》第 544 条所定义的所有权,[4]坚持认为精神作品和发明都是著作权和专利权所赋予的积极权利的直接客体。[5] 这些学者坚持认为物和无形财产的不同,作者和专利人都是作品或者专利经济价值排他性使用的受益者。[6] 著作权和专利权的绝对性质演绎了主体和客体,即价值之间的独占关系,[7]所有权正是这种排他性绝对性权利。[8]

(2)产权:一种归属关系

1981 年,Zenati 关于所有权法律性质的论文发表,[9]在传统学界掀起巨大波澜。他主要是对所有权的物权性质和其标的必须是有形财产提出质疑。相对于学术界大部分认为所有权是典型的物权,[10]Zenati 证明了所有权不是一项物权。[11] 该学者指出许多所有权和物权的不同,如所有权的绝对主义在物权中没有体现。另外,1958 年 10 月 4 日宪法第 34 条明确地区别了所有权和物权。该学者还指出某些著作研究财产权利,名为“所有权和物权”,无疑表明了所有权性质相对于物权的不同:[12]物权具有物的义务,所有权没有分配到任何物上的义

---

[1] L. Josserand, Ibid., n° 1530, p. 849.

[2] L. Josserand, Ibid., n° 1531, p. 850.

[3] J. -M. Mousseron, J. Raynard et T. Revet, De la propriété comme modèle in Mélanges offerts à A. Colomer, Litec, 1993, p. 281.

[4] J. -M. Mousseron, J. Raynard et T. Revet, Ibid., n° 9, p. 283.

[5] J. -M. Mousseron, J. Raynard et T. Revet, Ibid., n° 13, p. 286.

[6] J. -M. Mousseron, J. Raynard et T. Revet, Ibid., n° 19, p. 288.

[7] J. -M. Mousseron, J. Raynard et T. Revet, Ibid., n° 19, p. 288 et 289..

[8] J. -M. Mousseron, J. Raynard et T. Revet, Ibid., n° 16, p. 287.

[9] F. Zenati, Essai sur la nature juridique de la propiété, contribution à la théorie du droit subjectif, op. cit., 2 tomes.

[10] F. Zenati, Ibid., n° 54, p. 85.

[11] F. Zenati, Ibid., n° 53p. 84.

[12] F. Zenati, Ibid., n° 62, p. 99.

务，应当和物权区别开。Zenati 继续指出传统所有权概念在实证法中的不适用：在夫妻财产制度方面，[1]在商法方面，[2]在公司股金方面，[3]等等。这些分析呈现应当更新所有权的理论。Zenati 注意到民法典没有任何明确的定义将客体限制在物（《法国民法典》第 544 条）或者限制在财产上（《法国民法典》第 537 条和第 543 条），也并没有原则上限制无形财产在法典中出现。[4] 所以，作品也可以视为所有权的客体。[5] 同样地，一些关于买卖的条文（如债的转让）表明商业中的物不会完全是有形的。另外，《法国民法典》存在有形财产和无形财产的区别是不容争议的。[6] 因此得出结论：所有的财产都可以成为所有权的客体，可以是有形的也可是无形的。[7] 在确定所有权的客体可以是有形或者无形财产后，Zenati 否定了所有权和其他权利同一顺位的观点。[8] 该学者提出：将所有权作为财产，将导致一个荒谬的结论，即《法国民法典》第 544 条定义的所有权将会设立在所有权上。[9] 明确地讲，有形或者无形的物或者财产可以作为所有权的客体，而所有权恰恰不是一项财产，一项所有权上的所有权的观念是完全难以理解的。相反地，所有权之外的权利则是财产，可以在其他财产上行使。[10]

Zenati 得出的结论：所有权既非物权也非财产，[11]那么所有权的性质为何？通过研究法国大革命前的所有权的历史，Zenati 观察到对权利和财产理解的变迁。根据传统的概念，权利是人和财产建立的关系的形式，[12]人和财产构成权利的主体和客体，也就是说财产是所有权的客体。[13] 所有权关系中的法律三要素：物、权利和主体相互之间没有任何混淆。然而，Zenati 认为，没有权利的物没

---

[1] F. Zenati, Ibid., n^os 96 et s., p. 139 et s.

[2] F. Zenati, Ibid., n^os 103 et s., p. 148 et s.

[3] F. Zenati, Ibid., n^os 106 et s., p. 150 et s.

[4] F. Zenati, Ibid.

[5] F. Zenati, Ibid., n° 250, p. 335.

[6] F. Zenati, Ibid., n° 253, p. 338.

[7] F. Zenati, Ibid., n° 253, p. 339.

[8] F. Zenati, Ibid., n° 255, p. 341.

[9] F. Zenati, Ibid., n° 257, p. 342.

[10] F. Zenati, Ibid., n° 260, p. 349.

[11] F. Zenati, Ibid., n° 289, p. 385.

[12] F. Zenati, Ibid., t. 1, n° 19, p. 35.

[13] F. Zenati, Ibid., n° 20, p. 37.

有法律意义。[1] 物只有通过权利才进入法律财产角色，权利和物维持着亲近的关系逐渐地变得亲密无间。权利吸收物，财产成为权利，权利客体化。所有权的法律要素关系不再呈现三角之势，而是变成双面的：主体和权利（财产）。根据这个观点，该学者将财产权利和财产同化。他提出研究对所有权概念的新理解，[2]观点如下：所有权在法国法中可以从两方面分析，或者是人和有形物之间的关系，或者是人拥有的全部种类财产的关系。[3] Zenati 倾向于第二种，他研究了所有权的设立因素从而提炼出所有权的定义：[4]所有权是主体和财产之间的归属关系，这是 Zenai 主体权利的概念。但是，该学者注意到主体权利的概念显得不适用，因为只表示了人和财产的关系，没有表达出所有权的作用。[5]

总之，Zenati 将所有权扩展为主体和财产之间的归属关系，也就是财产权利。但是，《法国民法典》中的所有权是绝对地享有和处分物的权利，而这个定义用在知识产权领域行不通。所以，尽管 Zenati 的本意是通过扩展所有权的定义来囊括这些无形财产上的权利，但 Zenati 的理论中并没有传统理论中的所有权，而是以财产权利取而代之。根据这个学者的理论，知识产权是一种财产权利，表示了作者或发明人与作品或创造上所有权利的归属关系。Zenati 的观点尽管很丰富，但并不具有决定性的说服力。我们可以认为，所有权人是所有权的权利人，作者和发明人是知识产权的权利人。但是，知识产权不能简单地移转适用《法国民法典》第 544 条关于所有权的规定，它应当适用关于创造上的权利之特殊法律制度。

2. 立法

这些讨论促使适用第一批关于著作权和专利权的法令，也反映出对所有权的倾向。Laknal，1793 年 7 月 19 日关于著作权的法令的报告人，认为著作权完全来自所有权。[6] 1791 年 12 月 31 日关于工业产权法令的报告人，Boufflers 阐述

---

〔1〕 F. Zenati, Ibid.

〔2〕 Cette quête est objet de sa deuxième partie, p. 407 et s.

〔3〕 F. Zenati, Ibid., n° 308, p. 409.

〔4〕 F. Zenati, Ibid., n$^{os}$ 310 et s., p. 413 et s.

〔5〕 F. Zenati, Ibid., n° 528, p. 723.

〔6〕 J. -G. Locré, La législation civile, commerciale et criminelle de la France, t. 10, Paris, 1827, p. 7; V. aussi, Le Chapelier, du décret-loi des 13 et 19 janvier 1791cité par A-C. Renouard, Traité des droits d'auteur dans la littérature, les sciences et les beaux-arts, op. cit., t; 1, p. 309.

道:如果人类不能将工业发现如同作者的所有权一样保留,将是对人权的打击。[1] Rouier 强调,我们看看什么是大革命立法者的思想:他想安排全部上述讨论的研究的新权利,这不再是古代体制中的特权,而是真正的所有权,我们扩展这个权利和实物权利一致。[2] 这些是初期立法的棱角,以及 1790 年 12 月 1 日法令和 1971 年 1 月 7 日法令的先兆,其中仔细地描述道:国民议会,认为所有的新创造出现和发展对社会有用,其首先属于构造人,如果不能如著作权一样保留其发现,将是对人权本质上的打击。[3] 各种关于确认创造者所有权的辩护说服了立法者。18 世纪 90 年代的观点,一直是我们现代实证法的观点。除少数例外,它一直宣称作者和发明人在自己的作品和发明上具有所有权。

对于文学艺术作品,初期的规定远远没有明确。1791 年 1 月 13 日和 19 日的关于外观设计的法令只在第 2 条[4]和第 5 条[5]提到了所有权,没有直接提起作者的所有权。1791 年 8 月 6 日和 7 月 19 日的法令[6]以及 1792 年 8 月 30 日的法令[7],没有对所有权作任何阐述。应当提及 1793 年 7 月 24 日的法令,[8]因为其关于所有权的字眼很模糊,这个法令实际上是关于各种类型著作作者的所有权的,像作曲家、画家和制图员的作品的所有权。法令的第 1 条确认了作者具有在法兰西共和国领土内出卖,让他人出卖,发行他们作品的排他性权利,和全部或者部分转让所有权的权利。第 4 条规定真正的所有权人应当得到复制者的补偿。同样地,法兰西共和历八年芽月 1 日,即 1805 年 3 月 22 日关于死后出版的作品的所有权人权利的法令,[9]在第 1 条提出作者的排他性所有权。还有

---

[1] Cité par J. M. Mousseron, Traité des brevets, op. cit., note 138, p. 52.

[2] P. Routier, Le droit de la propriété industrelle, op. cit., t. 1, n° 21, p. 92.

[3] J. -G. Locré, La legislation civile, commercial et criminelle de la France, op. cit., t. 10, p. 29.

[4] Et encore, pour évoquer la propriété publiquedes ouvrages des auteurs morts depuis 5ans; Locré, la législation civile, commerciale et criminelle de la France, op. cit., t. 10, p. 3.

[5] J. -G. Locré, La législation civile, commerciale et criminelle de la France, op. cit., t. 10, p. 3.

[6] J. -G. Locré, Ibid., p. 4 et 5.

[7] J. -G. Locré, Ibid., p. 6 et 7; A-C. Renourd, Traité des droits d'auteur dans la littérature, les sciences et les beaux-arts, op. cit., t. 1, p. 323 à 325.

[8] Locré, p. 8 et 9; A. -C. Renouard, Traité des droits d'auteur dans la littérature, les sciences et les beaux-arts, op. cit., t. 1, p. 327 et 328.

[9] J. -G. Locré, p. 11.

1810 年 2 月 5 日印刷出版的一项帝国法令,数次提到作者对其作品的所有权。[1]

对于产权,最初的规定非常明确地阐述了所有权的观点。1790 年 12 月 31 日和 1791 年 1 月 7 日的法令,在第 1 条规定:在所有的工业领域内的任何发现或者新的发明,所有权属于作者。[2] 同样地,1791 年 5 月 25 日法令,涉及任何种类工业领域内的发明和发现的作者的所有权的规定,[3]数次提到专利的所有权人。[4] 还有 1809 年 6 月 11 日的一项帝国法令,经 1810 年 2 月 20 日修订,对商标所有权进行了说明。[5]

19 世纪下半叶关于所有权概念的使用出现停顿。在工业产权方面,1844 年 7 月 5 日关于发明专利的法令被革命者的逻辑打断,它的第 1 条不再提发明者的所有权,而是提出如下规定:在任何工业领域内的所有的新发现或新发明,有条件的情况下和在确定的时间内,赋予其创造者对于上述的发现或者发明绝对的开发利用权利。[6] 在文学艺术作品产权方面,1866 年 7 月 14 日关于作者继承权和权利继受者的法令,也放弃了对所有权的参照。这远远不是简单的遗忘,对所有权的不参照是立法者的意愿。[7] 这个记录了质疑知识产权权利的真实法律性质的趋势,判例也参与其中。[8] 这不是简单的插曲,至少具有启示:将所有权的观点适用于工业产权不是理所当然的。

知识产权的法国当代法对立法文本进行了记录。实际上,涉及著作权或者工业产权,所有权的支持者决定采用,20 世纪的立法者没有任何的模糊。因此,1957 年 3 月 11 日关于文学艺术产权的[9]第 57-298 号法令在第 1 条第 1 款规

---

〔1〕 Cf. notamment, art. 3 et 9 (Titre 3), art. 6 (Titre 4), art. 39 (Titre 5), art. 47 (Titre 6): A. -C. Renouard, Traité des droits d'auteur dans la littérature, les sciences et les beaux-arts, op. cit., t. 1, p. 375 à 393.

〔2〕 J. -G. Locré, p. 29.

〔3〕 J. -G. Locré, p. 35 à 41.

〔4〕 Cf notamment: art. 5, 10, 14, et 15, du Titre 2 de la loi.

〔5〕 A. -C. Renouard, Traité des droits d'auteur dans la littérature, les sciences et les beaux-arts, op. cit., t. 1, p. 372.

〔6〕 Cf. P. Roubier, Le droit de la propriété industrielle, op. cit., t. 1, n° 21, p. 93.

〔7〕 L'exposé des motifs suffit à lui-seul pour s'en convaincre: sur ce point: Pataille, Commentaire de la loi du 14juillet 1866, loc. cit., p. 179.

〔8〕 Cf. Infra, n os 87 et s., p. 55 et s.

〔9〕 JO, 14 mars 1957, p. 2723; D. 1957, lég., p. 102; H. Desbois, La loi du 11 mars 1957 sur la propriété littéraire et artistique: D. 1957, chron., p. 165.

定：精神作品的作者因其创作而享有作品上排他性的无形所有权，而且是对世的。[1] 同样地，1964 年 12 月 31 日关于生产商标、商业商标或服务商标的第 64-1360 号法令[2]第 4 条提出商标的所有权和第 11 条提出了商标的所有权人。立法者意愿的犹豫不再出现。最后，1968 年 1 月 2 日的第 68-1 号法令旨在划分发明行为和修订发明专利的体制，[3]它在第 1 条规定所有的发明都可以成为工业产权名下的客体，且第四章的标题为“专利作为所有权的客体”。以此，对于发明者权利法律性质的质疑不再允许出现。

另外，1991 年 1 月 4 日第 91-7 号关于生产、商业和服务商标的法令，[4]包含的第二章名为商标权的取得。同样地，第 14 条第 1 款，说明商标登记赋予权利人他所命名的产品或服务商标上的所有权。尤其是，1992 年 7 月 1 日第 92-597 号法令[5]促使知识产权法典化。至今，所有的规定都集中在《知识产权法典》中。

3. 判例

毫无疑问地，学界和立法者对知识产权性质表现出一些犹豫，[6]19 世纪的判例相比则有些差别。某些裁决明确说到所有权，[7]还发现另外一些裁决完全不是这样的描述。[8] 比如，1955 年 7 月 13 日 Seine 民事法庭的一项判决：[9]法律所保留的文学艺术作品绝对性的开发利用权利，构成商业上的财产，且因为缺乏相反的规定，如同所生产的产品，适用民法典的规定，同时这个权利具有特殊性质。这个表达特别不明确和含混。对于当代，重新恢复所有权的字眼的裁决

---

〔1〕 V., notamment: Art. 10, al. 1er: 复合作品的著作权属于实现作品的人，保留在先作者的著作权。Art. 13, al. 1er: 集体作品的著作权属于发表时署名的自然人或者法人，有相反证明的除外。

〔2〕 JO, 1er janv. 1965, p. 1; JCP 1965, Ⅲ, 30708; A. Chvanne, La loi du 31 décembre 1964sur les marques de fabrique, de commerce ou de service: D. 1965, chron., p. 83.

〔3〕 JO, 3 janv. 1968; JCP 1968, Ⅲ, 33799.

〔4〕 JO, 6 janv. 1991; JCP 1991, Ⅲ, 64464; A. Chvanne, La loi du 31 décembre 1991 sur les marques de fabrique, de commerce ou de service: JCP 1991, Ⅰ, 3507.

〔5〕 JO 3juill. 1992, p. 8801; D. 1992, Lég., p. 343. V. -L. Benabou et V. Varet, La codification de la propriété intellectuelle, étude critique et prospective sous la direction du professeur A. Françon, IRPI, La documentaton Française, 1998.

〔6〕 P. Roubier, Le droit de la propriétéindustrielle, op. cit., t. 1, n° 21, p. 93.

〔7〕 Pour un exemple, en droit d'auteur: CA Paris, 8 déc. 1853: S. 1854, 2, p. 109. pour un exemple en droit des brevets: Cass. crim., 10 juill. 1846: DP 1846, 1, p. 587.

〔8〕 Cass. Req., 15 mars 1825: DP 1825, 1, p. 196 et 197 qui parle dudroit exclusifqu'offre l'obtention du brevet d'invention.

〔9〕 Trib. Civ. Seine, 1ère ch., 13 juill. 1955: JCP 1956, Ⅱ, 9043.

只是立法演变的一部分反映,立法明显地表示出将作者或者发明人的权利作为所有权的意愿,判例则远远没有如此的转变。通过对文学艺术产权方面的公开的法令和判决快速地浏览,揭露出对所有权术语十分克制的适用。裁决很少表述创作的所有权[1]或者权利的所有权,[2]更偏向于表述为受益者[3]或者权利持有者[4]或者权利人。[5] 这个观点并不令人惊讶,因为所有权的概念不足以表达出知识产权所产生的某些情况的特殊性。[6]

在专利权和商标权方面,裁决中大量使用了所有权的术语。因此,经常看见使用发明的所有权、[7]专利所有权、[8]专利相关权利[9]或者商标相关权利。[10] 但是,裁决越来越多地,更为提到专利权利持有[11]或者商标权利持有。[12] 从20

---

〔1〕 V. Cependant, à titre d'exemples: Cass. Crim., 18 déc. 1962: D. 1963, p. 373 qui parle du propriété des photographies.; Cass. 1ère civ., 16 mars 2004: RIDA juill. 2004, p. 255 qui évoque la cession de la propriété de l'oeeuvre.

〔2〕 CA Paris, 1ère ch., 21 avril 1958: D. 1958, p. 627: pleine propriété des droits du scénario et de son adaption; CA Paris, 1ère ch., 13 mai 1964: JCP 1964, Ⅱ, 13932, qui évoque la possession des droits.

〔3〕 Cass. 1ère civ., 19 oct. 1977: D. 1978, p. 109.

〔4〕 CA Paris, 16 juin 1976: D. 1977, p. 516: Mais considérant que seul le titulaire du droit peut poursuivre...; Cass. 1ère civ., 29 janv. 1985, Bull. civ. Ⅰ, n° 41, p. 40; Cass. 1ère civ., 27 mai 1986: D. 1987, p. 210; Cass. 1ère civ., 11 janv. 1989, 2ème espèce: D. 1989, p. 308; CA Cass. 1ère civ., 3 déc. 2002: RIDA janv. 2004, p. 213.

〔5〕 Trib. Civ. Seine, 3ème ch., 10 nov. 1961: JCP 1962, Ⅱ, 12474.

〔6〕 Cf. Infra, n° 209, p. 109.

〔7〕 CASS. Com., 14 déc. 1966: D. 1967, p. 127.

〔8〕 Trib. Civ. Lyon, 25 mars 1954: D. 1954, p. 393; Cass. Com., 8 juill. 1958: JCP 1959, Ⅱ, 10981; CA Paris, 4ème ch., 2 mars 1971: D. 1972, p. 45; CA Lyon, 4 juill. 1996: Ann. propr. ind. 1997, p. 201. Pour la copropriété du brevet: CA Paris, 4ème ch. A. 15 mai 1996: Ann. propr. ind., 1997, p. 208; CA Paris, 4ème ch. B, 31 oct. 2003: Ann; Propr. ind. 2003, p. 434.

〔9〕 CA Paris, 4ème ch. B., 14 mai 1976: D. 1977, p. 438.

〔10〕 Cass. Com., 5 juin 1967: JCP 1968, Ⅱ, 15354; Cass. Com., 29 avril 1969: D. 1969, p. 542; CA. Paris, 4ème ch., 24 janv. 1973: D. 1973, p. 357; Cass. Com., 29 oct. 1975: JCP 1977, Ⅱ, 18616; TGI Paris, 3ème ch., 20 fév. 1987, p. 389; CA Paris, 4ème ch. B, 14 avril 1995: Ann. propr. ind. 1995, p. 138; Cass. com., 3 oct. 1995: Ann. propr. ind. 1996, p. 157; Cass. com., 2 déc. 1997: D. 1998, p. 604; Cass. com., 9 fév. 1999: PIBD 1999, Ⅲ, p. 276; Cass. com., 19 oct. 1999: PIBD, Ⅲ, p. 12; Cass. com., 24 sept. 2003: Ann. propr. ind. 2003, p. 468.

〔11〕 TGI Paris, 3ème ch., 7 mars 1969: D. 1969, p. 576; Cass. com., 4 janv. 1994: Ann. propr. ind. 1995, p. 105; CA Versailles, 24 fév. 1994: Ann. propr. 1995, p. 123; Cass. com., 16 janv. 1996: Ann. propr. ind. 1996, p. 178; TGI Paris, 3ème ch., 18 mai 1999: PIBD 2000, Ⅲ, p. 31; Cass. com., 19 oct. 1999: Ann. propr. ind. 2000, p. 3; CA paris, 14ème ch. A, 27 oct. 1999: Ann. propr. ind. 2000, p. 151; CA paris, 4ème ch. A. 19 janv. 2000: Ann. propr. ind. 2000, p. 176; Cass. com., 9 juill. 2003: Ann. propr. ind. 2003, p. 395; CA paris, 4ème ch. A, 5 nov. 2003: Ann. propr. ind. 2003, p. 445.

〔12〕 Cass. com., 3 mars 1987: D. 1987, p. 515; Cass. com., 18 mai 1999: PIBD 1999, Ⅲ, p. 302; Cass. com., 26 nov. 2003: Ann. propr. ind. 2003, p. 470.

世纪 80 年代开始,已经只讲权利人而不见专利的所有权人了。事实上,越来越多的裁决使用专利权利人的表述,[1]放弃了所有权的概念。但是这个语义上的逐渐转变没有涉及全部的知识产权,因为对于商标权,判例在大部分的情况下,说商标的所有权人。[2]

## 二、所有权观点的放弃

所有权观点适用于知识产权,尽管被杰出的学者所维护,但没有得到我们的赞同。一些论据消除了所有两个概念间的相似。立法者或者学者根据《法国民法典》第 544 条的所有权来领会知识产权,但是所有权的法律制度不适用于知识产权。所有权的性质在知识产权中也一直没有体现,如永久性。

### (一)知识产权和民法中的所有权

知识产权远远没有和《法国民法典》第 544 条的所有权相融合。首先,1804 年的立法者在某些将所有权用于知识产权的时候没有进行解释。其次,学界对知识产权和传统所有权的融合表现出差别。

#### 1. 立法者的观点

18 世纪末对于作者或者发明人的创造的权利的问题具有立法动荡,民法典的编纂者没有在任何时候使用了知识产权。Locre 认为,知识产权是特殊秩序的所有权,最为私人化和多样化,因为他们是所有权人的创造,也可以说是他自己的发挥,因此法律应当为其担保。我们理解这是科学文学作品,和发明发现。民法典没有对其关注,尽管它们属于所有权的方面,民法典明显地假设了其他法律会涉及、补充和完善。[3] 以下这段话很有启发性:如果民法典没有感知到知识产权,这不是立法者的遗忘,而是因为这方面需要进行特殊的立法。如果知识产权来自《法国民法典》第 544 条规定的所有权,那么 1804 年民法典就了解了它。但是现实明显不是这种情况。Zenati 提出:民法典的主要关注之一是在土地所有权方面大革命的成果的体现。[4] 这是不可否认的。但是精神产品的所有权也是大革命的主要成果,如何解释其被立法者放弃而不在民法典中出现?

在民法典适用前知识产权的问题只是很少被提及。涉及财产的区别和分

---

〔1〕 Cf. la jurisprudence précitée.

〔2〕 Cf. la jurisprudence précitée.

〔3〕 J. -G. Locré, La legislation civile, commercial et criminelle de la France, op. cit. , t. 8, p. 7.

〔4〕 F. Zenati, essai sur la nature juridique de la propriété, op. cit. , t. 1, n° 281, p. 375.

类，几乎以无关紧要的名义将财产的命名扩展到科学或者文学作品和发明发现。[1] 特殊规则的存在不是在民法典中融合各种财产的障碍，我们不能从知识产权的无形性质中推论出它们在民法典中不存在，实际上，民法典规定的年金[2]和权利[3]更普遍地成为法律明确的动产。[4] 1791 年开始围绕知识创造的立法运动，1804 年的立法者经过思考后确定不在法典作品中对此反映。

应当承认立法者所采用的关于知识产权的法令，和颁布后的民法典是一种和平共存的关系而不是紧密联系的关系。如果所有权的观点很显著，和民法典紧密联系，那么毫无疑问应富有逻辑地实行。但相反，立法者在 1992 年适用了《知识产权法典》，这个是形成知识产权的潜在信号。

2. 学说的观点

尽管学界一部分学者维护所有权的观点，但也有些细微的差别。必须注意到：所有权和知识产权两个概念的差别，两者是并存而非密不可分。并存是因为这两个概念都定义为所有权（产权）；并非密不可分是因为知识产权是所有权的一种，[5]某些学者认为它是关于特殊秩序的所有权。[6] 应当对此确认，不能简单单纯地将知识产权和《法国民法典》第 544 条的所有权相等同。Josserd 认为，艺术作品的所有权和房屋的所有权完全不是同一种，[7]独占性地开发使用没有构成和民法典为有形财产所规定的一样的所有权。[8] Planiol 和 Ripert 认为，所有权，如民法典所定义的和规定的，只适用于有形物。[9] 这点没有阻碍确认知识产权是一种特殊形式的所有权。[10] Mousseron、Rayanard 和 Revet 认为，《法国民法典》第 544 条的模式不能完全被复制[11]。Zenati 和 Revet 认为，对物的占有

[1] J. -G. Locré, La legislation civile, commercial et criminelle de la France, p. 10.

[2] Art. 530 du C. civ.

[3] L'usufuit, par exemple: art. 526 du C. civ.

[4] Art. 527 et 529 d C. civ.

[5] F. Terré et P. Simler, Les biens, op. cit. , n° 83, p. 90.

[6] J. -G. Locré, La legislation civile, commercial et criminelle de la France, op. cit. , t. 8, p. 7.

[7] L. Josserand, Cours de droit civil positif français, op. cit. , n° 1517, p. 839.

[8] L. Josserand, Ibid. , n° 1527, p. 846.

[9] M. Planiol et G. Ripert, Traité pratique de droit civil français, t. 3, les biens, par M. Picard, op. cit. , n° 546, p. 566.

[10] M. Planiol et G. Ripert, Ibid.

[11] J. -M. Mousseron, J. Raynard et T. Revet, De la propriété comme modèle, loc; cit. , n° 9, p. 284.

没有困难，至少因为它们本身而不是他们抽象的性质。[1] Pollaud-Dulian[2] 承认：只是坚持《英国民法典》第 544 条规定的排他性和绝对性，实际中没有其他，因为民法典的所有权主要只是为可以进行物质上控制的标的而设计的。他补充道：如果所有权的规定可以利用，那么这是在特殊的意义中，因为权利标的的非物质性使得权利必须有些小变化。实际上，总体来说，它是一种特殊的权利。[3] Lucas 认为，知识产权权利的法律制度无论如何不能完全地模仿原来的所有权的制度，[4] 值得一提的只是所有观察者得出的结论：知识产权不能如民法典所有权那样操作。[5]

从上述内容中可以总结出两个观点。第一个是强调比较细微差别的：知识产权相似于民法的所有权。例如，《法国民法典》第 544 条的所有权和知识产权广义的规定上并没有不同的保留现象。具体如占有：所有权人占有他的房屋，作者或者发明人提及他的权利，甚至他的作品或者他的发明。第二种观点更为激进：知识产权不是《法国民法典》第 544 条所指的所有权。

Josserand 认为的所有权提供多样性和可延展性，[6] 或者 Cabonnier 所主张的实际上存在数种所有权，[7] 将所有权的概念灵活化会导致界限模糊。[8] 所有权的法律定义将会失去所有的意义，法律定义的存在和确认只是证明是否能够给予一个明确的法律内容，涉及性质或者制度的法律内容。另外，承认一个变换多样的观点不可避免地导致概念的瓦解。Gutmann 阐明了这个问题：重新看待学界扩展所有权定义的理由，使注意到引出的逻辑：所有权可以完美地采用捆绑各种特性的形式，而不符合《法国民法典》第 544 条规定的三种特性，即在尊重

---

〔1〕 F. Zenati et T. Revet, Les biens., op. cit., n° 27, p. 44. V. aussi, J. Foyer et M. Vivant, Le droit des brevets, op. cit., p. 266.

〔2〕 F. Polland-Dulian, Droit de la propriété industrielle, Monchrestien, 1999., n° 31, p. 15.

〔3〕 F. Polland-Dulian, Droit de la propriété industrielle, Ibid., n° 32, p. 15.

〔4〕 A. et H-J. Lucas, Traité de la propriété littérare et artistique, op. cit., n° 23, p. 27.

〔5〕 A. Pélissier, Possession et meubles incorporels, Nouvelle bibliothèque de thèses, Dalloz, 2001, n° 430, p. 228.

〔6〕 L. Jossrand, Cours de droit civil positif français, op. cit., n° 1517, p. 839. V. Aussi, F. Paulland-Dulian, Droit de propriété industrielle, op. cit., n° 25, p. 11 et 12. F. Térre et P. Simler, Les biens, op. cit., n° 83, p. 90.

〔7〕 J. Carbonnier, Flexible droit, pour une sociologie du droit sans rigueur, op. cit., p. 361.

〔8〕 D. Gutmann, Du materiel à l' immatériel dans le droit des biens. Les ressources du langage juridique: Arch. Philo. Droit, le droit et l' immatériel, t. 43, Sirey, 1999, p. 65.

所有权本质的前提下,对原有模型的忠实就不重要了。但他提出疑问:如果将这个理由推论到极致,实际上会具有风险。[1] 这个观点值得注意,因为对所有权未经思考的扩展会有所有权概念改变的风险。[2] 对于认为存在数个所有权而非一个的观点,难以认可。除民法典适用一个所有权外,数种所有权的情形不能撤销单一论的观点而来定义所有权的概念。

所有的困难集中围绕在所有权的概念上,它表现得很模糊:[3]它或者指定所有权的标的物,或者反映出所有权人的权能,或者反映出人的地位的因素。[4]应当区分所有权,即《法国民法典》第544条所规定的,和更广泛的产权的概念,产权是支配任何物或者权利的权力。另外,这个产权不是所有权,而是权利的持有,这个权利在于所有人以自己的意愿支配自己的财产、自己的收入和自己的产业。[5] 持有权利和所有权不能混淆,完全如罗马法中的所有权属于不能混淆一样,因为它们的标的不一样:所有权的标的是物,而权利的持有的标的是权利。所有权也是权利持有的标的。对于财产的定义,实际上指明了在物上行使的法律控制的内容和性质:所有权是一种完全的财产,对"我的房屋"的解释就是对房屋的所有权。相反地,用益权的权利人不能说我的房屋,因为他对物的持有的权利少于所有权人。权利持有是对物的权利的法律表达,它是法律能力的表现。在这个意义上,我们只能说权利持有一直具有相同的内容,所有权的权利人可以转让他的权利或者排除侵权,用益权的权利人也一样可以转让他的权利或者惩罚所有损害他权利的行为。但是这只是提出了权利持有的面貌。实际上,所有权是一种财产权利机制,权利持有却并不限制于这一种法律种类,比如说某人是诉权的权利人。[6]

(二)权利的取得与所有权的取得

知识产权的原始取得不能等同于传统所有权取得的三种方式:占有、添附和

---

〔1〕 D. Gutmann, Du materiel à l'immatériel dans le droit des biens. Les ressources du langage juridique: Arch. Philo. Droit, le droit et l'immatérielp. 72.

〔2〕 A. Piédelièvre. Le matériel et l'immatériel, essai d'approche de la notion de bien, in Aspects Montchrestien, éd. Technique, 1986, p. 57.

〔3〕 F. Zenati et T. Revet, Les biens, op. cit., n° 112, p. 135.

〔4〕 F. Zenati et T. Revet, Ibid.

〔5〕 Art. 18 de la Déclaration des Droits de l'Homme.

〔6〕 G. Cornu et J. Foyer, Procédure civil, PUF, 3ème éd., 1996, p. 336.; L. Cadiet, Droit judiciaire privé, Litec, 4ème éd., 2004, n° 842.

时效取得。[1] 所有权取得的问题和所有权客体的问题紧密相关，将发明或者将权利作为所有权的客体所提供的答案具有根本上的不同。

1. 占有和权利的原始取得

知识产权权利的原始取得可以定义为占有吗？带着成为所有权人意愿的占有是取得动产的方式。[2] 在知识产权领域，无论是对工业产权还是对文学艺术产权，某些学者支持使用占有的概念。首先，在工业产权方面，Allart 认为，发明者的所有权取决于双重的基础：劳动和占有。[3] 对于主张将所有权保留在物质世界的观点，他坚持：发现无主物和将新的原创的观点提出，完成相类似的事实，权利人有权主张对同样权利的承认。[4] Foyer 和 Vivant 认为，发明通过申请注册归于自己，和无主有形物的占有相似。[5] 在商标方面，Pelissier 认为可以通过注册登记占有一项公共的东西，[6] 这个公共的物是属于全部人的或者说是不属于任何人的。[7] 其次，在文学艺术产权方面，通过占有取得创造的观点为 Recht 所维护，他认为，作者通过其创作行为占有作品，将作品归属于自己。这个归属于自己的行为的性质和对有形物的占有一致。这的确是通过具体的事实来确立对物的控制，属于罗马法中的占有。[8]

但是，根据知识产权的自身属性，通过占有而取得知识产权是具有争议的。在文化艺术产权方面，是不存在无主物的。具体地讲，作品不是无主物，[9] 它从一开始就被占有。创造行为开启了权利的保护，而并不需要所谓的占有。占有的概念反映出与著作权的不适应：占有涉及物的一种法律地位（无主物和未被占有）到另一种法律地位（占有的物），作品却只有一种状态，创造的行为即为占

---

[1] J. Carbonnier, Les biens, op. cit., n° 249, p. 387.

[2] M. Planiol et G. Ripert, Traité pratique de droit civil français, t. 3, Les biens, par M. Picard, op. cit., n° 589, p. 601.

[3] H. Allart, De l'occupation en droit romain; des brevets d'invention en droit français, Thèse, Paris, 1877, P. 7.

[4] H. Allart, Ibid., p. Ⅵ.

[5] J. Foyer et M. Vivant, Le droit des brevets, op. cit., p. 76.

[6] A. Pélissier, Possession et meubles incorporels, op. cit., n° 433, p. 230.

[7] A. Pélissier, Ibid., p. 6.

[8] P. Recht, Le droit d'auteur, une nouvelle forme de propriété, op. cit., p. 191 et 192.

[9] A. Maffre-Baugé, L'oeuvre de l'esprit, l'empreinte de la personnalité de l'auteur? Thèse, Montpellier, 1997, n° 133, p. 154.

有。[1] 但是,死后出版的作品的情况就没有这么简单了。《知识产权法典》第L. 123-4 条规定了死后出版的作品的开发利用权利在作者死后继续进行,直到70 年的期限到期。立法者对作品的定义是智力成果的物质载体。[2]《知识产权法典》第 L. 111-1 条已经规定了的无形产权和有物质载体的所有权相区别。[3] 关于死后出版作品的传播,作品载体的所有权人,被赋予开发利用的权利,其实违反了这个原则。[4] Pelissier 认为载体的所有权人行使着事实上对创作的权利和实现了占有。[5] Gautier 将载体所有权人的地位和《法国民法典》第 716 条规定的埋藏物的发现人的地位类比。[6] 如 Terre 和 Simler 所强调的,发现物原则上有一个所有权人,这就是它和无主物的不同。[7] 作品也并未被抛弃,它只是进入了公共领域成为无主物。另外,对有形物的发现自动地使发现人成为所有权人,而占有死后出版作品的人只有开发利用的权利。所以,来自所有权的占有的概念不能完全转移适用于文化艺术产权。

创造行为和对文化艺术产权保护形成同时发生的观点不能扩展到工业产权,工业产权必须经由具体的行为主张保护,比如专利注册和商标登记,这不能由简单的创作行为而产生。专利注册和商标登记并不能带来占有,因为工业产权所要占有的并非创造本身,而是创造给予的权利,这就引出了知识产权客体的问题。如果认为知识产权的客体是创造本身,通过占有取得所有权的观点可以接受。但是知识产权的客体是创造上的权利,那么就必须放弃占有的概念。第一,权利不是无主物也不是埋藏物。权利存在只是因为它确认给主体,没有无权利的主体,也没有无主体的权利,所以不存在权利的占有。第二,权利不能实现占有行为主要因为它无所不在的本质。[8]

---

〔1〕 V. cependant : F. Terré et P. Simler, Les biens, op. cit. , n° 414, p. 308.

〔2〕 C. Colombet, Propriété littéraire et artistique et droits voisins, op. cit. , n° 288, p. 235. V. aussi : A. et H. -J. Lucas, Traité de la propriété littéraire et artistique, op. cit. , n° 458, p. 368.

〔3〕 Art. L. 111-3, al. 1$^{er}$, du CPI.

〔4〕 A. Pélissier, Possession et meubles incorporels, op. cit. , n° 440, p. 233.

〔5〕 A. Pélissier, Possession et meubles incorporels, op. cit. , n° 440, p. 234.

〔6〕 P. -Y. Gautier, Propriété littéraire et artistique, op. cit. , A. Pélissier, Possession et meubles incorporels, op. cit. , n° 220, p. 427 et 428.

〔7〕 F. Terré et P. Simler, Les biens, op. cit. , n° 419, p. 312.

〔8〕 Cf. infra, n$^{os}$ 151 et s. , p. 86 et s.

2. 添附和权利的原始取得

根据《法国民法典》第546条的规定,添附的权利如同给予某物所有权的权利,拥有物全部的产物以及和物结合的附属物,或者自然的,或者人工的。这里阐述了产物所有权的取得和混合物所有权的取得。

(1)产物的添附和权利的原始取得

所有权人有权获得物上所有的产物的原则[1]类推到知识产权,产生以下问题:新财产是原财产的产物吗?根据财产是创作本身还是财产权利的不同,这个问题有不同的答案。

Revet[2]认为,所有的知识创作都是智力劳动的成果。这种劳动力和人相关联,物化为所有权的客体,劳动的产物因此成为劳动者的所有权。添附之产物取得的机制转移到智力劳动成果上提出一些问题。第一,Alma-Delettr指出:添附限制在土地孳息、民事孳息和动物皮毛上,这些情形很难转移到知识产权去适用。[3] 对此Revet认为,如今存在人类活动产生财产的空间。[4] 另外,孳息不是产物,添附给予物之所有产物的权利。[5] 第二,Revet认为对于添附,需要有原来的物,给予其所有权,这个原来的物产生第二种物,所有权人通过添附的方法第一个物处获取。因此,M. Revet认为劳动力是物,其产物是创造,[6]但劳动力上的不是真正的所有权,因为劳动力并不能转让。添附的机制具有取得的效力,所有权人获得物上所有的产物。另外,添附机制可以在取得原物上的所有产物,但是我们并不能在所有的创作上进行智力的占有,只能在满足独创性和新颖性的条件下占有。[7] 而且,权利的取得还需要通过一些形式来产生,如注册或者登记。因此,通过添附之产物的途径占有物的机制是本质上不同于知识产权的原始取得。

---

〔1〕 F. Terré et P. Simler, Les biens, n° 242, p. 199.

〔2〕 T. Revet, La force de travail, Etude juridique, Litec, Bibiothèque de droit de l'entreprise, t. 28, 1992.

〔3〕 S. Alma-Delettre, Unité ou pluralité des propriétés intellectuelles, Thèse, Montpellier Ⅰ, 1999, n° 606, p. 414.

〔4〕 T. Revet, La force de travail, Etude juridique, op. cit., n° 384, p. 430. V. aussi: P. Catala, La transformation du patrimoine dans le drot civil moderne: RTD civ. 1966, n$^{OS}$ 13 et s., p. 194 et s.

〔5〕 F. Terré et P. Simler, Les biens, op. cit., n° 242, p. 199.

〔6〕 Sur la distinction entre chose principale et chose accessoire: R. Saint-Alary, V° Accession: Rép. Civ. Dalloz, 1999, n° 1, p. 2.

〔7〕 A. Robin, Propriété intellectuelle et indivision, Thèse, Montpellier Ⅰ, 2001, p. 81.

如果添附之产物的机制无法适用创作的占有,那么也不适用创作权利的占有。创造上的权利可以通过物产生?或者来自另一个权利?这些问题显得十分棘手。

(2)混合的添附和权利的原始取得

《法国民法典》第551条提出,任何结合和混合于物的属于该物的所有权人。动产的添附适用于知识产权已经被学术界的一部分接受,而被判例明确地拒绝。

Gautier提出著名的观点:动产的添附可以解决混合式作品的某些困难。[1]他的理由很简单:立法者开放地站在在先作品的作者这边,[2]应当获得先存在的作者的授权[3]以开发利用作品,对先存在的作者可以抗辩对转让的拒绝延长。Gautier强调:应当承认这个规定对于衍生作品的作者和投入很多金钱的制片人来说是很生硬的,这是因为延长或者不予延长对第二作品的开发利用,取决于原作者的自由决定。[4] 为了减少规定的生硬度和根据衡平法重新平衡,他建议借鉴《法国民法典》第565条的动产之添附。据此,法官可以对抗第一作者的意愿,在要求提供对精神权利的所有担保和附加的酬劳的前提下,对转让期限例外延长。[5] 但是,这个法律技术方案不甚适用,因为添附具有获得所有权的效果,法官对转让期限简单的扩展不会造成取得所有权,这个扩展不过是暂时的。《知识产权法典》第L.113-4条提出:合成作品的所有权属于实现它的作者,但保留之前作品作者的权利,即先存在的作品的作者和合成作品的作者对合成作品具有竞争性的权利。而添附应当造成一种剥夺所有权的形式[6],或者更明确地,一方的所有权灭失,而该权利归属于另一方的财产。[7] 在1993年1月13日的法令中,[8]巴黎上诉法庭拒绝了将添附的机制适用到文学艺术产权上。一般

---

〔1〕 P-Y. Gautier, L'accession mobilières d'oeuvres de l'esprit: vers une nouvelle querelle des Proculéniens et des Sabiniens: D. 1988, chron. p. 152.

〔2〕 P-Y. Gautier, Propriété littéraire et artistique, op. cit., n° 321, p. 631.

〔3〕 A. et H.-J. Lucas, Traité de la propriété littéraire et artistique, op. cit., n° 216, p. 189.

〔4〕 P-Y. Gautier, Propriété littéraire et artistique, op. cit., n° 324, p. 633.

〔5〕 P-Y. Gautier, Propriété littéraire et artistique, op. cit., n° 321, p. 634.

〔6〕 F. Zeanti et T. Revet, les biens, op. cit., n° 150, p. 181.

〔7〕 A. Robin, propriété intellectuelle et indivision, op. cit., n° 89, p. 82.

〔8〕 CA. Paris, 4ème ch. A, 13 janvier. 1993: D. 1993, IR, p. 201.

地认为民法典在添附方面的规定，不涉及无形动产的所有权。[1]

3. 时效和权利的原始取得

《法国民法典》第712条所规定的取得时效是指：在一定时间长期地占有而取得某物所有权的方式。[2] 是否可以通过取得时效拥有知识产权？答案是否定的，原因如下。一方面，如前所述，在认为知识产权客体是创造上的权利的前提下，不适用占有。Pollaud-Dulia提出，[3]作品可以同时被一定量的人所开发利用：作者，一个或者数个权利受让人，一个或者数个仿造者……同样地，占有也总是因模糊和混杂的瑕疵而损害。观察（遵守），形成于文学艺术产权的观点，可以明显地被扩展到知识产权总体上。Roubier在其著作里对商标进行了研究：在物权方面，一项有形财产只能被一人掌握在手中，那么商标可以同时被许多人所使用。[4] 另一方面，认为知识产权客体是创造本身甚至是有形载体的情形下，可以实现占有，但是占有应当是连续而不间断的、公开的、明确的和以所有权人的名义进行。这个规定和知识产权不相宜：发布，注册或者登记，反映出即时的行为，和连续性的要求不符。[5]

某些裁决承认取得时效可以用于知识产权，[6]最高上诉院似乎对此观点很赞成。[7] 学术界的一部分学者[8]认为，商标权具有与取得时效相近的法律地位：《知识产权法典》第L.714-3条提出商标权对逾期权利丧失的容许。情况如下：两人同时对作为商标的标志进行登记。明显地，注册在先的人拥有权利，原

---

[1] F. Terré et P. Simler, les biens, op. cit., n° 246, p. 201.

[2] M. Planiol et G. Ripert, Traité pratique de droit civil français, t. 3, les biens, par M. Picard, op. cit, n° 688, p. 697.

[3] F. Polland-Dulian, De la prescription en droit d'auteur: RTD civ. 1999, p. 587.

[4] P. Roubier, Le droit de la propriété industrielle, op. cit., t. 2, n° 253, p. 518. V. aussi: B. Parance, La possession des biens incorporels, Thèse, Paris Ⅰ, 2003, n^os 110 et s., p. 102 et s. On peut rapprocher cette situation de celle des indivisaires ou des copropriétaires dont l'exercice du droit est, par principe, équivoque. Pour la copropriété: Cass. 3^ème civ., 25 fév. 1998: Bull. civ. Ⅲ, n° 48; D. 1998, Somm. p. 346, obs. A. Robert (2^ème esp.); Defrénois 1998, p. 811, obs. C. Atias. Pour les indivisaires: Cass. 1^ère civ., 17 avr. 1985: Bull. civ. Ⅰ, n° 120; D. 1986, p. 82, note Breton; JCP 1985, Ⅱ, 20464, concl. Gulphe.

[5] A. Pélissier, Posseion et meubles incorporels, op. cit., n^os 431 et s., p. 228 et s.

[6] CA. Paris, 17 fév. 1904: Ann. propr. ind. 1907, p. 292.

[7] Cass. Req., 24 janv. 1906: Ann. propr. ind. 1907, p. 176.

[8] P.-Y. Gautier, Perte du droit sur la marque: renonciation, déchéance, nullité: J.-C1. Marques, Fast. 7405, 1995, n° 7, p. 4. A. Pélissier, Possession et meubles incorporels, n° 469, p. 250.

则上他可以对第二位注册人进行撤销之诉和仿造之诉。但是这个规定含有限制,因为《知识产权法典》第 L. 714-3 条第 3 款和第 L. 716-5 条第 4 款规定,如果第二位商标的注册是善意的和它的使用已经有五年,则不能被诉讼撤销。根据 Pelissier 的观点:这个规定的采用同时带来第一位注册人权利的灭失和第二位注册人时效取得的权利的稳固。更多的是,某些商标的逾期权利丧失的条件加强了这个说明:第二位注册人的善意和其对商标的使用要求和《法国民法典》第 2229 条规定的机制相近。[1]

但是这些观点并不完全具有说服力,因为虽然民法典的取得时效和知识产权法典的商标逾期权利丧失呈现某些相似性,但离绝对的一致性还很远。有人提出,《法国民法典》第 2232 条规定:单纯的权力行为和简单的容许行为既不能基于占有也不能基于时效。应当避免对民法典相关制度的简单类推,正如 Caron 所述:财产法不应当是无所不在的,否则在知识产权方面会抹去珍贵的特殊性。[2]

(三)权利的维护和永久性

1. 所有权的丧失和创造的存续

如果所有权和标的一起持续,那么必须承认它和标的一起消失。[3] 这个观点很有意义,反映出显而易见的道理:所有权只通过占有的物存在。[4] 物消失,所涉及的所有权也消失;物继续存在,所有权持续,除非物发生法律移转(买卖或者继承),或者自愿地被放弃。然而,这个逻辑在知识产权方面不适用。

立法者规定了在有限时间内对知识产权的保护:在著作权方面,保护作者的整个生命期间和死后 60 年。[5] 发明专利,保护期限为 20 年。[6] 最后,商标的

---

〔1〕 A. Pélissier, Possession et meubles incorporels, n° 471, p. 251.

〔2〕 C. Caron, Du droit des biens en tant que droit commun de la propriété intellectuelle, loc. cit, n° 1, p. 1624.

〔3〕 C. Pourquier, Propriété et perpétuité, Essai sur la durée du droit de propriété, P. U. Aix-Marseille, 2000, n° 244, p. 205. V. aussi: J. Carbonnier, Les biens, op. cit., n° 68, p. 130; F. Zenati et T. Revet, Les biens, op. cit. n° 110, p. 132; C. Larroumet, Les biens, Droits réels principaux, op. cit., n° 250, p. 134; P. Jourdain, Les biens, op. cit., n° 59, p. 63; P. Malaurie et L. Aynès, Les biens, op. cit., n° 461, p. 125.

〔4〕 《法国民法典》第 617 条规定:"用益权因设立用益权之物全部灭失而消灭。"

〔5〕 Art. L. 123-1, du CPI.

〔6〕 Art. L. 611-2, du CPI.

登记提供 10 年的保护期,这个保护期可以无限延长。[1] 当认为知识产权的客体是创造时,上述权利到期灭失时,其客体创造却继续存在。但如果所有权将知识权利自身作为客体,权利的逾期失效使得权利和其所有权消失。同理,当法定保护期限到期知识产权的用益权停止。这个不再是具体化的消失,而是法律上消失的问题。[2] 这个是完全可以解释得通的。但是,即使将知识产权权利作为所有权的客体,所有权不会因为不使用而丢失的原则在知识产权范围内仍旧提出了问题。

2. 所有权丧失和权利的不使用

所有权是永久性的,它不会因不使用的行为而失去,不适用《法国民法典》第 2262 条的灭失时效。[3] 可以通过取得时效获得所有权(取得时效),但是不能因为对物的不使用失去权利(灭失时效)。如 Terre 和 Simler 所说,[4] 在一个或长或短的时间里所有权人不使用,会有另一个人通过时效取得财产的所有权,取得的程序剥夺了所有权人对物的权利,但这并非因为不使用。对于知识产权领域,所有权不因不使用而丧失的规则不能简单适用。对于文学艺术产权,最高上诉院坚持所有权不因不使用丧失的规则[5] 并且法律明确规定了精神权利不受时效约束。[6] 相反地,工业产权,更明确地说是商标权,适用和所有权不受时效约束相反的体制,因为权利人可以自行让权利到期。

根据《知识产权法典》第 L. 714-5 条的规定,如无正当理由,在不间断的五年内没有对登记的产品或者服务认真地使用,将导致商标权的失效。[7] 这条规定的首要目的是清除不再使用的商标登记的障碍,这些障碍使得进行商标新的登

---

[1] Art. L. 712-1, al. 2, du CPI.

[2] C. Pourquier, Propriété et perpétuité, op. cit., n° 244, p. 205

[3] M. Planiol et G. Ripert, Traité de droit civil, t. 3, les biens, par M. Picard, op. cit., n° 213, p. 222.

[4] F. Terré et P. Simler, Ibid., n° 149, p. 137.

[5] Cass. 1ère civ., 13 nov 1973: D. 1974, p. 533, note C. Colombet; JCP 1975, Ⅱ, M. -C. Manigne; RIDA déc. 1974, p. 330, obs. A. Françon. Dans le même sens: Cass. 1ère civ. 17 janv. 1995: Bull. civ. Ⅰ, n° 39, p. 26 retenant que l'exercice par l'auteur du droit de propriété intellectuelle qu'il tient dela lio, et qui est attaché à sa personne en qualité d'auteur, n'est limité par aucune prescription; Cass. 1ère civ., 6 mai 1997: RIDA oct. 1997, p. 231.

[6] Art. L. 121-1, al. 3, du CPI.

[7] Art. 12, Dir. CE. n° 89/104 du 21 décembre 1988.

记十分困难。[1] 毫无疑问,商标不会自动失效,因为它要通过司法申请。[2] 但是不能否认时效具有使得权利人失去商标所有权的效果。换言之,所有权人的不作为造成权利的丢失,一旦法定的期限明确,五年的时间开始起算。这个情况使十分自然地联系到灭失时效的概念,不使用的权利随法定期限到期而灭失。即使这个到期失效被公共利益证明合理,它也明显地违背了所有权永久性的原则,在一般的认识中,不存在所有权因不使用而失效的其他例子。虽然《法国建筑法典》第 L. 641-12 条规定,某些闲置的地方会被重新征用,[3]但是重新征用没有造成所有权的丧失。Chapus 强调:重新征用的立法没有授权对不动产的所有权进行强制转移。

因此,立法者在商标方面采用的制度与关于所有权的一般法相比,不可否认显得独特。更根本地,整个哲学界鼓励工业产权挑战一般法的所有权。所有权完全可以同意其权利人处于被动,不使用物,而工业产权围绕大众利益,不能允许缺乏对商标或者发明的开发利用。所以,不只要考虑在法律技术领域,所有权和工业产权表现出不同的面孔,还应当考虑各自根本的目的所导致的不同的情形。

经过上述讨论,不应当再将《法国民法典》第 544 条规定的所有权扩展到知识产权,知识产权呈现非常明显的特殊性,所有权的定义显然不适用于知识产权。因此,似乎可以确认知识产权用益权不是一项所有权的派生权利。所以,知识产权用益权不同于一般法上的传统的用益权。和所有权相关的研究提出关于知识产权客体的问题,在用益权范围内这个问题凸显出尖锐性:知识产权用益权是设立在创造上的用益权还是设立在权利上的用益权?

## 第二节　知识产权用益权的客体

### 一、财产权利:用益权的客体

用益权可以适用于知识产权的观点冲击着学界,如今大部分的学者一致同

---

〔1〕 A. Chavanne et J-J. Burst, Droit de la pripriété industrielle, op. cit., n° 1090, p. 631.

〔2〕 Art, L. 714-5, al. 3, du CPI; Cass. com., 7 mars 1978; PIBD 1978, Ⅲ, n° 221, p. 327.

〔3〕 V. aussi l' article L. 642-1 à propos de la réquisition avec attributaire.

意财产权利可以成为用益权的客体。

（一）用益权和权利

部分学者认为财产可以是物和权利，另外一些认为只有权利可以是财产。如此，基于《法国民法典》第 581 条用益权可以设立在全部种类的财产上的规定，且如果认为只有权利是财产，那么应当承认，只有权利能成为用益权的客体。所以，应当检验财产实际上是不是权利？用益权的性质是否可以根据其涉及的权利的性质划分？

1. 财产和权利

财产只是权利的观点，获得了不可避免的成功。Savatier 提出：自从 Iherin 开始，法学家针对性地知道，实际上，所有的财产被分析为权利，是无形化的。〔1〕许多的学者追随这个观点，〔2〕他们强调：是物上的权利赋予物有用性和物的经济价值，它们可以用作交换的能力。〔3〕更根本的和更具说服性的观点是，只有将财产和权利相关才使人和财产的关系能够得到理解，这个关系是抽象的。在排他的和私有的收益的范围内，财产似乎是物而不是权利。上述观点的争论不相上下。我出售我的不动产和我转让我动产上的权利的说法显得都可以接受，两种情况是一样的。相反地，当数人对同样一物行使权利或者具有关系，则不一样。这个多重性可以各种形式表现，如共有权、用益权、役权、租赁等，这些情形更利于理解只有权利是财产，给予法律概念以实际意义。

应当对财产的概念进行思考。如果我们将在同一个物上行使权利的数人的情况，和财产的概念相对照，会发现没有任何人可以主张将该物归于自己，因为物不能分解。比如，虚有权人支配物的说法完全不符合实际：实际上，和传统的所有权人不同，虚有权人对物没有处分权，而是只有虚有权。这个权利是一种不能主张对物的价值的权利。如果从财产的估价方式方面来研究，会发现虚有权的价值和完全所有权的价值是不一样的。那么智力财产是创造还是权利呢？在

---

〔1〕 R. Savatier, vers de nouveaux aspects de la conception et de la classification juridique des biens incorporels; RTD cit., 1958, n° 1, p. 2.

〔2〕 E. Acollas, Manuel de droit civil, commentaire pilosophique et critique du Code napoléon, t. 1, Paris, 2ème éd., 1874, p. 522.; G. Marty et P. Raynaud, droit civil, les biens, par P. Jourdain, n° 1, p. 1; J. -L. Bergel, M. Bruschi et S. Cimamonti, les biens, op. cit., n° 1, p. 1; P. Malaurie et L. Aynèse, les biens, la publicité foncière, Cujas, 4ème éd., 1998, n° 6, p. 15.

〔3〕 J. -L. Bergel, M. Bruschi et S. Cimamonti, les biens, op. cit., n° 1, p. 1.

智力财产的转让中,受让人取得一部分的权利,而不是拥有创造的一部分。属于财产的是作品或者发明上的权利。如果财产是权利,就应当放弃有形财产和无形财产的区别。然而,不应当低估物有形或者无形对法律制度的重要性:某些概念适用于无形物,移转给非物质化的创造很困难。

应当承认用益权只设立在权利上,但要注意到:学者最经常区别设立在有形物上和设立在无形物上的用益权。[1] 即使财产是权利,也不应该忘记权利具有一个面貌,可以完全是有形物或者无形物,换言之,智力化的过程,将权利作为财产,当在物上行使权利时,物是有形的。另外,财产的使用最经常地被具体的行为所反映,比如孳息的收取。知识产权权利的用益权显得完全符合财产—权利的逻辑,但是对于法学家来说却是有障碍的,当涉及用益权的性质,根据作为其客体的权利的性质来划分。

2. 权利作为客体的用益权的性质

用益权被传统地划分为物权,或者说是所有权的派生权利,[2]或者将它作为根据物的可用性出发而设立的权利。[3] 另外,一部分学者提出:[4]用益权只能以有形物为客体,或者用益权是一项物权,否则其性质会被扭曲。[5] 那么当用益权设立在权利上,其性质如何?通过分析,可以得出客体的性质不会影响用益权的性质。

(1)物权不应当保留为有形物

传统观点认为,物权涉及物质化的财产,[6]无形财产缺乏有形体使得难以和物权的定义协调。Zenati 对此批评:所有权客体的有形性质和物权的有形性质是教条的。[7] 物权最初的概念是一个物上权利的反映,这是《法学阶梯》里或者

---

〔1〕 P. Malaurie et L. Aynès, les biens, op. cit., n$^{os}$813 et 814.

〔2〕 J.-L. Bergel, M. Bruschi et S. Cimamonti, les biens, op. cit., n° 245, p. 257.

〔3〕 F. Zenati, essai sur la nature juridique de la propriété, contribution à la théorie du droit subjectif, t. 2, op. cit., n° 345, p. 466.; F. Zenati et T. Revet, les biens, op. cit., n° 244, p. 274.

〔4〕 C. Aubry et C. Rau, Droit civil français, t. 2, les biens, 7ème éd. par P. Esmein, op. cit., n° 56, p. 88.

〔5〕 F. Terré et Ph. Simler, Droit civil, les biens, op. cit., n° 777, p. 633.

〔6〕 J. Ghestin, G. Goubeaux avec le condours de M. Fabre-Magnan, introduction générale, traité de droit civil sous la direction de J. Ghestin, LGDJ, 4$^{ème}$ éd., 1994, n° 223, p. 174.

〔7〕 F. Zenati, Ibid., n° 38, p. 66.

《学说汇纂》里的表述。[1] 另外,伟大的罗马主义者 Michel Villey 的著作具有很大的说服力:物权的概念完全不同于罗马法中的,[2]罗马法中物权的概念完全没有主体权利的设计。[3] 而如今物权的概念实际上和罗马法不同,从中世纪开始长期以来,法学家通过对罗马法的注释使得财产的概念移转为所有的财产都是权利。[4] 物上之权利获得飞跃发展。Zenati 证明封建土地制度有利于物权概念的发展:我们不是排他性地占有和完全地占有土地,而是土地权利的权利人。[5] 这个权利的权利人不是所有权人,根据注释法学派的观点,他同样可以拥有物权的行为,经营权变成财产权利的证件。[6]

后注释法学派对罗马法物权概念最为重要的改变毫无疑问是所有权性质的最终改变:所有权是人对物的权利,所有权根据其客体区分。某些注释法学派认为所有权不能将有形物作为客体,[7]物权是指物上的权利。[8] 主体权利的概念开始发展。教条主义派奠基之父是 Doneau,被认为是注释法学派和后注释法学派研究延续者,他认为物权作为主体权利,客体是权利。另外,他致力于将各种不同的主体权利分类,物权被作为物上权利来表述。

而当代学者竭力只将物权和物质性客体相联系。Pothie 认为,所有权既可以涉及有形物也可以涉及无形物。[9] Demolombe[10] 和 Dabin[11] 却认为,所有权

---

〔1〕 Pothier, Traité du droit de domaine de propriété, paris, 1772, n° 2.

〔2〕 M. Villey, le jus in re du droit romain classique au droit moderne, publication de linstitut du droit romain de l'universite de paris, Ⅵ, 1950, p. 187.

〔3〕 M. Villey, le jus in re du droit romain classique au droit moderne, loc. cit., p. 188.

〔4〕 F. Zenati, Essai sur la nature juridique de la propriété, contribution à la théorie du droit subjectif, t. 1, op. cit., n° 157, p. 217 et n° 193, p. 268.

〔5〕 F. Zenati, Essai sur la nature juridique de la propriété, op. cit., t. 1, n° 196, p. 270 et 271; F. Zenati et T. Revet, les biens, op. cit., n° 210, p. 245.

〔6〕 E. Chénon, les démembrements de la propriété foncière en France avant et après la Revolution, Sirey, 2ème éd., 1923, n° 9, p. 24.

〔7〕 Telle sera la position de Bartole, cité par F. Zenati, pour une rénovation de la théorie de la propriété: RTD civ. 1993, p. 308.

〔8〕 F. Zenati, Essai sur la nature juridique de la propriété, op. cit., t. 1, n° 205, p. 282.

〔9〕 F. Zenati, pour une renovation de la théorie de la propriété, loc. cit., p. 309.

〔10〕 C. Demolombe, Cours de Code Napoléon, vol. 9, Traité de la distinction des biens, t. 1er, op. cit., n° 540.

〔11〕 J. Dabin, le droit subjectif, op. cit., p. 177 et s.

的客体只有有形物。Planiol、[1] Aubry 和 Rau[2] 或者 Zenati[3] 认为,物权的客体完全可以是有形物或者无形物。这里汇集了两个前沿论点:第一个观点是认为混淆了权利和权利涉及的物;第二个观点是立法和实践果断对无形实体适用物权的概念,如知识产权或者知识产权的质押。应当抛弃只有形物能够成为物权的客体的观点,用益权作为物权,可以设立在全部种类的财产上。

(2)用益权客体对用益权的影响

Lucas 认为,权利客体的特殊性质不应该控制权利的分类。[4] 这个观点值得被特别地关注以避免混淆。学术界已经给出对人权和对物权的定义,对物权赋予其权利人直接的权利且是直接对物的权利,[5] 然而对人权间接由人在物上行使,介入权利人和物之间。对权利区分的标准是权利的内容而不是权利客体的性质。Dabin 强调:主体权利的分类不应当从物而应当从权利去推断。[6] 然而,知识产权性质的划分却具有这样的混淆,它们被划分为知识产权权利,[7] 顾客群的权利,[8] 专利的权利,[9] 这些权利的性质十分地不足,甚至一点也没有阐明。关于用益权的性质可以因为其所设立的财产的性质而改变的观点应当被抛弃,但是客体的性质可以对用益权的制度产生影响。

(二)知识产权的财产权利

1. 财产性质的知识产权权利

知识产权权利实际上涵盖了两类,文化艺术产权和工业产权。我们先关注作者具有的财产权利,然后是发明者或者商标权人的财产权利。

(1)作者的财产权利

《知识产权法典》第 L. 111-1 条第 2 款的情形使得法学家对于财产权利性质

---

[1] M. Planiol et G. Ripert, Traité pratique de droit civil français, t. 3, les biens, par M. Picard, op. cit., n° 50, p. 56 et 57.

[2] C. Aubry et C. Rau, Cours de droit civil français, t. 2, 7ème éd. Par Esmein, op. cit., n° 140, p. 233.

[3] F. Zenati, Essai sur la nature juridique de la propriété, op. cit., t. 1, n° 34 et s., p. 58 et s.

[4] A. et H. -J. Lucas, Traité de la propriété litteraire et artistique, op. cit., n° 23, p. 28.

[5] J. Dabin, le droit subjonctif, Dalloz, 1952, p. 167.

[6] F. Terre, introduction generale au droit, op. cit., n° 339, p. 352.

[7] E. Picard, Nouvelle classification des droits: JDI Clunet, 1883, p. 563.

[8] P. Routier, Droits intellectuelles ou droit de clientele, loc. cit.

[9] R. Frranceschelli, Nature juridique des droits de l'auteur et de l'inventeur in Melanges P. Roubier, Dalloz, 1961, t. Ⅱ, p. 453.

产生怀疑,该条规定著作权包含智力和精神成果的归属,以及财产成果的归属。实际上,财产的归属是真正的权利,如《知识产权法典》自己所肯定的,其第1编第2章第2节名为财产权利,和第L. 122-1条以明确的方式肯定开发利用的权利属于作者,包含了复制权和发表权,还有第L. 122-8条的追索权。我们称为著作权的,事实上是一个复杂的权利,呈金字塔等级的发展:著作权的最高塔尖的,可以定义为载体,然后的层级是精神权利和财产权利的划分,每一种权利又分为不同的层级。复制权、发表权是财产权利,追索权应当被认为是可以作为用益权客体的,是翻译权和改编权的必然结果。[1] 事实上,《知识产权法典》第L. 123-6条提出开发利用权的用益权,被L. 122-1条所定义的开发利用权不是发表权[2]或者复制权。[3] 另外,追索权的性质则表现出犹豫,因为某些人划分追索权为人身性质的金钱权利。[4] 不论它是什么,立法者在《知识产权法典》第123-7条阐明了态度,这条明确地规定追索权对继承人有利,且根据第L. 123-6条规定用益权属于配偶。[5] 这个方式解释了配偶的特殊用益权在某种程度上设立了一种赔偿。[6] 实际上,健在配偶根据这个被赠与的法定用益权,可以获得补偿。[7] 追索权不应当排除出财产权利。总之,应当认为所有财产性质的著作权,涉及复制权、发表权或者追诉权,应当是用益权的客体。

(2)工业产权的权利

财产权利的定义在工业产权方面,以和著作权明显不同的方式进行。实际上,和文化艺术产权不同,《知识产权法典》在关于专利权和商标权的部分,没有

---

〔1〕 Selon l'article L. 122-8, alinéa 1$^{er}$, du CPI, les auteurs d'oeuvres graphiques et plastiques ont, nonobstant toute cession de l'oeuvre originale, un droit inéaliénable de participation au produit de toute vente de cette oeuvre faite aux enchères publiques ou par l'intermédiaire d'un commerçant.

〔2〕 Selon l'article L. 122-2, alinéa 1$^{er}$, du CPI, La représentation consiste dans la communication de l'oeuvre au public par un procédé quelconque.

〔3〕 Selon l'article L. 122-8 du Code de la propréité intellectuelle, le droit de suite consiste en undroit inaliénable de participation au produit de toute vente de cette oeuvre faite aux enchères publiques ou par l'intermédiaire des commerçants. Pour une conception économique du droit de suite: Trib, Civ. de la Seine, 5 fév. 1937, sisley: DP 1938, 2, 41, concl. M. Jodelet, note J. Escarra.

〔4〕 M. Jodelet, concl. sous Trib. civ. ce la seine, 5 fév. 1937, sisley: DP 1938, 2, 41, note J. Escarra.

〔5〕 Art. L. 123-7 du CPI.

〔6〕 H. Desbois, droits d'auteur en France, op. cit., n° 348.

〔7〕 F. Pollaud-Dulian, Droits des auteurs, Régimes matrimoniaux et successions: J. CI. Propriété littéraire et artistique, Fasc. 1225, 2000, n° 93, p. 19.

以积极的方式明确专利或者商标原权利人的独占性权利内容,而是消极地宣告禁止第三人未经权利人同意的行为。[1] 这个权利应当从侵权的角度分析。在专利方面,《知识产权法典》第 L. 613-3 条考虑专利产品的制造,专利程序的使用,以及提供、商业应用、使用、输出或者持有产品。第 L. 613-4 条增加:将发明交付或对没有开发利用能力的人交付应用方法。所有这些行为,未经许可构成侵权。因此,应当认为专利的所有权人具有制造使用专利的权利。在商标方面,《知识产权法典》第 L. 713-2 条明确地规定:复制、使用或者张贴商标,以及对产品或者服务相同的复制商标的使用关于注册登记的规定相同。根据这个例举,实际上商标的所有权人主要具有两种权利:复制权(复制相同的或者限制性的独立标志)或者使用权(使用或者张贴产品商标)。另外,专利的垄断权的内容或者商标权利的内容由申请的内容确定,[2] 或者经过登记的产品或者服务商标指定,[3] 也就是说,财产权利取决于注册时申请的权利。

2. 知识产权的财产权利是非典型的财产

知识产权的财产权利属于财产,可以流通和因继承而移转。它们也不可避免地涉及非典型性财产,其特殊性带来学术界的它们的性质和体制的麻烦。知识产权财产权利第一个特殊性是它们的范围包括了非物质化的物,非物质化的物经由智力化的程序,实际上成为权利。这个动摇了学界的参考工具,1804 年的民法典主要基于可触摸的物质世界,而知识产权用益权本质是一个权利设立在另一个权利上,不可否认地产生实践中影响。Lucas 提出:相对于所有权人对有形物的控制,所有权的机制在知识产权方面反映出不很直接的控制。[4] 某些法律机制也表现出对知识产权权利的不适应性。Pollaud-Dulian 强调:著作权的非物质化特征使得接受占有的法律效果很奇怪。[5] 事实上,用益权制度的分析表现出:某些用益权相关的规定如来自民法典的,难以现状移转到知识产权权利上。知识产权权利第二个特殊性是它们有限的期限:作者排他的开发利用权利

---

[1] F. Pollaud-Dulian, Droit de la propriété industrielle, op. cit., n° 505, p. 218.

[2] Art. L. 613-2, alinéa 1er, du CPI.

[3] Art L. 713-3, du CPI.

[4] A. et H.-J. Lucas, Traité de la propréité littéraire et artistique, op. cit., n° 23, p. 28.

[5] F. Pollaud-Dulian, De la prescription en droit d'auteur, loc. cit., p. 585. Contra: A. Pélissier, Possession et meubles incorporels, op. cit. Sur cette question, cf. Supra, n° 123 et s., p. 73 et s.

由作者终身和其权利继受人在当年的民事年度和之后的70年受益。[1] 专利权，持续20年，从专利申请注册之日起算。[2] 对于商标权，《知识产权法典》第L. 712-1条第2款规定登记从申请注册之日起产生效力，有效期为十年，还规定登记是可以无限续期的。知识产权权利的有限期限是学界用来强调财产非典型性的论据。

## 二、作者的精神权利和用益权

和工业产权相反，[3]文化艺术产权明显地区分为作者财产权利[4]和作者精神权利。[5] 财产权利属于财产，而精神权利不能成为用益权的客体。然而，如果精神权利不能成为用益权的客体，它对用益权的牵连不能忽视，因为从作者死亡时起，它变为由用益人行使，适用法定继承规则或者根据死者的意愿继承的规则。

### （一）将精神权利排除出用益权的范围

#### 1. 作者精神权利的界定

精神权利的立法确认出现在1957年3月11日的法令中。实际上，精神权利是一项在先的权利，同时来自古罗马禁军的构建和学界的研究。[6] 如今，《知识产权法典》对精神权利规定了一章。[7]

最早的精神权利是发布的权利。《知识产权法典》第L121-1条规定，作者唯一享有对其作品的发布权。Desbois认为，这个具有随意决定权的权利是绝对性的，构成精神权利的范围。它具有精神作品的性质且要求行使财产权利。[8] 根据公布权，作者可以选择作品在公共领域流通的方式，也可以决定不发布。[9] 这个权利是创造和其作者之间存在特殊联系的表征之一。这个隐藏在内的联系，只有作者可以通过将作品提供到公共领域打断。但是注意和Desbois所认为

---

〔1〕 Art. L. 123-1, du CPI.

〔2〕 Art. L. 611-2, alinéa 1$^{er}$, 1, et L. 613-1, du CPI.

〔3〕 P. Malaurie et L. Aynès, les biens, op. cit., n° 207, p. 67.

〔4〕 Art. L. 122-1 et s., du CPI.

〔5〕 Art. L. 121-1 et s., du CPI.

〔6〕 Y. Gendreau, Genèse du droit moral dans les droits d'auter français et anglais: RRJ 1988-1, p. 45.

〔7〕 H. desbois, la loi du 11 mars 1957 sur la propriété littéraire et artistique, loc. cit., p. 167.

〔8〕 H. desbois, Le droit d'auteur en France, op. cit., n° 384, p. 473.

〔9〕 H. Mazeaud, le droit moral des artisy = tes sur leurs oeuvres et son incidence: D. 1959, chron., n° 9, p. 135.

的相反，[1]发布作品的权利不是财产权利产生的条件，《知识产权法典》第 L. 111-1 条第 1 款在这点上十分明确地规定，作者只因其创造的事实享有无形的产权权利；根据该条第 2 款，权利包含精神方面的权利和财产方面的权利。财产权利的存在并不和作者的发布权的行使相联系。[2]

随后是修改和撤销的权利，这是《知识产权法典》第 L. 121-4 条给予作者的权利。这个权利特性之一是使得《法国民法典》第 1134 条规定的合同强制性效力失效。[3] 作者一旦发布作品，可以重新适用这个权利并使得所有转让化为乌有。为对抗这种自主随意决定权，立法者预先为不幸的受让人规定了补偿。在作者决定再次公开其作品的情形下，受让人还具有优先权。这个权利的特性在作者死后灭失，其继承人或者受遗赠人不能收回权利的持有。[4]

精神权利的第三项权利，被定义为作者资格的权利，来自《知识产权法典》第 L. 121-1 条第 1 款，条文规定作者享有被尊重其姓名，其作者资格的权利，这个权利使得作者要求其姓名和其资格（名义、各种级别、荣誉等级以界定作者和代表其个人智力的因素）[5]在向公众告知时被提及。Gautier 强调：作者资格的权利是作者宣告其和作品的亲密关系的联系。[6] 作者资格的权利实际上呈现两方面：一方面，它提供给作者要求作品资格的权利，使用笔名或者匿名的权利；另一方面，作者拒绝将其姓名和假冒作品相联系的权利。[7]

最后一项精神权利，是《知识产权法典》第 L. 121-1 条第 1 款规定的尊重作品的权利。这个权利使得作者禁止任何对其作品的形式或者性质的改变。[8] 它们属于发布权利，因为如果作者接受向公众告知其作品，应当可以要求这个告知按照他本来所希望的那样进行。[9] 这个权利被判例所提及，如 1814 年 8 月

---

[1] H. desbois, Le droit d' auteur en France, op. cit., n° 384, p. 476.

[2] En ce sens: J. Raynard, Droit d' auteur et conflits de lois, Essai sur la nature juridique du droit d' auteur, op. cit., n° 280, p. 245.

[3] A. et H. -J. lucas, Traité de la propréité littéraire et artistique, op. cit., n° 391, p. 323.

[4] Trib. Civ. de la seine, 15 avr. 1964; D. 1964, p. 746, note H. Desbois.

[5] H. desbois, Le droit d' auteur en France, op. cit., n° 419, p. 513.

[6] P. -Y. Gautier, Prorpiété littéraire et artistique, op. cit., n° 120-1, p. 224.

[7] CA Paris, 30 mars 1826; D 1827, 2, 55; S1826, 2, 214.

[8] B. Edelman, Entre copyright et droit d' auteur: l' intégrité de l' oeuvre de l' esprit: D. 1990, chron., n° 12 et s., p. 298 et s.

[9] H. desbois, Le droit d' auteur en France, op. cit., n° 440, p. 533.

17 日 Seine 民事庭的裁决提出:一项作品被作者出售给印刷方或者书店的,应当提及作者的名字,应当按作者交付或者出卖作品时的状态进行印刷。[1]

精神权利的属性相继表现出精神权利和作者相联系,如果没有直接涉及作者也是涉及创造本身。精神权利的人的性质被《知识产权法典》第 L. 121-1 条第 2 款所确定。[2] 这个特殊性使得精神权利具有自己法律特性。精神权利性质的问题和人格权关系密切。精神权利显出它主要的个人性质,将精神权利关联到人格权的种类在学术界享有极大的共鸣。[3] 作者精神权利的个人性质除外,其超财产的性质[4]也证明其归类于人格权是合理的。[5] 人格权和精神权利之间的共同点是:不可转让性、不可触摸性和非时效性。但是精神权利归类于人格权存在问题,因为人格权所包含权利具有多样性和缺乏明确的标准。[6] 而且,人格权绝对地和人相关,而精神权利只是存在于作品的创造行为中。另外,精神权利因为和经济的关系与人格权也表现出不同。[7]

2. 精神权利不能作为用益权的客体

精神权利超财产的特性反对和任何财产的等同。精神权利的其他特性,主要是不可转让性和非时效性,并不会使得它们拒绝财产的定义。《法国民法典》第 1128 条规定某些财产不能成为合同的标的,[8]可转让性不是划分为财产的前提。对于非时效性,Polland-Dulian 说道:文学艺术产权不适用取得时效和灭失时效。[9] 所以,作者精神权利的特性是超财产性。Perreau 提出:财产权利是设立在财产上的,或者以一种更广泛的方式规定了财产的使用。[10] 相反地,超财

[1] Trib. Civ. de la Seine, 17 août 1814, cité par R. Lindon, Une création prétorienne, les droits de la personnalité, Dalloz, 1974, n° 498, p. 286.

[2] Ce droit est attaché à sa personne.

[3] V., par exemple: en doctrine spécialisée: E. Silz, la notion juridique de droit moral de l'auteur son fondement, ses lilmites: RTD civ. 1933, p. 331.

[4] Civ. 1ère, 10 mars 1993: D. 1994, p. 78, note A. Françon.

[5] J. Ghestin et G. Goubeaux avec le concours de M. Fabre-Magnan, Introduction générale, op. cit., n° 226, p. 179.

[6] A. Ghestin et G. Goubeaux avec le concours de M. Fabre-Magnan, Introduction générale, op. cit., n° 226, p. 179.

[7] Certains droits de la personnalité comme le droit à l'honneur et à la réputation échappe, à l'instar du droit moral, au prodessus de patrimonialisation.

[8] G. Loiseau, Typologie des choses hors du commerce: RTD civ. 2000, p. 47.

[9] F. Pollaud-Dulian, De la prescription en droit d'auteur, loc. cit., p. 594.

[10] E. -H. Perreau, Les droits de la personnalité, loc. cit., p. 503.

产性质的权利和财产无关,但是和人有关,排除了所有经济方面的开发利用。[1]这是在具有(和人相关)和取得(来自财产)之间的突出的区别,因此精神权利和人格权不同。

精神权利通过继承移转没有否认这个观点。实际上精神权利不属于继承人的财产,[2]换言之,权利人不占有精神权利,[3]只是成为权利人以保障和最为忠实地遵守已逝的作者的意愿。[4] 精神权利应用的目标不是获取损害赔偿,而是停止对作品进行的所有侵害,且对侵害人起诉。如 Hovase-Banget 所强调的:超财产权利的继承性移转被死者人格延续性的原则证明合理。[5] Ravanas 对此注意到:财产继承为继承人的利益而安排,而精神继承是为了保护逝者人格。[6]不应当将财产的移转和精神继承放在同一平面上。Patarin 强调:继承移转的法定秩序取决于亲等关系或者夫妻关系,[7]而精神权利的移转考虑忠实于作者想法和意愿的因素,并不限制精神权利的继承人为血缘关系继承人。[8]

精神权利具有超财产特性,不能划分为法律财产,因此不能成为用益权的客体。将用益权制度用于精神权利似乎不可能,实际上用益权主张对他人财产的收益。精神权利移转给继承人,不能成为这种收益的客体,继承人没有因精神权利而受益,而是为了已逝作者的保护而继承。[9]《知识产权法典》第 L. 123-6 条将健在配偶用益权限制在开发利用权上是一个证明,但是这并不代表精神权利和用益权无关,刚好相反,在设立知识产权用益权的阶段中,精神权利可以移转给用益权人,即实践中的健在配偶或者用益权的受遗赠人。但是,如果用益权人可以成为精神权利的权利人,这不是因为精神权利是一项作为用益权客体的财产,而是因为它是一项法定继承移转的权利。

---

〔1〕 P. Kayser, Les droits de la personnalité, loc. cit., n° 36, p. 492.

〔2〕 V. H. Desbois, note sous Tribunal de Reims, 9 janvier. 1969.

〔3〕 H. Desbois, Le droit d'auteur en France, op. cit., n° 466, p. 570.

〔4〕 A. et H.-J. Lucas, Traité de la propriété et artistique, op. cit., n° 466, p. 373.

〔5〕 S. Hovasse-Banget, La propriété littéraire et artistique en droit des successions, op. cit., n° 39, p. 36.

〔6〕 J. Ravanas, note sous Cass. Civ. 1ère 17 déc. 1996, Picabia: D. 1997, n° 16, p. 447.

〔7〕 J. Pararin, note sous Cass. Civ. 1ère, 11 janv. 1989, Utrillo: RTD civ. 1989, p. 367.

〔8〕 Le droit moral ne peut donc être assimilé à un bien de famille. Sur ce point, voir: B. Edelman, note sous Civ. 1ère, 17 déc. 1996, Picabia: D. 1997, n° 6, p. 446.

〔9〕 在作者死后的精神权利的行使和财产继承是不同的。

(二)用益权和精神权利的持有

精神权利大体是根据继承法一般规定移转的，而《知识产权法典》专门规定了发布权的特殊移转。

1. 根据继承法的一般规定移转精神权利

根据《知识产权法典》第 L. 123-6 条的规定，健在配偶享有作者没有处分的开发利用权的用益权。这个开发利用权利包括复制权、发表权和追索权，保留作者生前被剥夺的或者转让的权利。如果健在配偶可以根据规定成为用益权人，那他也可以成为精神权利的权利人。《知识产权法典》第 L. 121-2 条第 2 款规定，作者死后，其死后作品的发布的权利由作者指定的一个或者数个遗嘱执行人在其生存期间进行。[1] 如果他们没有发布，在他们死后，除非作者有不同的意愿，这个权利按以下顺序行使：后代、没有分居判决或者再婚的配偶、获得全部或者部分遗产的后代之外的继承人和全部的受遗赠人或者全部的将来财产的被赠与人。这条规定是否可以适用于精神权利的移转？最高上诉院在 Utrillo 案件[2]中否认，判决第 L. 121-1 条的特殊移转仅限用于发布权上。应当认为作者资格权利和尊重作品的权利[3]适用一般法的移转规定。何种情形下健在配偶用益权人是精神权利的权利人？有如下三种情形。

(1)遗嘱指定的执行人

根据《知识产权法典》第 L. 121-1 条第 5 款的要求，精神权利的行使根据遗嘱的规定赋予第三人。适用这条规定，就是承认作者可以通过遗嘱指定一个执行人。[4] 健在配偶完全可以成为这个被指定的人。那么在缺乏明确的遗嘱规定的情形下，用益权人作为遗嘱指定的执行人，是否是精神权利的权利人？《知识产权法典》第 L. 121-2 条第 2 款并没有规定遗嘱执行人对权利的行使。另外，从 1989 年的 Utrillo 案件[5]开始，最高上诉院偏向于宣告移转规则的分离，发布权的移转规则不同于尊重作品权和作者资格权的移转规则。所以，后者根据民

[1] A. Gobin, La dévolution successorale du droit moralpost mortem: Gaz. Pal. 1985, doct. p. 153.

[2] Civ. 1ère, 11 janv. 1989, Utrillo: D. 1989, p. 308, note B. Edelman.

[3] Le droit de repentir ou de retrait s'éteint avec l'auteur: trib. civ. seine. 15 avr. 1964: D. 1964, p. 746, note H. Desbois; Gaz. Pal. 1964. 2, p. 23, concl. Gulphe.

[4] A. et H. -J. -Lucas, Traité de la propriété littéraire et artistique et les successions testamentaires: Defrénois 2001, article 37411, p. 1163.

[5] Civ. 1ère, 11 jan. 1989, Utrillo, préc.

法典的一般规定进行移转。《法国民法典》第1025条及以下规定了可以遗嘱指定一个执行人，其任务是维护遗嘱[1]和被执行的情况，[2]接受所有不涉及遗嘱执行的任务。[3] Grimaldi强烈地指出：遗嘱指定的执行人之占有不是指定其对死者行为和权利总体的行使，和法定占有不同，法定占有是指定继承人积极地和消极地行使死者权利义务总体。[4] 所以，对于遗嘱执行任务已经明确范围的，遗嘱指定的执行人不可以行使作者资格权利和尊重作品的权利。死者如无明确表述，根据法定继承的顺序进行移转。然而，这个方案显得大胆，它导致了对死者意愿的不了解。某些学者认为遗嘱指定的执行人可以行使精神权利的所有特性。[5] Hovsse-Banget认为，对精神权利遗嘱移转不能通过遗嘱执行的方式进行。实际上，大部分学者[6]和判例[7]认为遗嘱执行是一种死后委托的形式，[8]这个意味着遗嘱的执行应当[9]最好保护死者的精神利益。[10] 在这方面，遗嘱执行人被赋予精神方面的总体权利，他不再简单地被设计为一个单纯的遗嘱保护人而是一个真正的受遗赠人。遗嘱执行人理论上是死者的亲属，获得死者所有的信任。[11] 应当坚持遗嘱执行人不是民法典所规定的遗嘱执行人的事实。[12] 可以考虑使用文学执行人的表述，不会和民法典的表述产生混淆。无论何种原因指定遗嘱执行人，作者应当对行使其精神权利的人具有信任。[13]

(2)指定的受遗赠人

《民法典》第1002条及以下的条文，规定了遗赠的几种形式。遗嘱处分可以

---

[1] R. Verdot, La délimitation des pouvoirs de l'exécuteur testamentaie: D. 1963, chron. p. 81.

[2] Art. 1031, al. 4, in limine du code civil.

[3] M. Grimaldi, Libéralités. Partages d'ascendants, Litec, 2000, n° 1483, p. 374.

[4] M. Grimaldi, Libéralités. Partages d'ascendants, Litec, 2000, n° 1483, p. 374.

[5] P. -Y. Gautier, La propriété littéraire et artistique en droit des successions, op. cit, n° 153, p. 161.

[6] C. Beudant, Cours de droit civil français, t. Ⅶ, 2ème vol., les donations entre vifs et les testaments, Paris, 2ème éd.

[7] Cass. Req., 9 avr. 1941: JCP 1942, Ⅱ, 2033, note P. Voirin; RTD civ. 1942, p. 92, obs. R. Savatier.

[8] M. Grimaldi, Libéralités. Partages d'ascendants, op. cit., n° 1480, p. 369 à 371.

[9] F. Collart Dutilleul et P. Delebecque. Contrats civils et commerciaux, Dalloz, 7ème éd., 2004, n° 638.

[10] P. Blondel, La transmission à cause de mort des droits extrapatrimoniaux et des droits patrimoniaux caractère personnel, op. cit., n° 206, p. 169.

[11] F. Lectellier, Les pouvoirs de l'exeuteur testamentaire.

[12] P. -Y. Gautier, La propriété littéraire et artistique et le droit patrimonial de la famillenrapport de sythèse, loc. cit., p. 1176.

[13] C. Joubert, La protection des oeuvres posthumes, Thèse, Paris, 1959, p. 139.

是数个的,也可以是整体的,还可以分别的,[1]但是不能进行只有精神权利的赠与。实际上,遗嘱人只能遗赠商业领域的物。[2] 精神权利,从它的超财产性质出发不能和商业中的财产同化,它不能作为遗赠的唯一的客体。[3] 相反,死者可以选择单独的财产权利的遗赠,在这种情形下,受遗赠人不能要求某种精神权利。

作者还可以指定一个关于财产整体的受遗赠人[4]或者在其文化艺术产权全部财产权利上具有整体受赠名义的受遗赠人。[5] 在作者决定将其著作权遗赠用益权的情形下,用益权人当然可以是健在之配偶,也可以是第三人,继承人或者不是继承人。[6] 设立用益权的艺术财产遗赠的情形中,谁是精神权利的权利人呢?第一,当遗赠将用益权设立在财产整体上,1996 年 12 月 17 日 Picabia 法令[7]明确将精神权利包含在继承整体财产中。根据《法国民法典》第 612 条的规定,用益权人和虚有权人一起作为权利人,具有整体受遗赠人的资格,是精神权利的权利人。然而,判例认为遗赠的用益权绝不是整体的,[8]相反地,财产整体的虚有权的遗赠是一个全部的遗赠。[9] 也就是说只有虚有权人具有被认为是整体受遗赠人的资格,是除特留份继承人外的精神权利的唯一权利人。第二,遗赠的用益权设立在作者的财产权利上。作者也可以只指定财产权利用益权的受遗赠人。在这种情形下,遗赠的是用益权[10]或者虚有权,[11]只能以整体的名义进行遗赠。虚有权人,整体名义受遗赠人,是精神权利的排他性权利人。实际上,不存在严格的论据以证明精神权利只可以通过用益权人行使或者和虚有权人一起行使。为了保证精神权利移转规定的某种协调,在受遗赠的情形下,偏向

---

〔1〕 Art. 1002, alinéa 1^er^.

〔2〕 J. Hérail, V legs: Rép. Civ. Dolloz, 2002, n° 74, p. 8.

〔3〕 A. et H. -J. Lucas, Traité de la propriété littéraire et artistique, n° 474, p. 378.

〔4〕 Art 1003, du C. civ.

〔5〕 Art. 1010, du C. civ.

〔6〕 S. Hovasse-Banget, La propriété littéraire et artistique ebn droit des successions, op. cit., n° 221, p. 223.

〔7〕 Cass. 1^ère^ civ., 17 décembre 1996, préc.

〔8〕 Cass. Req., 31 janv. 1893: DP 1893, 1, p. 359.

〔9〕 M. Planiol et G. Ripert, Traité pratique de droit civil français, t. 5, Donations et testaments, op. cit., n° 618, p. 775.

〔10〕 Cass. Req., 29 juin 1910, préc.

〔11〕 Cass. Req., 3 déc. 1872: DP 1873 n° 1, p. 233.

于接受精神权利可以由虚有权人行使。

(3)遗嘱继承的情形

在遗嘱继承的情况下,精神权利的特性,随着一般法规定的制度,将一起移转给某些继承人和健在之配偶。实际上,根据2001年12月3日的法令编纂的《法国民法典》第756条规定:可继承的配偶被指定继承,或者单独的,或者和死者的其他亲属一起。根据这一条,子女,后代或者父亲母亲,还有健在配偶都被认为是精神权利的权利人。[1] 显然,情况自2001年12月3日起有所改变:旧的制度里后代的顺序居于遗嘱移转的第一位,在配偶用益权人存在的情况下,后代成为精神权利的权利人[2];新的体制暗示着精神权利共同属于后代和配偶用益权人,[3]这就涉及共同继承的问题。Hovasse-Banget强调,法律没有包含任何特殊的规定,以安排精神权利被指定继承人的协作行使。[4] 可以考虑精神权利在死者亲属和健在配偶之间不可划分,然而不可分概念适用于精神权利显得十分的棘手。精神权利具有超财产性质,[5]与财产权利不同,财产权利可以分割,[6]其不可分的性质是临时的。共有财产中的个人权利可以转让,但是精神权利不能成为这种转让的客体,[7]因为这是不可转让的。

将共有适用于精神权利的协作情形显得棘手。Hovasse-Banget提出一个比较新的理论:债的共同权利人。[8] 债的共同权利人[9]存在于一个债具有数个借方的情况。[10] 这个定义显得是精神权利上存在数个权利人的真实反映:他们

---

[1] Cette solution était d' ailleurs privilégiée par certains auteurs: V., par exemple: S. Zarka, divorce ni séparaton de corps, il réunit toutes les qualités requises de l' héritier morale, puisqu' il est considéré comme un membre de la famille de son conjoint et qu' une affection présumée en raison de la communauté de vie l' unissait à lui.

[2] S. Hovasse-Banget, La propriété littéraire et artistique en droit des successions, op. ict, n° 150, p. 160.

[3] A. Lucas-Schloetter, Cosette ou le temps des illusion: de la prétendue perpétuité du droit moral en droit français: Droit de la famille, mars 2002, n° 6, p. 9.

[4] S. Hovasse-Banget, La propriété littéraire et artistique endroit des successions, op. cit, n° 179, p. 188.

[5] M. Planiol et G. Ripert, traité paratique de droit civil français, t. 3, les biens, n° 180, p. 189.

[6] Alors que le droit au partage est considéré comme la pierre angulaire de tout le droit de l' indivision.

[7] P. Catala, L' incivision: Defrénois 1979, article 31874, n° 1, p. 5.

[8] S. Hovasse-banget, la propriété littéraire et artistique en droit des succession, op. cit, n° 182, p. 1169.

[9] On parle également d' obligations plurales: H. L., et J. Mazeaud et F. Chabas, obligations, théorie générale, t. 2, Vol. 1, 9ème éd.

[10] M. Planiol et G. Ripert, Traité pratique de droit civil français, t. Ⅶ. Obligations, 2ème partie, 2ème éd., avec le concours de P. Esmein, J. Radouant et G. Gabolde, LGDJ, 1954, n° 1054 et s.

有一个义务去保障对死者超财产利益的尊重。更多地,共同权利人是一个继承法中的经常性现象。〔1〕 数个债的权利在某些情形下具有不可分性,〔2〕概念可适用于精神权利。〔3〕 但是援引债的共有权利的概念也反映出其局限性:存在债的联系,还应当辨别债权人和债务人?谁可以被认为是义务的债权人,已经死去的作者?毫无疑问是其继承人,继承人是债权人,也是债务人,这就产生了混淆。〔4〕 另外,债的共同权利人的目的,为不可分的共有,显得和精神权利继承人所追求的不同。〔5〕 债不论是何种来源,都是财产,〔6〕这个定义无法驾驭精神权利的特殊性质。

对于继承人和健在配偶之间的协作的制度,根本性的疑问在于要知晓精神权利如何被采用。具体而言,应当明确是否每一个人可以单独地行使或者是否统一地规定。最为简单的解决方案毫无疑问是指定一个受托人〔7〕来代表不同的协作权利人。如果没有受托人,则应当认为每一个人可以起诉以保护死者的利益。

2. 发布权的特殊移转

发布权的移转由《知识产权法典》第 L. 121-2 条第 2 款专门规定,首先是作者遗嘱指定的一个或者数个遗嘱执行人,然后是其他继承人,包括健在配偶。如 Ddesbois 所强调,优先移转给遗嘱执行人是基于对死者意愿的尊重的最大保障和对作品的尊重的考虑:只有作者本人才能被选择为精神权利的占有人。〔8〕 三种人可以成为被遗嘱指定的执行人:首先是健在配偶,其次是其他继承人,最后是任何其他人,包括朋友、集体作品的公司〔9〕等。

在健在配偶享有用益权的情形下,健在配偶的地位根据是不是遗嘱执行人

---

〔1〕 S. Hovasse-Banget, La propriété littéraie et artistique en droit des successions, op. cit, n° 182, p. 191.

〔2〕 H., L., et J. Mazeaud et F. Chabas, Obligations, Théorie générale, op. cit., n° 1073, p. 1124 et s.

〔3〕 S. Hovasse-Banget, la propriété littéraire et artistique en droit des successions, op. cit., n° 182, p. 191.

〔4〕 《法国民法典》第 1300 条规定:"债权人和债务人的资格集于同一人时,依法当然发生权利混同。"

〔5〕 S. Hovasse-Banget, la propriété littéraire et artistique en droit des successions, op. cit, n° 182, p. 1999.

〔6〕 B. Starck, H. Roland et L. Boyer, Les obligations. Regime général, Litec, 6ème éd. Par H. Roland, 1999.

〔7〕 La doctrine est en effet favorable à la possibilité de confier l'exercice du droit moral à un mandataire: P.-Y. Gautier, Le mandat en droit d'auteur in Propriétés intellectuelles, Mélanges en l'honneur de André Françon, Dalloz, 1995, notamment n° 4, p. 226.

〔8〕 Art. 815-2 du Code civ.

〔9〕 A. et H.-J. Lucas, Traité de la propriété littéraire e artistique, op. cit., n° 467, p. 373.

而改变。如果健在配偶用益权人具有遗嘱执行人的资格,同时作为发布权的权利人和财产权利的用益权人,他在行使发布权之后,可以行使其用益权。相反地,如果遗嘱执行人为其他继承人,健在配偶成为利害关系人。在这种情况下,没有发布权会造成开发利用权的瘫痪,用益权人不能利用财产的收益,原因是禁止他缔结转让的合同。健在配偶行使其用益权取决于其他继承人发布或者不发布作品的随意决定。健在配偶作为开发利用权的用益权人,如在作品没有发布的情况下损害精神权利,负有被处罚的民事责任,[1]除非用益权人证明遗嘱执行人滥用发布权的不使用。《知识产权法典》第 L. 121-3 条规定:故去作者的代表如果明显地乱用或者不使用第 L. 121-2 条规定的发布权利,大法院的法庭可以命令执行任何合适的措施。

在没有指定遗嘱执行人,或者遗嘱执行人已经死亡的情况下,《知识产权法典》第 L. 121-2 条第 2 款规定发布权以如下顺序行使:后代、没有分居判决或者再婚的健在配偶、获得全部或者部分遗产的后代以外的继承人和全部的受遗赠人或者将来全部财产的受赠人。在这种情形下,发布权也能移转给健在配偶之外的其他人,所以也可能阻碍健在配偶行使用益权。若发布权移转给后代,后代在大部分情况下也是开发利用权的虚有权人。如果作者没有指定遗嘱执行人,且没有后代,涉及移转顺序的修改和将发布权不是赋予健在配偶,而是赋予某长辈或者某受遗赠人或者全部财产的受赠人。实际上,作者可以完全地剥夺其健在配偶的在开发利用权利上的用益权,实在没有必要给予健在配偶用益权又剥夺其发布权。在作者没有后代且没有表明不同意愿的情形下,或者存在作者的后代,死者明确将发布权赋予健在配偶的情形下,健在配偶用益权人可以成为发布权人的权利人。

## 第三节　知识产权用益权的设立方式

根据《法国民法典》第 579 条的规定:用益权根据法律设立或者根据人的意

[1] Cass. Crim. ,13 déc. 1995; A. et H. -J. Lucas, Traité de la propriété littéraire et artistique, op. cit. , n° 383. p. 312 et 313.

愿设立。用益权划分为法定用益权和协议的用益权，但是在适用于知识产权时遇到了问题。首先，关于法定的用益权，应当注意《知识产权法典》第 L. 123-6 条的健在配偶的用益权。实际上，这个特殊的用益权具有特殊的制度，大部分违反了一般法的规定，一般法可以适用于工业产权权利，但对此权利没有特殊规定。[1] 这个特殊用益权的某些问题实际上仍旧由民法典管理。所以，应当结合特殊法和一般法的规定对知识产权上的健在配偶用益权进行分析。关于根据人的意愿所设立的用益权，这是应当采取合同形式设立的用益权，是否应当将《知识产权法典》关于开发利用合同程序适用于设立知识产权用益权？

## 一、健在配偶的特殊用益权

### （一）特殊用益权获得条件

在文学艺术产权方面，《知识产权法典》第 L. 123-6 条规定：在 L. 123-1 条所指的期间，健在配偶没有被判决分居，或者没有再婚的，如知识产权人没有处分开发利用权，则健在配偶享有用益权。但是，如果知识产权人留下特留份给继承人，则这个用益权要因为特留份的继承人而扣减。扣减的方法根据《法国民法典》所确定的比例进行分配。《知识产权法典》第 L. 123-6 条第 2 款规定：如该配偶再婚，则用益权灭失。

关于健在配偶享有特殊用益权的条件，《知识产权法典》第 L. 123-6 条规定的第一个条件是未分居。令人惊讶的它只是提到分居，而没有提及离婚。那么离婚的配偶可以享有著作权的用益权，而一般法中[2]已经离婚的健在配偶不是能够继承的配偶。这样出现令人惊讶的局面：离婚的配偶不能继承死者的传统的财产，但是可以主张对文化艺术财产权利的用益权。第二个条件，将用益权的行使从属于健在之配偶没有再婚，它比《法国民法典》的规定更宽松，[3]民法只要求配偶没有离婚。Pollaud-Dulian 认为，知识产权人的前配偶享有用益权，其前提条件是对知识产权人忠实，没有再婚。立法者不想让寡妇继续享有她从第一个婚姻中得到的益处。[4] 他进一步补充：前夫可以通过遗嘱或者其他方式，

---

〔1〕 当健在配偶放弃享有特殊用益权，著作权也适用一般法的规定。著作权纳入普通的财产。

〔2〕 Art. 732 du C. civ.

〔3〕 F. Pollaud-Dulian, Droits des auteurs, Régimes matrimoniaux et successions, loc. cit., n° 93.

〔4〕 E. Pouilet, ibid.

废除这个前提条件，且毫无保留地把知识产权的用益权授予给已离婚的健在配偶。[1] 毫无疑问，这个解决方法具有重要的现实性。

健在配偶享有著作权用益权不是以没有对继承中其他财产的完全所有权为条件的。[2] 《知识产权法典》第 L. 123-6 条，已经于 2001 年 12 月 3 日修改，规定特殊用益权是和民法典中的健在配偶的其他权利相独立的。[3] 很明显《知识产权法典》规定的特殊用益权属于健在配偶优先的利益。现实中，健在配偶将放弃第 L. 123-6 条规定的用益权，以可以享有完全所有权的份额，死者的遗产中的其他财产将回到他手中。

（二）特殊用益权的不稳固性

用益权作用的脆弱性，在著作权方面，反映在两个方面。一方面，可以限制用益权的设立范围，通过已逝作者已经实现的处分行为的事实，用益权消失；另一方面，可以在损害了特留份继承人的情形下对用益权进行扣减，从 2001 年 12 月 3 日法令开始适用继承法中的用益权一般规定。

1. 没有为健在配偶设计特留份额

健在配偶已经被民法典的编纂者认为是不同于死者的原生家庭的。Simeon 在 1803 年 4 月 19 日的法庭合议宣告：健在配偶，无论和死者的关系多么紧密，都属于另外一个家庭。[4] 继承法的考虑主要和那个时期的哲学相关：维护家庭财产。所以，健在配偶没有在民法典[5]规定的法定的继承人种类中找到位置，只是在缺乏血缘继承人[6]的情况下由配偶继承。《法国民法典》第 767 条规定，当死者没有可继承亲等的亲属，也没有自然血亲的子女，他的继承财产属于健在的未离婚的配偶，[7]健在配偶被划分为非常规的继承人。[8] 我们偏向于夫妻协

---

〔1〕 H. L. et J.

〔2〕 Desbois, Le droit d'auteur en France, op. cit., n° 349, p. 350 et s.

〔3〕 Pour un exemple avant la loi de 2001, voir l'affaire Goscinny：寡妇 Goscinny 作为捐赠受益人有权选择夫妻间的可支配份额。她选择了 1/4 财产的所有权，和 3/4 财产上的用益权。

〔4〕 J. -G. Locré, La législation civile, commerciale et criminelle de la France ou comentaire et complément des codes français, t. 10 x, Paris, 1827, p. 295.

〔5〕 T. Huc, Commentaire théorique et pratique du Code civil, t. V, Paris, 1893, n° 118, p. 153.

〔6〕 Cette solution était déjà celle du droit révolutionnaire：décret des 22 novembre et 1er Décembre 1790 et loi du 17 du nivôse an Ⅱ.

〔7〕 E. L. Bach, Contribution à l'étude de la condition juridique du conjoint survivant：RTD civ. 1965, n° 3, p. 547.

〔8〕 C. Demolombe, Cours de Code napoléon, Volume ⅩⅣ, Tome Ⅱ, Des Successions, op. cit., n° 4, p. 3.

议的自由、遗嘱处分的自由以及夫妻间赠与的自由，以保障尚生存一方的需要。[1]

健在配偶不能作为特留份继承人。特留份作为家庭义务，[2]在家庭内部进行。[3] 健在配偶被民法典的编纂者认为是和死者的原生家庭不同的，[4]家庭的概念是基于血缘关系建立的家庭。民法典中的保留只是给予近亲属：后代或前辈。[5] 健在配偶的地位随着社会演变而得到改善：或者由 1866 年 7 月 14 日法令的特殊规定赋予健在配偶关于死去的作者没有处分的开发利用权利的用益权，[6]或者由被 1891 年 3 月 9 日法令编纂的《法国民法典》第 767 条的一般顺序的规定，[7]给予缺乏血缘关系继承人的死者的健在配偶全部财产的完全所有权，或在存在继承人的情形下和这些继承人一起享有一部分的用益权。[8]

立法演变已经不可避免地完善了健在配偶的命运，注意到了其用益权因特留份财产并不稳固，尽管家庭的概念也集中到夫妻上，[9]且某些司法裁决偏向于这种分配。[10] 我们知道确认给死者配偶的用益权具有扶养的色彩，[11]所以涉及更多地使健在配偶寡居时保留她在另一方死亡前的夫妻共同体存在时的位

---

〔1〕 M. Planiol et G. Ripert, Traité pratique de droit civil français, Tome Ⅳ, Successions, 2ème éd., par J. Maury et H. Vialleton, LVDJ, 1956, n° 117, p. 191 et 192.

〔2〕 F. Terré et Y. Lequette, Droit civil, Les successsions, les libéralités, Dalloz, 3ème éd., 1997, n° 622, p. 498.

〔3〕 H. L. et J. Mazeaud et F. Chabas, Leçons de droit civil, Tome Ⅳ, volume Ⅱ, Successions, Libéralités, Montchrestien, 5ème éd. par L. et S. Leveneur, 1999, n° 866, p. 189.

〔4〕 F. Terré et Y. Lequette, Droit civil, Les successions, les libéralités, op. cit., n° 167, p. 149.

〔5〕 H. L. et J. Mazeaud et F. Chabas, leçons de droit civil, t. Ⅳ, volume Ⅱ, Successions, Libéralités, op. cit., n° 866, p. 189.

〔6〕 该法令第 77 条规定：在 50 年期间，不管是适用何种婚姻制度，健在配偶享有作者生前没有处分的收益权。

〔7〕 A. Sachon, Commentaire de la loi qui modifie les droits de l'époux sur la succession de son conjoint prédédédé: Rev. crit. leg. jurisp. 1891, p. 223.

〔8〕 La loi du 29 avril 1925 étend l'usufruit du conjoint à la totalité de la sussession lorsque le défunt ne laisse que des collatéraux ordinaires ou des parents naturels.

〔9〕 F. Terré et Y. Lequette, Les successions, Les libéralités, op. cit., n° 167, p. 150 qui rélèvent qu'un certain nombre d'éléments.

〔10〕 H. L. et J. Mazeaud et F. Chabas, Leçons de droit civil, t. Ⅳ, volume Ⅱ, Successions, Libéralités, op. cit., n° 867, p. 190.

〔11〕 E. L. Bach, Contribution à l'étude de la condition juridique du conjoint survivant, loc. cit., n° 3, p. 547.

置,[1]给其确认一个在家庭中属于自己的位置。对于著作权,Gautier 认为,1866 年和 1957 年的立法,确认给继承的配偶属于他们的份额,因为健在配偶对艺术家的成长和创造做出奉献,应当在艺术家死亡后给与其相应的合理的给养。[2]

最近的演进是 2001 年 12 月 3 日,关于健在配偶和私生子女的权利,及继承法现代化的法令,[3]对健在配偶继承的作用进行新的改进,但是一直没有接受给其特留份的原则。[4] Goubeaux 认为,再次拒绝赋予健在配偶真正的特留份毫无疑问地表明了法律保留家庭财产的旧观点。[5] 没有赋予健在配偶特留份,这是一个根本性因素。

2. 处分行为缩减用益权的设立范围

健在配偶特殊用益权的范围将取决于作者生前的处分行为。换言之,用益权的设立范围将根据以无偿(赠与)或者有偿(转让)名义实现的行为来确定。[6] Pouillet 反映:法令,为健在配偶设立法定用益权,另外,给予作者完全的行为自由,作者可以自由处分其所有权的全部或者部分,或者通过生前的行为,或者通过遗嘱;仅在他没有进行处分的情况下,健在配偶的权利开启。[7] 实际上,《知识产权法典》第 L. 123-6 条只有补充的性质,作者可以通过生前处分其智力财产或者通过遗嘱确定其著作权移转的方式减少用益权。然而,即使在剥夺其全部权利的情况下,健在配偶可以不被剥夺全部的用益权。比如,在作者死后,出现新的复制和发表的方式。然而,在继承清算之后出现新的发表或者复制方式提出了实践的困难。根据民法典,很难认为:健在配偶应当享有这个新权利的用益权,《法国民法典》第 757 条规定健在配偶根据其选择收到现存财产的全部的用益权,作者可以将具有的开发利用权利排除在用益权的设立范围之外。

---

[1] Delsol, proposition de loi, 21 mai 1872: JO, 7 juin 1872, p. 3821.

[2] P. -Y. Gautier, propriété littéraire et artistique, op. cit. , n° 223, p. 432.

[3] JO. 4 déc. 2001.

[4] F. Aumont: réforme des droits successoriaux du conjoint survivant et des enfants adultérins et de diverses dispositions de droit successoral: JCP 2001, Actualités, p. 2234.

[5] G. Goubeaux, Réforme des successions: l' inquiétant concours etre collatéraux prvilégiés et conjoint survivant: Défrénois 2002, art. 37519, n° 1, p. 427.

[6] 《法国民法典》第 758-5 条第 2 款规定:"健在配偶只能就被继承人并未通过生前赠与和没有通过遗嘱处分的财产行使其权利,且不影响特留份权利和请求返还之权利。"

[7] E. Pouillet, Traité théorique et pratique de la propriété littéraire et artistique et du droit de représentation, op. cit. n° 224, p. 275.

《知识产权法典》第 L. 131-6 条允许作者转让其权利,以条文的形式规定赋予在合同订立之时未预见或者未规定的情况下享有对作品的开发利用权,这个条文是明确的且规定了对开发利用有利的相关行为。在这种情形下,健在配偶不能当然地主张行使其在这些新权利上的用益权;相反地,如果作者明确地保留了预计的开发利用权给健在配偶,问题也解决了。另外,图像作品和造型作品作者所具有的追索权,适用《知识产权法典》第 L. 122-8 条,是不可转让的。所以,它不能是转让的标的,也不能是遗赠的标的,[1]这产生的结果是它成为健在配偶用益权的设立范围。根据第 L. 123-7 条规定:追索权偏向于转移给继承人,以及第 L. 123-6 条规定的配偶。但是,不应该夸大适用范围,因为它只涉及图像作品和造型作品。[2]

为了稳固健在配偶用益权的权利,Gautier 建议:在《知识产权法典》第 L. 123-6 条的范围内和《法国民法典》第 1094-1 条的情形下,作者以明确规定的形式将用益权赠与其配偶。[3] 对第 1094-1 条的援引的好处在于:一方面,树立和稳固健在配偶的权利;另一方面,增加平常的可自由处分财产。[4] 应当注意:根据《知识产权法典》第 L. 131-3 条第 1 款的规定,著作权的移转服从于转让权利的开发利用有限期限的条件。如果转让文书规定的期限到期,在法定保护期限结束前,健在配偶从该日期起行使对这些权利的用益权。此时将比继承开启之日起用益权的设立范围更为宽广。实际上,遗嘱处分的存在可能导致健在配偶用益权完全消失或者全部或者部分地继续存在。完全消失是因为作者转让或者遗赠全部的用益权或者所有权。当其指定了一个全部财产的受遗赠人或者以全部的名义指定其智力财产的受遗赠人,受赠人可以主张全部或者部分的继承,特留份继承人的权利除外。但是,健在配偶不具有任何的保留,其用益权灭失。部分继续存在是因为遗嘱处分或转让行为只针对某些智力财产或者某些开发利用方式。

---

〔1〕 Article L. 123-7, du CPI; A. et H. -J. Lucas, Traité de la propriété littéraire et artistique, op. cit., n° 351, p. 295.

〔2〕 A ce sujet, voir, par exemple, l' affaire saint-saens dans laquelle était en jeu des compositions musicales, nn concernées, par conséquent, par le droit de suite.

〔3〕 P. -Y. Gautier, Propriété littéraire et artistique, op. cit., n° 223-1, p. 434.

〔4〕 F. Terré et Y. Lequette, Droit civil, les successions, les libéralités, op. cit., n° 630 et s.

3. 损害继承特留份的情形下对用益权的扣减

《知识产权法典》第 L. 123-6 条第 1 款明确地规定：如果作者留有特留份继承人，这个用益权为了这些继承人而扣减，扣减根据《法国民法典》第 913 条和第 914 条确立的比例和区别进行。这个规定呈现和一般法的某种相似性。实际上，《法国民法典》原第 767 条第 5 款规定健在配偶应当行使其用益权，但不能对特留份权利造成损害。但是，2001 年 12 月 3 日的法令对这个相似度提出疑问。实际上，《知识产权法典》第 L. 123-6 条的相似的编辑在《法国民法典》第 758-5 条，其第 2 款规定：配偶只能在死者没有通过生前处分行为，也没有通过遗嘱处分的财产上行使权利，且不能对保留权利和返还权利造成损害。应当强调这个规定只针对健在配偶的完全所有权，而当健在配偶选择了用益权，《法国民法典》新的第 757 条不再提出扣减。[1] 应当从原第 767 条和新的第 757 条和第 758-5 条的不同，推论出对健在配偶一般继承用益权设立范围的主要的修改，因为之前用益权设立的范围只是可支配的份额不能在特留份上行使。如果用益权可以在所有现存的财产上设立，那么也可以在特留份上设立。[2] 因此，一般法的健在配偶用益权不再服从于《法国民法典》第 913 条及以下条文规定的扣减，而知识产权法典的特殊用益权则不适用。

(1) 在《知识产权法典》第 L. 123-6 条的范围内采用扣减

作者的健在配偶适用《知识产权法典》第 L. 123-6 条持有特殊用益权，先逝者所作的赠与除外。在这种情形下，对健在配偶分得的财产债权部分是不可扣减的。Pouillet 提出：特留份只减损生前行为的赠与或者遗嘱的赠与，赋予健在配偶的收益不是赠与也不是遗赠，它是法定用益权。[3] 从 2001 年 12 月 3 日法令开始，传统的健在配偶用益权已经以现有全部财产作为设立范围，且它可以在特留份上行使作用，这个排除了任何的扣减。当健在配偶选择用益权时不应当考虑对特留份可能的损害。但是，在文学艺术产权权利方面的用益权，扣减的计算

---

[1] 《法国民法典》原第 767 条第 5 款规定："健在配偶只能在死者生前没有处分的财产上行使权利，不得损害特留份和应返还的财产。"

[2] B. Bergner, La réforme du droit des successions, Loi du 3 décembre 2001 : analyse et commentaire, op. cit., n° 151, p. 54.

[3] E. Pouillet, Traité théorique et pratique de la propriété littéraire et artistique et du droit de représentation, op. cit., n° 221, p. 272.

应当被坚决地推行。实际上,《法国民法典》第 922 条第 1 款规定:扣减确定在赠与人或者遗嘱人死亡时存在的所有财产整体上。如最高上诉院所阐述,这个规定是公共秩序。[1] 实际上,第 913 条和第 915 条规定的扣减的部分是完全所有权,而配偶的权利是用益权。将不同性质的权利进行折算的做法相当大胆。[2] 在早期,传统的判例认为:折算完全可以移转到健在配偶的特殊用益权,包括寻求用益权和完全所有权之间的平衡关系以进行估价。[3] 在已经商定完全所有权的情况下,考虑用益权人的年龄和健康状况确定用益权的价值,根据法律规定考虑可能的扣减。[4] 如果通过价值计算,用益权价值没有超过可自由处分财产部分,用益权可以对权利整体进行;相反地,在超过可自由支配财产的情况下,用益权可以被扣减。[5] 当著作权构成死者的主要财产,这个做法显得对健在配偶不利。

最高上诉院确定:特留份财产上不能构成财产收益的权利。[6] 如今财产的计算被划分为两个相应的列表,一个是用益权的,另一个是虚有权的,对遗赠的用益权的折算对可自由支配份额的用益权进行。[7] 适用于著作权以计算可自由支配用益权上的健在配偶的用益权,对超过的部分进行扣减。某些学者偏向用益权和虚有权资本化:如果特留份为 1/2,可自由支配部分的 1/2 为用益权,1/2 为虚有权。[8]《法国民法典》第 917 条给特留份受到损害的继承人留下了选择:让赠与被执行,对特留份的损害生效或者要求扣减赠与。Hovasse-Banget 强调:特殊用益权赠与的扣减不是一个不可抗拒的结果。[9]

(2)《法国民法典》第 1094-1 条规定的赠与没有扣减

涉及损害特留份的问题时,在某些典型情况下特殊用益权和一般法的用益

---

〔1〕 Cass. 1ère civ. ,25 juin 1974:Bull. civ. Ⅰ,n° 204.

〔2〕 S. Havasse-Banget,La propriété littéraire et artistique en droit successions,op. cit. ,n° 227,p. 228.

〔3〕 H. ,L. et J. Mazeaud et F. Chabas,Successions,les libéralités,5ème éd. ,par L. Et S. Leveneur,op. cit. ,n° 906,p. 230.

〔4〕 A. Sérieux,Les Successions,les libéralités,op. cit. ,n° 124,p. 239.

〔5〕 S. Hovasse-Banget,la propriété littéraire et artistique en droit successions,op. cit. ,n° 227,p. 229.

〔6〕 Cass. 1ère civ. ,19 mars 1991:JCP 1992,Ⅱ,21840,note Ph. Salvage;D. 1992,somm. p. 229,obs.

〔7〕 M. Grimaldi,Succesions,op. cit. ,n° 768,p. 750.

〔8〕 H. L et J. Mazeaud et F. Chabas,Successions,Libéraités,5ème éd. ,par L. et S. Leveneur,op. cit. ,n° 921,p. 248.

〔9〕 V. par ex. :Cass. 1ère civ. ,26 avril. 1984:D. 1985,2,p. 460,note D. de la Marnierre.

权的规定相结合。《法国民法典》第 1094-1 条规定:这个赠与超过了普通的可支配份额而扩展到夫妻间的特殊份额,在特留份上设立用益权。因此,如果死者留下子女或者后代,子女可以是法定的,也可以是自然的婚生或者非婚生子女,则可以处分给配偶全部财产上的用益权。〔1〕这个规定使得先逝的夫妻一方可以遗赠全部财产的用益权而不对特留份继承人的权利造成损害,健在配偶不能对此反对。这个用益权的赠与可以设立在全部的继承财产上,它是不可扣减的。〔2〕它对健在配偶提供了一个真正的安全性,他的用益权在这种情况下不用受到任何的扣减,尽管不是特留份继承人。那么,作者健在配偶的用益权的不稳固性就缓和了。

这个规定和根据 2001 年 12 月 3 日法令编纂的《法国民法典》第 757 条很相近:健在配偶具有全部财产上的用益权,不能对其提出扣减。根据《法国民法典》第 1094-1 条的规定,在涉及著作权的情况下,应当考虑健在配偶用益权失去了一部分的不稳固性。《法国民法典》第 757 条规定了法定继承的情形,第 1094-1 条则规定了赠与和遗嘱的情形。

如果出现连续的或者同时的赠与,可以得出同样的结论,比如,从 1984 年开始,先逝者同时将财产赠与配偶和第三人的情况。在 1984 年之前,根据传统的规定则应当遵守三个规则:每一个赠与不能超过可自由支配的财产部分;〔3〕赠与总体不能超过可自由支配的财产部分;〔4〕还应当区分同时的赠与和连续的赠与。这可能导致对用益权的扣减甚至对用益权的赠与或者遗赠无法进行,尤其是第三人在配偶之前被赠与。如第三人被赠与的部分为 10,可自由处分的部分也为 10,遗赠给健在配偶的用益权无法执行;〔5〕如果给第三人的赠与不过是 5,给予健在配偶的赠与可以是剩下的可自由处分部分,也是 5,如果赠与的用益权为 10,要扣减为 5。

---

〔1〕 Art. 1094-1, du C. civ.

〔2〕 H. L. et J. Mazeaud et F. Chabas, Successions, Libéralités, 5ème éd., par L. et S. Leveneur, op. cit., n° 897, p. 221.

〔3〕 Cass. civ., 4 janv. 1869; D. 1869, 1, p. 10; Civ., 30 décembre 1902; D. 1903, 1, p. 151; S. 1904, 1, p. 313, note Naquet; Defrénois 1903, art 12875.

〔4〕 Cass. civ., 4 janvier. 1869, préc.

〔5〕 根据《法国民法典》第 923 条的规定,只有在对第三人的赠与之后才能对健在配偶进行捐赠。

最高上诉院通过1984年4月26日的法令修改了这个体系,[1]1996年2月20日的法令则更加巩固该修改。[2] 至今,先逝者可以将全部财产的用益权处分给健在配偶和可支配部分的财产虚有权处分给第三人,不用限制在赠与总体不能超过可自由支配财产的条件下。具体地讲,给予健在配偶的用益权的遗赠不再需要被估价为所有权,只需要对特留份上的用益权以及对可自由处分财产上的用益权进行折算。这个新的体系,应当移转适用到文化艺术产权方面以稳固健在配偶的权利。

(三)健在配偶特殊用益权的估值

开发利用权包含在可分割财产中,服从关于财务的规定。最高上诉院在1959年2月25日的法令中阐述:[3]这些权利作为无形动产,当它们包含在继承的资产中,应当按照税法典的规定缴纳移转税。法院强调:如果它们价值巨大,估价的困难被认为难以克服。然而,最高法院没有给出任何的指示给出适宜估计著作权价值的方法。另外,应当承认:所有关于文化艺术产权财产权利的税款,确定由已逝作者的继承人付费是不可能的,除非是预见的。[4]

Hovasse-Banget强调:财务管理的方式被逐渐地强制使用。[5] 计算方式如下:最近三年开发利用的平均收入,减去30%作为税基。[6] 判例还认可了这个方式。[7] 最近的财务管理几乎没有改变这个计算方式。因此,财产估价的指引由经济财政预算部颁布,[8]采用1~5的系数;开发利用越是广泛和重要,系数越高(一般为4甚至是5)。相反地,如果权利价值具有很快下降的风险,则采用2或者2.5的系数。在文学产权方面,系数一般为3~4。[9] 在艺术产权方面,系数

---

〔1〕 M. Grimaldi, La combinaison de la quotité disponible ordinaire et de la quotité disponible entre époux: revirement de jurisprudence: Défrénois 1985, art. 33565, n° 19, p. 893.

〔2〕 Cass. 1ère civ., 20 fév. 1996: Bull. civ. Ⅰ, n° 322, p. 317 et 318.

〔3〕 Civ., 25 fév. 1959, Succession Gide: D. 1959, p. 193; JCP 1959, Ⅱ, 11035.

〔4〕 F. Sauvage, L'évaluation des droits d'auteur dans la declaration de succession, op. cit., n° 4 p. 420.

〔5〕 S. Hovasse-Banget, La propriété littéraire et artistique en droit des successions, op. cit., n° 232, p. 233.

〔6〕 A. Raison, L'évaluation des droits de propriété littéraire et artistique: Journal des notaires et des avocats 1985, article 58194, p. 729 et 730.

〔7〕 CA Paris, 2ème ch. B, 20 déc. 1984: JCP 1985, Ⅳ, p. 216.

〔8〕 Ministère de l'économie, des finances et du budget, Direction générale des impôts, Guide de l'évaluation des biens, 1989, p. 729 et 730.

〔9〕 Ministère de l'économie, des finances et du budget, Direction générale des impôts, Ibid., p. 160.

一般为 2~4。对于图像作品和造型作品的权利，系数一般为 1~3，系数 3 只保留给生前具有一定知名度的艺术家。[1] 总之，纳税资本的计算如下方式实现：（最近三年著作权的收入÷3）× K。[2] 学界提出对于采用最近三年的开发利用收入应当具有一些灵活性，不能满足于简单的数字相加。还应当分析后代开发利用收入的变化。[3]

这些提出的方法，并不是解决了所有的困难。对没有成为开发利用权标的的著作权的估价就没有方案。[4] 难道是因为在这个情形下应当考虑不对其纳税？答案是否定的。尽管没有开发利用，在继承的情形下知识产权权利还是属于纳税的财产。[5] 前述的判例还明确：财产估价的困难不是纳税的障碍。估价的问题比较棘手，或许应当使用比较的方法，比如，和作者的其他作品相比，推论出一个相似的开发利用的价值。缺乏相同作者的作品时，适宜参考表现出相同或者相似特征的作品（作品的性质、艺术领域，作者的知名度等）。这样的操作确实具有很大的偶然性。

## 二、协议设立的知识产权用益权

智力财产，即文化艺术产权和工业产权，可以成为协议用益权的客体。[6] 它来自《法国民法典》第 579 条和第 581 条的结合：用益权可以人为地设立（第 579 条）在任何种类的财产上（第 581 条）。然而，民法典和知识产权法典中没有关于用益权形式的规定。那么对于知识产权用益权的形式应当采用一般法的规定还是采用知识产权法关于开发利用合同公示的特殊规定？这个疑问不是知识产权用益权专有的，债权的用益权也存在这个问题：《法国民法典》第 1690 条所强制要求的债务人的表示和承认要求以公证书的形式制作是否应当使用于债权用益权。[7] 对此，法国学界的观点并不统一的。某些学者认为，民法典并未规

〔1〕 Ministère de l'économie, des finances et du budget, Direction générale des impôts, Ibid., p. 160.

〔2〕 K 指系数。

〔3〕 A. Raison, L'évaluation des droits de propriété littéraire et artistique, loc. cit., p. 730.

〔4〕 比如，作品没有在作者生前发表的情况。

〔5〕 J. Grosclaude et P. Marchessou, droit fiscal général, Dalloz, 5$^{ème}$ éd., 2005, n° 413.

〔6〕 追索权不能成为用益权或者虚有权人的客体，因为根据《知识产权法典》第 L. 122-8 条的规定，追索权是不可转让的。

〔7〕 A. Françon, L'usufruit des créances, loc. cit., n° 8 et s., p. 7 et s.

定将债权转让的特殊规定适用于债权的用益权。[1] 而另一些学者认为，专门的债权转让的规定应当适用于债权用益权，尽管民法典并未提出。[2]

对于知识产权的用益权，立法者没有明确，是否应当完全或者部分排除开发利用合同公示的规定？换言之，法国民法中的合意原则和知识产权法特殊法的规定之间如何选择？

（一）相关法律规定的阐述

无论是著作权还是工业产权，立法者规定了开发利用合同的某些要求。设立用益权的合同与这些规定相关。

1. 著作权方面的规定

在合同方面，法国民法提出了合意原则：[3] 当事人同意足以使得文书生效。[4] 首先，民法典没有在用益权方面违反这个原则：用益权合同不要求是书面的。但是《法国民法典》第 600 条规定财产清单义务是为了确定设立用益权的财产，且为了用益权人的利益，因为可以在占有前检查物的状态。[5] 这个财产清单的义务似乎暗示了需要书面。但是实际上，财产清单只是一个证明，判例认为没有财产清单不意味着用益权的失效。[6] 但是，在某些情况下是有书面要求的，如当用益权因赠与而设立。[7] 这个书面的要求来自民法典，而不是来自知识产权法典的特殊规定。

另外，合意原则只是一般规定，当法律有不同规定时除外。但是，既然对形式的要求不是原则性规定，那么就应当由特殊规定明确这个形式的客体和要求。《知识产权法典》在著作权方面规定了开发利用合同的形式，主要包含在第 L. 131-2 条和第 L. 131-3 条。《知识产权法典》第 L. 131-2 条第 1 款规定，此章规定的发表、编辑和视听作品的合同应当以书面形式进行。书面的要求不是为

---

〔1〕 G. Baudry-Lacantinerie et M. Chauveau, Traité théorique et pratique de droit civil, op. cit., n° 586, p. 379 et 380.

〔2〕 C. Demolombe, Cours de Code napoléon, t. 10, des biens, vol. 2, op. cit., n° 319, p. 285.

〔3〕 F. Terré, P. Simler et Y. Lequettte, Les obligations, op. cit., n° 128.

〔4〕 Civ. 3ème, 12 juill. 1983: Bull. civ. Ⅲ, n° 165.

〔5〕 J.-L. Berget, M. Bruschi et S. Cimamonti, Les biens, op. cit., n° 259, p. 269.

〔6〕 Req., 17 juill. 1861, 1, p. 480.

〔7〕《法国民法典》第 931 条规定："任何载明生前赠与的文书，均应按照契约的通常行使经公证人作成；证书的原本留存公证人处，否则，赠与文书无效。"

了合同的有效性,而是为了证明。[1]《知识产权法典》第 L. 131-2 条的书面的要求并不能扩展到用益权的设立。学界[2]一致认为这个例举是限定性的,其他合同适用《法国民法典》第 1341 条和第 1348 条,也就是说适用一般法关于证明的规定。任何合同,如用益权合同,没有被明确地规定在第 L. 131-2 条,即没有这个书面的要求。这也是最高上诉院的观点。[3]

相反地,《知识产权法典》第 L. 131-3 条适用于所有的开发利用合同,它规定著作权的移转从属条件:每一个转让权利成为转让文书单独说明的客体,并且转让权利的开发利用方面应限定内容、目的、地点和期限。这 1 条提出了文书的要求,难道是意味着合同不是公证形式就是私署文书的形式?但是,学界[4]和判例[5]提出转让著作权的合同,在《知识产权法典》第 L. 131-2 条第 1 款规定的情形外,不应当必须要求是书面的。真正的"文书"一词是指包含意思表示的法律操作,[6]所以,不是必须服从于书面的产物。没有严格的合意,转让合同不是一项正式的合同,[7]证明了以下事实:当要求是书面的,是作为证明而不是为了有效。[8] 为了说明这个学术理论上的区别,举出下面的例子。[9]

转让的有效性并不必然要求采用书面形式,但《知识产权法典》第 L. 131-1 条则要求著作权转让合同的客体要明确地予以限制,否则受让人不能基于合同向著作权人提出抗辩。如果提出抗辩,一般会认定合同无效。[10] 无效是相对无效,并不是绝对无效。[11] 那么就出现如下的问题:如果开发利用的合同要求必须明确客体,那么用益权设立的合同是否应当明确地说明哪些权利是客体?这个问题要分用益权转让和虚有权转让两种情况来分别回答,详述如下:

用益权转让的情况,显得难以将《知识产权法典》第 L. 131-3 条规定的形式

---

[1] Cass. 1ère civ. ,12 avr. 1976:Bull. civ. Ⅰ,n° 123;D. 1976,IR,p. 195.

[2] A. et H. j. Lucas,Traité de la propriété littéraire et artistique,op. cit. ,n° 486,p. 395.

[3] Cass. 1ère civ. ,12 nov. 1980:Bull. civ. Ⅰ,n° 288;RIDA oct. 1981,p. 192.

[4] H. Desbois,Le droit d'auteur en France,op. cit. ,n° 505 et s. ,p. 620.

[5] CA Paris,29 avr. 1959:JCP 1959,Ⅱ,11133,note R. Savatier.

[6] Association henri capitant,vocabilaire juridique sous la direction de G. Cornu,op. cit. ,Ⅴ acte.

[7] P. -Y. Gautier,Propriété littéraire et artistique,op. cit. ,n° 252,p. 433.

[8] A. et H. -J. Lucas,Traité de la propriété littéraire et artistique,op. cit. ,n° 487,p. 396.

[9] Sur ce point:P. Malinvaud,Droit des obligations,op. cit. ,n° 343,p. 242.

[10] P. -Y. Gautier,Propriété littéraire et artistique,op. cit. ,n° 261 et p. 506.

[11] A. et H. -J. Lucas,Traité de la propriété littéraire et artistique,op. cit. ,n° 494,p. 402.

扩展到用益权，因为这条实际上规定的是著作权的移转，用益权并没有这种转移的作用，虚有权仍然是知识产权的权利人，用益权人只是享有这些权利的收益权。在用益权的转让并非第 L. 131-2 条所指的权利的转让的情形下，虚有权人不能主张合同的无效。

虚有权的转让的情况，在《知识产权法典》第 L. 131-3 条中规定，似乎不再是用益权设立合同的障碍。但实际上，虚有权的转让也是权利本身的转让，必然包含前述规定的转移。当受让人保留了财产的收益权利，通过保留用益权的机制，他没有转移对权利的持有。虚有权人通过虚有权的转让成为权利人。虚有权人，在一般法上是用益权标的物的所有权人。虚有权人在知识产权上，是用益权客体财产权利的权利人。虚有权的转让和著作权的转让相联系，设立了一项物权，即用益权。

虚有权的转让包含财产权利的移转和财产权利的持有的移转，第 L. 131-3 条应当被保留了用益权的受让人援引。注意这个权利毫无疑问地应当只保留给作者。实际上，判例认为第 L. 131-3 条只是为了作者的利益而颁布，排除了所有不具有该资格的人。〔1〕 对于作者，转让其财产权利的虚有权援引第 L. 131-3 条会抵触一般法的规定。该条对权利明确列举的要求虽然和《法国民法典》第 600 条清单义务具有同样的目的——明确用益权的轮廓，但是关于惩罚方面，则存在根本性的不同——对清单义务的不尊重不会对用益权提出疑问，〔2〕但不遵守第 L. 131-3 条的规定会造成用益权合同的无效。知识产权用益权和一般法的用益权有距离，著作权方面的惩罚更为严格。

同样地，没有规定虚有权转让期限的合同根据第 L. 131-3 条的规定是相对无效的，而一般法明确地保留了设立无期限用益权的可能性，〔3〕在《法国民法典》第 617 条规定的情形下可以终止用益权。

2. 工业产权方面的规定

在专利权方面，《知识产权法典》第 L. 613-8 条第 5 款规定：关于转移或者许

---

〔1〕 Cass. civ. 1ère 13oct. 1993, Perrier; D. 1994, p. 166, note P. -Y. Gautier; D. 1994, somm. p. 280, obs. J. Hassler; RTD com 1994, p. 272, obs.

〔2〕 Cf. Supra, n° 391, p. 197.

〔3〕 《法国民法典》第 580 条规定："用益权的设立，得无条件，或者附条件，或者附确定的期限。"

可的文书,应当是书面的,否则无效;但是只涉及相对的无效性。[1] 对专利权方面形式的要求比文学艺术产权更为严格:所有的开发利用合同应当以书面形式,否则无效。[2] 在商标权方面,《知识产权法典》第 L. 714-1 条第 4 款只要求转移产权或者担保时采用书面形式,对许可合同没有这个要求。转让合同和许可合同规定的不同来自 1991 年 1 月 4 日的法令。在这个规定前,1964 年 12 月 31 日法令第 13 条规定许可和转让都必须以书面形式,以及判例严格地表示出将许可合同的有效性从属于书面形式。[3] 这个方式和专利权的形式要求一致,呈现对工业产权一致的回答。但这个方式被 1991 年的法令改变,Foyer 法令提出转让应当是书面的,否则无效。[4] 从此,商标权只有转让和担保应当是书面的,否则无效。判例确认书面的规定不适用于商标的许可合同或者授权使用合同。[5] 关于著作权方面的原则可以在此类推适用,但是要区别工业产权的转让和许可两种情况。[6]

转让的形式规定,以及专利权和商标权共同的规定,可以采用文学艺术产权方面的结论:用益权的转让不带来权利的移转。《知识产权法典》规定的严格解释使得对用益权设立合同抛弃书面的要求。相反地,虚有权的转让,因为它造成了权利的移转,毫无疑问地应当遵守《知识产权法典》第 L. 613-8 条第 5 款以及第 L. 714-1 条第 4 款的规定,否则合同被撤销。与著作权相反,尽管虚有权的受让人不是创造者本身而是其权利人或者继承人,也应当遵守形式。或许包含用益权合同的设立不是一个转让而是一个许可?大部分的学者认为,用益权人的收益和许可的收益不具有同样性质。因此,如果用益权是一项物权,[7]许可合同类似于租赁合同,[8]没有授予承租人个人权利。[9] 对用益权和许可应当很

---

[1] A. Chavanne et J. -J. Brust, Droit de la propriété industrielle, op. cit., n° 278, p. 184.

[2] Le système instauré par la loi du 5 juillet 1844 était encore plus exigeant car la cession de brevet était subordonnée à la réduction d'un acte notarié et à l'enregistrement de celui-ci en préfecture.

[3] Cass. Com., 7 mars 1984: PIBD 1984, Ⅲ, p. 184.

[4] E. Tardieu-Guigues, La licence de marque, op. cit., p. 118.

[5] CA Versailles, 14 sept. 2000: PIBD 2000, Ⅲ, p. 580.

[6] Sur la remise en compte de cette distinction, cf. infra, n° 442 et s., p. 218 et s.

[7] M. Planiol et G. Ripert, Traité pratique de droit civil français, t. 3, les biens, par M. Picard, op. cit., n° 756, p. 753.

[8] F. Collart Dutilleul et P. Delebecque, Contrat civils et commerciaux, op. cit., n° 474, p. 409.

[9] P. Roubier, Le droit de la propriété industreille, op. cit., t. 2, n° 184, p. 264.

明确地区别,因为性质不一样。Roubier 还大力地指责任何用益权和许可之间的联系,主要是认为权利人可以授予不确定数量的许可,而不可能同时在同一财产上具有两种用益权,且所有权人和用益权人不能同时开发利用,而专利在转让时包含了开发利用权利。〔1〕

工业产权用益权的转让既不是权利本身的转让,也不是个人权利的简单授予,任何用益权和转让的相似,以及用益权和许可的相似已经被否定。所以,用益权不适用知识产权法中关于文书形式的特殊规定,在没有法律特殊规定情形下,适用民法典的规定。

(二)形式的精神

用益权设立合同没有被开发利用合同的形式相关规定所明确,那么既然1804 年开始立法者就确立了合同的合意原则,那么为什么立法者还要规定某些形式呢?〔2〕

在文化艺术产权转让合同方面,Desbois 认为,立法者并不是乐于违反民法典关于证明方面的规定。他介入合同的安排,是为了避免作者轻率地放弃他们的劳动成果,他通过对抗作者来保护作者。他估计作者因为缺乏经验而并不清楚自己作品上的金钱利益,〔3〕设置形式的要求可以使作者深思熟虑和避免通过转让而寅吃卯粮。〔4〕法国从人道主义和人格主义出发规定对著作权内容详细的要求和《知识产权法典》第 L. 131-3 条转让的范围。人是中心,所有思想的主体,所有保护的对象〔5〕是作者。相反地,当受让人是作者,保护主义者的考虑减弱和消失。判例的裁决确定只有作者本人可以受益于《知识产权法典》第 L. 131-3 条的规定。〔6〕

形式主义被立法者创立以保障对作者的最大保护,这对协议设立用益权造成重要的法律后果。用益权人被赋予重要的权利:缔结转让合同。这直接影响

〔1〕 J. Ghestin, Traité de droit civil, La formation du contrat, LGDJ, 3ème éd., 1993, n° 367, p. 331.

〔2〕 H. Desbois, Le droit d'auteur en France, op. cit., n° 522, p. 634.

〔3〕 H. Desbois, Le droit d'auteur en France, op. cit., n° 522, p. 634.

〔4〕 A. et H. -J. Lucas, Traité de la propriété littéraire et artistique, op. cit., n° 485, p. 394 et 395.

〔5〕 司法判例认为《知识产权法典》第 L. 131-3 只有利于作者。Cass. civ. 1ère, 13 oct. 1993, Perrier, préc.

〔6〕 Cf. Infra, n° 521 et s., p. 254 et s.

作者的财产,[1]以及保护作者的意愿。合意的原则,适用于一般法的用益权,应当因立法者给以作者的特殊保护而排除,这个特殊保护是为了避免作者不假思索的承诺。如同转让的文书,用益权的文书也是足够重要,值得保护作者的权利的。因此,设立用益权的合同应当尊重《知识产权法典》第 L. 131-3 条的规定。这也是 Gautier 的观点。[2]

如果立法者采用形式主义的目的是保护作者的文学艺术产权,那么可以在专利权的保护方面走得更远,这个保护似乎不限于对创造者的保护。因此,对于 Chavanne 和 Brust 而言,书面的要求符合对合同当事人的保护的考虑,[3]这个解释适用于专利权的合同当事人,对用益权合同的形式主义的扩展有利,专利许可的合同应以书面形式确定,否则无效。而在只授予个人权利的许可的情形下这个合同赋予的权利不如用益权合同重要,因为用益权合同转移给用益权人物权。因此,用益权合同的当事人应当比许可合同的当事人受到的保护更大。Foyer 和 Vivant 提出超越文字规定而探究其精神:毫无疑问,文书的法律规定包含着一个移转或者许可,且这个形式会造成只要求转让和许可适用书面形式,但是规定的精神明显是另外的且专利合同一般和法定要求相关。[4] 这个观点保证了知识产权法上的一致性。所以,设立用益权的合同应当是书面的,否则根据《知识产权法典》第 L. 6313-8 条第 5 款的规定相对无效。

关于商标权,事情毫无疑问地更为复杂。在 1964 年法令的影响下,书面也要求适用于转让和许可合同。专利权提及的理由可以简单地移转于商标权:全部的关于商标的文书应当是书面的,否则无效。[5] 1991 年 1 月 4 日法令只对商标权转让权利的合同要求是书面的,[6]其他的文书,主要是许可,不从属于任何的形式。[7] 因此,不能再主张全部的关于商标权的文书服从《知识产权法典》关

[1] P. Y. Gautier, propréité littéraire et artistique, op. cit. , n° 293, p. 573.

[2] A. Chavanne et J. -J. Brust, Droit de la propriété industrielle, op. cit. , n° 278, p. 184.

[3] J. Foyer et M. Vivant, Le droit des brevets, op. cit. , p. 359 et 360.

[4] A. Chavanne, La loi du 31 Décembre 1964 sur les marques de fabrique, de commerce ou de service; D. 1965, chron. p. 87.

[5] 在 1964 年法令以前,没有任何形式的要求,即使涉及转让。A. chavanne et J. -J. Brust, Droit de la propriété industrielle, op. cit. , n° 1116, p. 654.

[6] CA Versailles, 14 sept. 2000; PIBD 2000, Ⅲ, p. 580.

[7] V. Notamment les décrets des 4 janvier et 14 octore 1955.

于形式的要求,立法者对专利权的保护比在商标权上显得更为限制。关于设立商标权用益权合同的形式的问题还没有解决。从文书的重要性出发,实际上立法者只是要求对转让和担保使用书面形式,似乎规定了涉及最为重要的法律后果的文书的形式。但是这样的解释没有说服力,因为许可以专门的名义长期地授予整个商标权,却是一项比起部分转让某项权利而言没那么重要的文书。另外,我们也完全有理由将用益权定位在重要的梯队里。如果说出于一致性的考虑,对于商标权和专利权,用益权设立合同形式应当一致。那么我们可以提出异议,没有任何理由认为商标权向专利权看齐或者相反地,专利权要向商标权看齐。如果专利权的保护已经规定,那么应当考虑商标权的用益权设立合同不适用书面形式和适用一般法关于合同的制度。

形式主义的问题不仅表现在用益权的合同的形式上,也涉及可能的公示。书面的必要性的问题在这方面也可以得到一些答案。

(三)公示的要求

对工业产权转移文书或者修改权利人权利的文书必须进行公示,公示体现了书面的要求,对用益权设立合同也是如此。

1. 用益权设立合同的公示

公示,为权利而设计,是一种告知第三人存在某些会影响所有权人权利的文书的形式,主要应用于一般法上的不动产。[1] 因此,当公示的标的是不动产,用益权的设立应当公示。[2] 知识权利是动产财产,它们不属于适用这些规定的范围。相反地,《知识产权法典》安排了工业产权专门的公示制度。[3]

因此,对于专利权,第 L. 613-9 条第 1 款规定:所有的移转文书或者修改专利申请或者专利的相关权利的文书,为了对抗第三人,应当进行登记。第 L. 714-7 条对商标权提出了同样的要求。这两条对用益权适用,因为它们规定了所有的移转或者修改权利的文书应当公示。[4] 另外,1920 年 9 月 11 日的法令采用新

〔1〕 Art. notamment les décrets des 4 janvier et 14 octobre 1955.

〔2〕 Art. 28 du décret du 4 janvier 1955.

〔3〕 A. et H. -J. Lucas, Traité de la propriété littéraire et artistique, op. cit., n° 490, p. 397.

〔4〕 J. Schmidt-Szalezski et J. -L. Pierre, Droit de la propriété industrielle, Litec, 3ème éd., 2003, n° 232, p. 103.

的专利公示制度，指出即使是对继承人的移转也应当进行公示。[1] 当适用继承法，健在配偶继承专利相关权利的法定用益权，这个派生权利也应当被记录和登记公示。这是考虑要告知所有权利人关于专利权的演变和其内容。在这个逻辑上，用益权设立合同应当公示，因为它涉及专利权的派生或者商标权的派生以及相关权利的修改。

另外，这个形式是基于对第三人的告知显得必要：用益权人不能有如此多的自由转让权利，也不能使得原权利人或者排他的受让人转让。因此，用益权人几乎不可能以自己的名义转让工业产权权利。应当使所有可以缔结合同的人知晓有权转让权利的人的身份和资格，以预防可能的与这个操作相关的风险，比如转让的无效，如用益权人已经超越其权限。

没有进行公示的后果是，文书的不可抗辩性。然而在专利方面这个原则变得缓和，当获得权利的第三人，在文书签订过之后登记之前已经知晓，可以排除上述后果。[2] 不尊重公示的形式对虚有权人带来不可忽视的后果，主要是在其利益的保护方面，应当让其参与侵权的诉讼，[3]但是其诉讼可能因为没有用益权的公示而被拒绝。再者，公示应当是对生前缔结的文书进行，但是当涉及法定用益权，应当对确定继承的文书进行公示登记。知识产权的用益权是不可否认地服从于公示的要求，这使得用益权合同很可能应当是书面的记录。

2. 公示要求是书面的

用益权必须进行公示才可以对抗第三人，公示是否必须通过书面的产物进行？回答是肯定的。Roubier 认为，存在书面的文书是公示形式本身的强制性要求。[4] 他认为无法公示一个不存在的文书。对此，或许可以在商标权方面提出异议，《知识产权法典》第 L. 714-1 条只对转让提出书面的要求，对许可则口头上的同意是有效的，而对这样的同意的公示是必要的。[5] 书面文书并不是履行公示的必要前提。

---

[1] P. Roubier, Le droit de la propriété industrielle, t. 2, n° 180, p. 254.

[2] Art. L. 613-9, al. 2, du CPI.

[3] Cf. Infra, n° 677 et s., p. 318 et s.

[4] P. Roubier, Le droit de la propriété industrielle, op. cit., t. 2, n° 180, p. 255.

[5] Art. L. 714-7, du CPI.

然而,大部分的学者认为:公示的要求意味着公示的文书是书面的。[1] 有些判例也明确了这个观点,[2]这个观点显然更符合规定。实际上,《知识产权法典》第 L714-5 条规定,公示的申请应当包含:私署的确定所有权修改或者收益的修改的正本,或者公证文书的副本。2004 年 2 月 25 日的法令[3]修改了这个规定:产生正本不再是必要的以及简单的复印足够,至少公示必须在书面的情况下进行。公示使得书面产物成为必要,在这个影响下,工业产权方面的某些一致性形成。专利权的用益权合同的设立应当书面进行,适用特殊的合同形式,商标权的用益权合同应当符合关于公示的形式要求方面的规定。然而,应当看到只有表面上的一致性,因为对于专利权和商标权,违法公示的惩罚是不同的。实际上,没有书面形式,在专利的用益权方面,将导致无效。而在商标的用益权方面,没有文书,不会导致无效。如果没有书面产物导致公示无法进行,在《知识产权法典》确定的条件下,合同在当事人之间并不会无效,没有履行公示的要求只是相关文书无法对抗第三人。

---

[1] A. Chavanne et J. -J. Brust, Droit de la propriété industrielle, op. cit. , n° 1134, p. 667.

[2] CA Paris, 1er mars 1995; PIBD 1995, Ⅲ, p. 289.

[3] JO, 3 mars 2004, p. 4281.

# 第七章　法国用益权的变动：债权意思主义模式

法国用益权的变动，毫无疑问要受到法国物权变动模式的影响，因此有必要将法国的物权变动模式纳入研究的视野，以便对法国用益权有一个整体的把握。作为第一部典型的资产阶级社会的法典，法国民法采意思主义（Le principe du consensualisme）的立法模式，物权的变动直接源于债的效果（l'effet des obligations），无须践行交付或登记，因此被称为债权意思主义模式。在我国进行物权立法和第一部民法典编纂的过程中，中国学者对是否采用德国的物权行为理论展开了激烈的论战，但是，即使在拒绝采用德国物权意思主义模式的学者中间也几乎无人主张采用法国的债权意思主义模式。《法国民法典》作为世界上第一部资产阶级民法典，自 1803 年颁布以来，实施了 200 多年，在这漫长的时间里，法国始终在立法中坚守着债权意思主义的物权变动模式，而其市场经济发展良好，不动产交易秩序并未因采用债权意思主义模式而陷入混乱。法国的物权变动模式为中国学者所不采，而其在法国运行两个世纪而仍为法国人所固守，其中自然有其存在的理由。

## 第一节　法国债权意思主义模式的成功

### 一、充分体现了私权自治的民法精神

“法国民法典并不是起源于旧约全书,而是起源于伏尔泰、卢梭、孔多塞、米拉波、孟德斯鸠的思想,起源于法国革命。”[1]《法国民法典》作为法国大革命的产物,其物权变动模式的设计在很大程度上正是启蒙思想关于自由主义的政治理论和经济理论在法律上的体现。要分析法国民法典中契约自由的民法精神,就必须着手分析法国的启蒙思想和法国大革命。

思想革命往往是政治革命的先导,每次重大的社会变革,都是以一定的思想为背景而发展起来的,轰轰烈烈的法国革命也不例外。法国资产阶级的先进人物继文艺复兴以后,开始掀起以批判封建政治制度、意识形态、宗教神学为中心的思想启蒙运动。18 世纪的启蒙运动是由著名的资产阶级启蒙学者伏尔泰、卢梭、孟德斯鸠等人发起的思想文化教育运动,他们深受英国先进思想家培根、霍布斯和洛克的影响,把人们的“理性”推崇为人们思想和行动的基础,强调理性和人的创造力量的重要性。法国启蒙学者的法律思想是以十六七世纪以来的自然法理论为基础的,他们在自然权利、自然法和社会契约的基础上,提出自由、平等、博爱和天赋人权等口号。正是这种启蒙运动为法国资产阶级革命作好了思想上和舆论上的准备。[2] (1)约翰·洛克(John Locke)。洛克被称为17 世纪和18 世纪自由理论之父,他的法律思想也具有浓厚的自由主义色彩。洛克认为,在任何条件下,法律与自由总是紧密相连的,自由固然要受法律的约束,但法律的目的并不是废除或限制自由,而是保护和扩大自由。对于自由的内容,洛克作了具体的阐释,即在法律许可的范围内,人们可以根据自己的意志来处置他的人身、行动和财产,法律所要保护的就是这些自由,而其中最主要的自由就是处分私有财产的自由。洛克的思想对法国的资产阶级革命产生了直接的影响,他提倡的自由、平等、民主、天赋人权和法治的主张在法国的《人权宣言》中得到了充

---

〔1〕《马克思恩格斯全集》(第 1 卷),人民出版社 1956 年版,第 128~129 页。

〔2〕 Rémy Cabrillac, Droit des obligations, Dalloz, 2$^{e}$ éd., 1996, p. 14-15.

分的体现。[1] (2)伏尔泰。在法国18世纪启蒙运动中,伏尔泰举足轻重,无疑是一位领袖和导师。伏尔泰和孟德斯鸠是法国自由主义政治理论的最杰出代表。他从功利原则出发,认为一个好的政府应该保障每个人的自由权、平等权和私有财产权,国家的任务就是要保障公民的自由权、平等权和私有财产权。(3)孟德斯鸠。孟德斯鸠是法国著名资产阶级政治思想家,孟德斯鸠政治思想的核心是自由,而自由则是一个人可以根据自己的意志行动。为了保证公民的自由不受侵犯,孟德斯鸠指出,立法权、司法权和行政权不仅要分离,而且还要互相联系、互相制约,"以权力约束权力"。[2] 孟德斯鸠还具体分析了古希腊、罗马一直到18世纪的世界许多国家的民事法规,提出了契约自由和买卖自由原则。(4)卢梭。卢梭是法国杰出的启蒙思想家,他提出了著名的社会契约论。卢梭认为,按照自然法的原则,人们要在完全平等的基础上自愿联合起来建立国家,制定法律,以便保护每个人的天赋权利——自由、生命和财产。关于立法工作的最终目的,卢梭认为是全体人民的最大幸福,具体说来,"可以归结为两大主要目标,即自由与平等"。历史已经证明,卢梭的政治思想对资产阶级政治法律制度的建立具有重大影响。1793年《雅各宾宪法》的内容更是直接体现了卢梭的革命民主主义主张,而这部宪法是迄今为止资产阶级宪法中最民主的一部,由此可见,卢梭关于民主与法治,自由、平等的天赋人权的主张已经成为资产阶级的宪法原则。

新经济理论也是影响法国革命的重要思想,新经济理论和政治理论的基本目标是相似的,它们都主张把政府的权力压缩到符合安全的最低限度,同时在最大可能的范围内去保护个人追求自己目的所必需的自由。亚当·斯密是启蒙时期所有经济学家中伟大的、杰出的经济学家之一。尽管他承认某些方式的政府干预是可取的,但总体来讲,他接受的是"自由放任主义"理论,他公开宣称促进全体繁荣的最好办法是允许每个人去追求他自己的利益。[3] 在法国大革命前夕,法国资产阶级已经成为主宰法国经济命脉的阶级,但是财富增长的主要后果

---

〔1〕 参见[英]洛克:《政府论》,叶启房、瞿菊农译,商务印书馆1964年版,第5页。王哲:《西方政治法律学说史》,北京大学出版社1988年版,第192~211页。

〔2〕 参见[法]孟德斯鸠:《论法的精神》(上册),张雁深译,商务印书馆1961年版,第154页。

〔3〕 参见[美]爱德华·麦克诺尔·伯恩斯、[美]菲利普·李·拉尔夫:《世界文明史》(第3卷),罗经国等译,商务印书馆1987年版,第8~24页。

却是资产阶级对政府的不满情绪更为尖锐化,亚当·斯密的理论加剧了资产阶级的野心,中产阶级强烈反对中央集权下的经济统治,把经济上的绝对自由比作天堂。[1]

由于受启蒙思想对自由主义的渲染的影响,1789 年 9 月公布的《人权宣言》融合了自由主义政治哲学的思想,1804 年《法国民法典》的制定无疑也深受 18 世纪的自由主义政治理论、自由放任主义的新经济理论的影响,可以说,《法国民法典》中的意思自治理论充分反映了 18 世纪关于个人自由(freedom of the individual)的哲学思想。[2] 《法国民法典》首次确定了契约自由、所有权神圣和过失责任的近代民法三大原则。所谓契约自由原则就是指尊重个人意思,个人取得权利,负担义务,完全取决于个人自由意思。契约之内容、方式、成立以及契约当事人之选择,听凭当事人意愿,国家不作干预。[3] 《法国民法典》的多处规定对契约自由和意思自治的原则均进行了清晰一致的表述。[4] 《法国民法典》第 1134 条更是明确规定,“依法订立的合同,对于缔约当事人双方具有相当于法律的效力”。《法国民法典》将合同这样一个私人之间的产物视为当事人之间的法律,可谓将契约自由的民法精神发挥到了极致。既然立法者将当事人之间关于物权变动之契约视为当事人之间关于物权变动之“法律”,那么自当事人就物权变动的意思表示一致时起即刻发生转移便成为自然之理。由此可见,法国的债权意思主义变动模式是启蒙思想对自由主义过分渲染的结果,它充分体现了私权自治

---

〔1〕 在法国革命前夕,法国奉行的是“重商主义”政策。所谓的重商主义,实际上就是为促进国家繁荣和增强国家的力量而采取的干涉制度。从表面上看,重商主义是一种纯粹的经济政策,但它的目的在很大程度上是政治性的。干涉经济事务不仅是为了发展制造业和扩大贸易,而且是为了使更多的财富流入国王的财库,使国王有能力建造舰队,装备军队,让全世界敬畏国王的政府。因为重商主义与君主的权力野心关系密切,所有这种重商主义有时又被称为“中央集权下的经济统治”,从 1600 年到 1700 年是重商主义的鼎盛时期,但它的许多特征一直延续到 18 世纪末。[美]爱德华·麦克诺尔·伯恩斯、[美]菲利普·李·拉尔夫:《世界文明史》(第 2 卷),罗经国等译,商务印书馆 1995 年版,第 233 页。

〔2〕 Barry Nicholas, French Law of Contract, London: Butterworths, 1982, p 31.

〔3〕 参见梁慧星:《民法总论》,法律出版社 1996 年版,第 36 页。

〔4〕 例如,《法国民法典》第 711 条规定财产所有权,得因继承、生前赠与、遗赠以及债的效果而取得或转移。第 938 条规定:“正式接受的赠与,经当事人双方的同意即告完成;赠与物的所有权无须其他交付手续即转归受赠人。”第 1138 条规定:“物的交付义务仅依合同当事人的合意而完成。自物应当被交付之日起,债权人即成为所有权人,并负担该物的风险,即使尚未现实交付。”第 1583 条规定:“当事人双方就标的物及其价金相互同意时,即使标的物尚未交付、价金尚未交付,买卖即告成立,而标的物的所有权即依法由出卖人移转于买受人。”

和契约自由的民法精神。[1]

## 二、基本上维护了第三人的交易安全

维护动产交易安全的主要制度是善意取得制度，维护不动产交易安全的主要制度则是不动产的公示对抗主义。[2] 由于法国民法采用债权意思主义变动模式，公示仅产生对抗主义，所以物权的有效性和物权公示的有效性是两个完全不同的概念。如果物权本身无效，即使对它进行了登录，该物权仍为无效；反之，当事人意思表示一致而有效成立的物权，即使没有登录，在当事人之间仍为有效，但是，一旦涉及第三人，如果该物权没有办理公示，那么该物权便不具备对抗第三人之效力。"非经公示不得对第三人产生对抗效力"，作为保护第三人的主要规则，公示的准确性、全面性便成为保护交易安全的重要方面。为了准确反映不动产上的权利状态，确保不动产公示的真实性，法国的不动产公示制度采取了一系列措施。

1. 扩大公示的范围

从公示的权利来看，公示的范围几乎涵盖了所有的不动产物权，而且附条件的权利、可能的权利、有争议的权利，甚至某些与不动产有利害关系的债权都要办理公示。从公示的行为来看，其公示的行为不仅包括法律行为（acte juris-dique），而且还包括司法行为以及行政行为，甚至包括法律事实（fait juridique）。

2. 相对效力原则

1955 年 1 月 4 日法令和 1955 年 10 月 14 日法令规定，如果处分人的权利或者前一个权利享有人的权利没有依法办理或同时办理了公示，那么任何应当在抵押权登录机关公示的法律行为或司法决定均不得在不动产卡片上办理公示，由此，法国的不动产公示制度建立了公示的相对效力规则。公示的相对性效力原则一个主要的作用就是：避免在公示的链条中出现空白。基于公示的连续性，

[1] 比利时、卢森堡、意大利均采纳了《法国民法典》关于物权变动的制度设计。英国的货物买卖立法也采用了合意原则，《英国 1979 年货物买卖法》将合同区分为绝对买卖合同（absolute contract of sale）和附条件买卖合同（conditional contract of sale）。绝对买卖合同是一个买卖，即出卖人把货物的所有权在订立合同时就转移给买受人。附条件的买卖合同其实只是一个买卖的合意，基于该合意出卖人同意在将来某一时间或在某种条件下将货物的所有权转移给买受人。显而易见，货物所有权转移的时间对买卖合同属于何种类别有重大影响，而合同当事人的意思是判断买卖合同种类的关键标准。如果当事人没有在合同中明确其意思，则法律就根据一些客观事实作出推断以弥补合同中的意思欠缺，确定当事人意图的最为重要的依据就是第 18 条中规则 1 的规定。如果是一个不附任何条件的买卖合同，所有权在合同订立时即发生转移。

[2] 《法国民法典》第 2279 条规定，对于动产，占有具有与权利证书相等之效力。

第三人能够对他们取得的权利进行有效的评估。

3. 强制公示制度

对于抵押权和优先权以外的不动产权利,1955 年 1 月 4 日法令明确规定了强制公示制度,无论当事人是否同意,公证人、诉讼代理人、执行员、法院的书记员以及行政当局有义务在法定期限内完成法令第 28 条(第 3 款除外)规定的法律行为或司法决定的公示。[1] 对于第 28 条第 3 款所规定的公证证明书(证明因为死亡而发生转移或成立不动产物权),如果当事人请求公证人制作一个关于全部或部分遗产发生移转的证书,那么公证人同样有义务在法定期限内完成对该公证证明的公示。如果司法助理人员没有遵照规定的期限办理公示,这将导致对司法助理人员处以民事罚款(amende civile);如果继承人没有请求公证人清理遗产,也没有请求公务助理人员在被继承人死亡后出具证明,那么将对继承人处以民事罚款。

4. 登记员的责任制度

立法者坚持认为,登记员没有资格对法律行为的效力、处分人的权利以及当事人的资格进行评判,这些权力只能由法官来享有。[2] 尽管登记员的审查仍然是形式审查,但与以往在实践中登记员审查权利的适用范围相比,1955 年法令授予登记员的审查权利范围要大得多,而且也更为明确。如果公示申请不符合公示要求,登记员可以依法拒绝当事人的登录申请,或者在接受登录申请以后依法取消。登记员作为公务助理人员,依据《法国民法典》第 1382 条和第 1383 条对其履行职务中的个人过错给特定人所造成的损害承担责任。[3] 为了确保登记员对特定当事人的民事责任,登记员应当提供保证金(cautionnement)。此外,如果登记员违反了其义务,登记员还可以被处以民事罚款,甚至在重犯错误时,可

---

〔1〕 1955 年 1 月 4 日法令第 33 条对公示的期限进行了规定。(1)对于公证书,为自公证人被请求之日起 4 个月。如果被继承人死亡后 6 个月内继承人没有请求办理公证,或者当继承人死亡后发生了遗产的移转而继承人没有在 6 个月内请求办理公证,那么继承人将承担法律责任。(2)对于司法判决,自确定判决之日起 3 个月。但是对于应公示证书的无效、撤销、废除之决定,其公示期限被缩减为 1 个月。(3)对于其他证书,其公示期限为 3 个月,但不动产出卖人的优先权、共分人(copartageant)的优先权,其登录期限被缩减为 2 个月。

〔2〕 Yves Picod, Sûretés, Publicité foncière, Montchrestien, 7e éd., 1999, paris, no 698.

〔3〕《法国民法典》第 1382 条规定:“任何行为使他人受损害时,因自己的过错而使损害发生的人,应对受损害的人负赔偿责任。”第 1383 条规定:“任何人不仅对因其行为造成的损害承担赔偿责任,而且还要对因其懈怠或疏忽所造成的损害承担赔偿责任。”

以被免除其职务。

5. 加强不动产公示的检索功能

随着不动产公示文件的增多，准确快速地查询便成为必需，除登记簿外，1955年1月4日法令规定，登记员应在每个市镇中备置不动产卡片。这种不动产卡片参照档案的分类，根据登记簿编制。不动产卡片按照所有权人、土地和不动产三种方式制作，便于检索。为了确保不动产卡片与地籍之间的协调一致，1955年1月4日法令还规定，如果确认不动产法律状况变化的法律行为或司法决定尚未在不动产卡片中预先完成公示，那么不得对地籍进行任何修改。1955年10月14日法令更进一步规定，对于应当办理公示的证书、证明文件和司法决定，公证人、律师以及行政当局应当将它们的节录本提交给登记员，再由登记员转交给地籍部门(servide du cadastre)。在不动产登记中，不动产的情况说明应该与地籍节录本保持一致。作为不动产公示的辅助手段，不动产卡片不仅保证了公示内容的一致性，而且便于公众查询。

总之，法国不动产公示制度中所采取的这一系列措施，其目的均在于使公示更全面和准确，并使不动产交易可以获得最大限度的安全。历经200多年的漫长岁月，法国始终采用债权意思主义变动模式和公示对抗主义，不动产交易的秩序得到了有效的维护，事实证明，这些措施基本上达到了保护第三人交易安全之目的。

## 第二节　法国债权意思主义模式的缺憾

### 一、债权意思主义模式在法律适用上的困难

(一)适用范围的局限性

根据债权意思主义，当事人就物权变动的意思表示达成一致时就产生物权变动之效果，但这种规则显然只能适用于特定的现存之物，那么对于种类物或未来之物则无适用之余地。[1] 例如，电视机生产厂家与销售商订立买卖合同，双

---

[1] François Collart Dutilleul et Philippe Delebecque, *Contrats Civils et commerciaux*, Dalloz, 2$^{e}$ éd., 1993, p. 102-103.

方约定买卖电视机 100 台,虽然这些电视机已经生产出来,但目前库存的电视机总共有 1000 台,究竟哪 100 台将交付给销售商尚未确定,或者双方约定一个月以后交付某种品牌的电视机若干台,但这 100 台电视机目前根本就没有生产出来,生产厂家在合同订立以后才准备投入生产。显然,种类物或未来货物的所有权起码要在划拨在合同项下(appropriated to the contract)以后才转移给受让人。在这两种情况下,债权意思主义的变动模式根本就无法适用。

(二)法律关系的复杂化

根据债权合意原则,仅依当事人意思表示而无须交付行为,所有权即可在出卖人和买受人之间发生转移,当事人关于物权变动的债权合意在当事人之间具有完全的效力,然而,对于第三人而言,这种物权变动却不能对第三人发生完全的效力。物权的效力被区分为两个阶段,由此就增加了法律关系的复杂性。有学者指出,在债权意思主义原则下,当事人的意思表示实际上已变得并不重要了。[1] 所有权的转让依据的是法律(ex lege)而不是合同(ex contractu),从这个角度来看,合意原则这一概念实际上是"词不达意"的。据此,英国和法国的法学家认为,罗马法采用"意思加交付"的方式相对比较简单,而债权意思主义的物权变动模式,分两个步骤完成物权变动,其方式"极端复杂"。[2]

(三)对交易安全的保护有欠周延

对动产而言,在债权意思主义情形下,尽管有关于善意取得的规定,但根本不足以维护第三人的利益。例如,甲作为出卖人,将其动产通过买卖合同出卖给乙,尚未移转标的物。但是由于债权的意思已足以使物权发生变动,此时虽未经交付,但乙已经合法地取得了所有权,有权处分。此时如乙根据债权意思再将该动产转让与丙,丙再转让与丁,均为合法,但实际上甲已将该动产转让给戊并为交付,而且戊对甲、乙、丙、丁间的交易并不知情。处理的结果是一目了然的:只有戊可以根据占有之事实获得善意取得之保护,从而依法取得标的物的所有权,至于乙、丙、丁,其所有权之取得仅仅是法律拟定的,3 人并未取得对标的物之占有,所以无法获得善意取得之保护。由此观之,在债权意思主义模式下,对买受

[1] J. Ghestin et B. Desché, *Traité des contrats. I: La Vente*, 1990, no 542.

[2] Ulrich Drobnig, *Transfer of Property*, in *Towards a European Civil Code*, Kluwer Law International, 1998, p. 500-501.

人的保护往往捉襟见肘,法律一方面承认其在没有取得占有的情况下可以依法取得所有权,另一方面又使买受人的所有权形同虚设。制度设计本身就缺乏妥善的措施使其所有权能够得到切实的实现,这就难免使尚未取得占有的所有权陷入“似有若无”的状态,可见,未经公示就可以发生物权变动,仅仅依靠善意取得制度根本不足以充分维护第三人的利益和建立安全的交易秩序。“尤其危险的是,由于物权的变动深受买卖合同的影响,任何一项对财产的非法侵占,都有可能使该项财产以后的全部转让归于无效,而为了证明自己的合法所有权,必须追溯到最初的取得者,从而使这种追溯在时间的黑暗中消失。”〔1〕

对不动产而言,未经登录不得对抗善意第三人,这一原则虽然大大改善了第三人的状况,但是这并非表明第三人就毫无交易之风险。(1)关于不动产物权变动之公示。物权变动,不仅对物权变动当事人的利益影响甚巨,而且与第三人的交易安全问题息息相关。“第三人的利益实际上正是市场经济交易秩序的化身,社会整体的正常经济秩序就是由一个个第三人连接起来的。”〔2〕因此,在物权变动中除要考虑交易当事人之间的利益平衡问题外,如何保护交易之外的第三人同样是摆在物权法面前的现实问题。在实践中,如特定当事人之间债权意思并不为第三人所知悉却与第三人的利益休戚相关,对第三人交易安全之保护必有所疏漏。物权的排他性和对世效力决定了物权之变动必须通过一定的客观物态形式为第三人所知悉,这就是物权的公示原则,公示是对物权变动的必然要求,它使物权变动过程公开化、确定化,从而对处于交易之外的第三人提供了“消极的依赖利益”。“只要没有公示就没有物权变动”,第三人根据公示可以准确地确定权利的性质与归属,这对维护第三人的利益至关重要。但是根据法国的债权意思主义模式,物权变动完全维系于债权意思,公示与否与物权变动毫无关系,这就使物权变动缺少“自我表现”的客观外在表现形式,这种不经公示即可发生物权变动的立法模式不仅在理论上违背物权的特性,而且在实践中对第三人保护明显不利。最为明显的是,这种制度设计本身就人为地创造了真正权利人和名义权利人的分离,由此增加了交易的风险。例如,甲为一宗不动产的所有权人,甲和乙之间订立了不动产的买卖合同,但未办理公示手续。这样,乙就是这

〔1〕 尹田:《法国物权法》,法律出版社1998年版,第249页。
〔2〕 孙宪忠:《物权法基本范畴及主要制度的反思》(下),载《中国法学》1999年第6期。

宗不动产的真正所有权人，而甲则是登记簿中的名义所有权人。从理论上讲，乙已经是不动产的所有权人，而且有权对该不动产进行买卖或设定抵押，当乙试图将不动产转让给丙时，丙根本就无法判断乙是否是不动产的所有权人，这样丙在交易中就难免要承受一定不测之风险。债权意思主义模式对第三人保护之缺陷由此可见一斑。(2)关于公示之对抗效力。在债权意思主义模式下，公示并非毫无价值，它的一个重要作用就是可以产生对抗效力。但是，公示并不能作为权利的正确性推定之依据。在某些公示的权利发生错误之场合，如果第三人根据登记簿判断权利之归属并进行了交易，随后发现公示是错误的，而公示又不能产生公信力，那么相信登记簿的第三人就难免要遭受风险。(3)关于不动产的特别优先权。从法国民法典本身的制度设计来看，为了平衡意思主义模式的缺陷，法律根据增值理论创建了特别优先权，且特别优先权优于抵押权。这种制度设计虽然维护了当事人之间的交易公平，但对交易的效率和安全有一定限度的不利。当优先权与抵押权发生冲突时，抵押权无疑要处于相对劣势，尤其是不动产的特别优先权，只要在法定期限内进行登录就可以享有登录之日以前的顺位。以不动产出卖人的特别优先权为例，不动产出卖人只要在买卖契约作成之日起的两个月内完成登录，优先权就可以享有买卖契约作成之日的优先顺位，如果在这两个月的期间里发生了不动产抵押并办理了公告，那么即使优先权的登录发生在后，其优先顺位也在抵押权之前，这对抵押权的安全也构成一定程度上的潜在威胁。

## 二、债权意思主义物权变动模式在理论上的欠缺

### (一)没有对债权与物权作出明确的区分

物权是对物的支配并排除他人干涉的权利，它是一种支配权、绝对权和对世权，具有排他性；而债权则是请求特定人进行特定行为的权利，它是一种请求权、相对权、对人权，具有相容性和任意性。[1] 债权与物权之间的本质差异，决定了仅凭特定当事人之间的具有兼容性的债权意思表示即可产生具有排他性的物权变动的法律效果在理论上是矛盾的。而法国的债权意思主义模式正是债权意思导致物权变动的典型代表，《法国民法典》第711条明文规定："财产所有权，得因

---

〔1〕 François Terré et Philippe Simler, *Droit Civil*, *Les biens*, Dalloz, 4e éd., 1992, p. 91－101. Gérard Légier, *Droit civil*, *les obligations*, Dalloz, 14e éd., 1993, p. 61－68.

继承、生前赠与、遗赠以及债的效果而取得或转移。”而第 1583 条更明确规定：“当事人双方就标的物及其价金相互同意时，即使标的物尚未交付，买卖即告成立，而标的物的所有权即依法由出卖人移转于买受人。”由此可见，根据法国的债权意思主义模式，债的效果可以直接导致物权之变动。这种物权变动模式显然模糊了物权和债权之间的本质差异。

（二）模糊了契约生效和契约履行之间的界限

契约的根本功能在于保证当事人达成一致的主观意思表示能够通过履行行为转化为现实世界的客观利益。其过程可以大致归纳为意思表示—履行行为—权利实现三个阶段。其中履行行为是当事人使权利义务实现的手段，也是当事人主观世界的意思表示物化为客观世界的现实利益的关键环节。在早期商品交换中，民间交易的信用极不发达，而政治国家对市民社会的调控能力又极为有限，在这种条件下，交易的秩序与安全主要来自交易当事人的自我保护，这样，“一手交钱，一手交货”的即时清结的交易模式必然成为当事人的最佳选择。在这种交易模式下，当事人的表意设权行为与履行行为几乎在没有时间和空间差异的情况下合二为一，当事人在意思表示一致的同时就都直接进入了履行阶段，且任何一方都可以因对方不履行或履行有瑕疵而当场拒绝自己的履行，从而使自己免遭任何信赖利益的损失，任何一方也都不会陷入“已付款但无货可取”或“已交货但无款可收”的危险境地，这就大大降低了交易的风险和对市场信用的依赖，也就避免了诉讼的拖累，这样彼此在几乎完全互不信任的条件下迅速地完成了全部的交易，其间几乎无从谈起可信赖的利益和可期待的信用。脱离了“法律上可期待的信用”这一命题，就不可能充分理解法律行为的本质。[1] 一句话总结：如果这个世界上所有的交易都是要物的或即时清结的，那么我们就没有必要有建立法律行为观念或制定契约法。法律行为观念或契约观念的存在必须以当事人之间存在可期待的信用且由法律赋予这种可期待的信用以法律上的约束力为条件。第一，意思表示一致的设权行为必须与履行行为存在时空差异，即当事人之间的意思表示无须靠即时履行来保障，当事人之间存在可期待的信用；第二，当事人之间的可期待的信用由国家赋予其法律上的约束力，并以国家强制力

---

〔1〕 参见董安生：《民事法律行为——合同、遗嘱和婚姻行为的一般规律》，中国人民大学出版社 1994 年版，第 5 页。

保证这种可期待的信用能够得到实现。总之,“法律上可期待的信用”为法律行为的核心命题。根据法国的债权意思主义,当事人的意思表示一致,物权变动就已经完成,模糊了契约生效和契约履行之间的界限,把“当事人应当履行义务”视为“当事人已经履行义务”。

## 第三节　法国债权意思主义模式下的用益权

虽然日本、比利时、卢森堡、意大利民法以及英国大致采纳了法国民法典的债权意思主义方案,但对其采取批评态度的学者也不在少数。在中国的物权立法和民法典的编纂中,几乎没有学者主张借鉴法国物权变动模式,而比利时的学者 De Page 对法国的债权意思主义更是提出尖刻的批评,并认为“当前多数立法者都拥有不借鉴法国民法典的智慧”。〔1〕但是,法国采用债权意思主义已经历时 200 多年的漫长岁月,而其市场经济发展良好,交易秩序也并未因此而陷入混乱,这就足以说明法国的物权变动模式有其存在的合理性,至少它能够基本上实现立法者所追求的安全、公平、效率的价值目标。在对法国的物权变动模式进行研究以后,笔者得到的基本结论就是:法国债权意思主义的物权变动模式有利有弊。

但总体上讲,法国的制度设计对契约自由之保护有余,而对交易安全之维护不足。由于法国启蒙思想对自由主义的过分渲染,而轰轰烈烈的法国大革命又以“自由、平等、博爱”作为引导人们革命的神圣格言,因此《法国民法典》将当事人的意思自治和契约自由原则推向了极端。法国债权意思主义的物权变动模式其实就是这种契约自由原则在物权法领域的具体适用。这种物权变动模式虽然最大限度地实现了当事人之间的意思自治,但是将这种制度设计在理论上自有其缺陷,其不仅模糊了物权和债权之间的差异,而且其关于第三人保护、无权处分等制度设计也颇值检讨。

---

〔1〕 Ulrich Drobnig, *Transfer of Property*, in *Towards a European Civil Code*, Kluwer Law International, 1998, p. 500-501.

法国用益权,作为物权的一种,在法国物权变动模式下,其变动采债权意思主义,同时通过善意取得制度、强制公示制度、相对效力原则、认证制度以及登记员责任制度等一系列配套措施,其最终在总体上实现了当事人之间的利益平衡,并基本上维护了第三人的交易安全。

# 第八章　法国用益权对我国民商事立法的启示

用益物权是调整财产利用关系的物权形式，是为解决财产归属与财产利用之间的现实矛盾而产生和发展起来的。用益物权制度在整个物权法体系中占据着十分重要的地位，在现实生活中也发挥着物尽其用的功能。用益物权的规则不仅满足了现代社会中越来越多的非财产所有权人利用他人所有的财产之需求，而且对我国社会经济的发展、物质资源的合理利用和优化配置等都产生了深远的影响。用益物权的功能主要体现在以下几个方面：第一，配置资源的功能；第二，提高不动产利用效益的功能；第三，保障生存利益的功能；第四，弥补土地规划不足的功能。

在《物权法》正式纳入我国立法规划之前，我国有关用益物权的规定相对比较分散，这主要是因为当时我国尚未实现以物权法特有的调整方法和规则来规范对物的支配关系。我国2007年出台的《物权法》设立了用益物权制度，明确使用了“用益物权”这一法律概念，并以“用益物权”为名设立专篇对其内容加以规定。2021年，我国《民法典》正式实施。为了适应社会发展需要，《民法典》物权编对部分内容重新制定规范，出现了“住宅建设用地使用权自动续期”“居住权”等重要变化。但是，《民法典》关于用益物权制度的规定并未改变原有框架，和法国用益权相较，体现出以下差异：第一，用益物权的客体只限于不动产。考虑到我国的具体国情，《民法典》物权编对用益物权的设立采取了列举的方式。根据物权法定的原则，实际上我国的用益物权只能设立在不动产上，而且比较重要的几种用益物权都带有浓重的国家公权力色彩。第二，用益物权不包含处分权能。因为我国用益物权种类并不涉及消耗性财产或者无形财产上的用益权，不具有分配给用益物权处分权的特殊条件。第三，缺乏类型化的普适规定。《民法典》物权编针对每一种具体的用益物权进行了规定，但相关规则间的共性不大，难以抽离出用益物权类型化普适规定。随着用益物权制度发展迅速，用益物权内容不断变化，权能不断扩张，客体也不断扩大，用益物权逐步成为物权法的中心。不管是为了提高我国的民法立法水平，还是为了促进我国社会经济发展，完善我国的用益物权制度、进一步发挥其市场化功能势在必行。

## 第一节　法国用益权对我国民事立法的启示

### 一、在《民法典》物权编中对用益物权的完善

#### （一）补充动产用益物权

我国《民法典》第 323 条规定了用益物权人对他人所有的不动产或动产，依法享有占有、使用和收益的权利。我国有学者提出动产用益物权是西方特有制度，与我国的风俗习惯不相符合，以动产为客体的用益物权不仅缺乏现实的存在基础，而且也没有未来的可能性。[1] 笔者深不以为然，理由如下：我国实行土地公有制，不动产上的用益物权已经明确列出，在没有充分的条件对不动产用益物权进行调整补充的情况下，既然我国在立法上已经为建立动产用益权留下了空间，建立动产用益物权制度具有极大的可行性。虽然法国用益权制度不完全符合我国国情和法律体系，但是动产用益物权完全可以纳入物权体系，我国对之借鉴适用没有法律移植方面的障碍。所以，建议我国在完善用益物权制度时建立动产用益物权制度。

---

〔1〕 参见赵俊劳：《论用益物权的客体及其立法政策选择——兼评我国〈物权法〉第 117 条的规定》，载《法律科学（西北政法大学）》2012 年第 2 期。

（二）采用类型化立法模式

《法国民法典》关于用益权的规定中虽然也有简单列举的情况，但总体来说还是形成了三种类型化的用益权：典型用益权、准用益权和非典型用益权。对于每一类型的用益权，立法者规定了用益权人相应的权利义务以及对虚有权人完备的保障措施。我国的立法对用益物权完全采用了列举的方式，主要包括土地承包经营权、建设用地使用权、宅基地使用权、居住权和地役权，另外还规定了海域使用权、探矿权、采矿权、取水权和养殖、捕捞权。但是，这些规定都比较笼统简单，没有明确相应的权利义务，难以适应社会经济发展对用益物权价值功能发挥的要求。建议在我国完善用益物权立法的过程中，在对重要的用益物权类型进行列举的同时，还要制定类型化普适规定，最起码要根据不同性质的财产做出相应的配套规定。

（三）设立方式的扩张

物权法定主义产生于罗马法，被大陆法系国家普遍继受采用，但各国的解释不尽相同。例如，法国的物权法定，仅指物权类型和内容的限制；而德国的物权法定，则不仅包括物权类型和内容的限制，而且还包括物权设立和移转形式的限制。反观我国《民法典》物权编关于物权设立的规定，似乎和法国的物权法定原则的解释更为一致。既然在不改变物权种类和内容的范围内，法国民法允许当事人协议设立用益权，那么在我国用益物权制度中设立用益权的形式也可以包括法定和协议设立两种。法国民法中的协议用益权较具前瞻性和灵活性，如将用益权设立在将来代替财产的价款上和将来兑现的保险金上，以此通过财产移转达到利益最大化，真正发挥用益物权的经济功效。〔1〕既然在将来兑现之价款上设立用益权的立法技术，既没有太大的立法障碍和风险，又能促进市场经济的发展，我国对之采用，何乐而不为？

（四）对虚有权人法律地位的设计

《法国民法典》第600条和第605条规定了用益财产之虚有权人的权利义务，尽管法律规定中的用益权人和虚有权人之间权利义务不平衡，但是正如法国学者所说“不公正胜于无秩序”。而我国的用益物权立法，没有虚有权人的概念，也缺乏对虚有权人法律地位的设计，更不要说对虚有权人权利的保护，这也是现

〔1〕 Franck. Eliard, *Demembrement de propriete*: *usufruit et quasi-usufruit*, Ellipses Edition, 2008, p. 87.

实中土地使用违法行为层出不穷的物权制度方面的原因。因此,应当增加虚有权人的法律概念和法律地位设计,这有利于进一步完善虚有权人和用益权人的权利义务的规定。

## 二、居住权和使用权的实践运用

法国法上的居住权和使用权其实是一种缩小的用益权。权利人只能居住或使用标的物而不能对标的物进行处分(出租或出让)。虽然居住权在法国确实是一项“又旧又小”的制度,但根据《法国民法典》第628条[1]的规定,居住权完成了从人身性向契约性的重大转变和完善,这对我国的现行法律制度和社会实际还是具有现实意义。比如,我国的成年人保护制度不够完善,没有涉及老年人的权益保障,尽管东方社会有养老问题家庭解决的传统,但是没有完善的法律制度保障。如果赋予弱势群体居住权利和使用权利,至少能从物权制度上弥补法定权利的不足,这也是尊重人权的法律发展必然趋势。

我国《民法典》物权编新增了居住权,这是我国民事立法的一大进步,也是对法国民法中居住权的有效借鉴。值得注意的是,居住权是一种不动产上的用益权,属于我国用益物权的范畴,但是居住权还具有很强的人身性质,涉及继承法的内容,因此还需要综合考虑居住权的法律地位。通过对法国用益权的研究,我们知道法国用益权最初是为了保护健在配偶的生存利益而设立,《法国民法典》在第二卷第三编第二章专章规定了居住权,而又在第三卷第一编继承中的第763条规定健在配偶临时性的居住权,第764条规定健在配偶终生性的居住权,第757条规定健在配偶对继承财产的选择权,第759条规定健在配偶用益权的转换,可见法国用益权中的居住权的立法较为完善,在财产法和继承法中形成相互呼应的体系。所以,我国《民法典》中设立居住权,旨在通过设立不动产上的用益权来解决养老的问题,不能只从物权法的角度去考量,还应当综合考虑婚姻家庭和继承方面的法律规定,以进一步完善居住权法律制度体系。

## 三、连续用益权的适用

通过本书第四章对法国连续用益权的分析,可以看出连续用益权的特殊性和设立用益权的财产性质没有关系,而是在用益权的设立方式上和设立期限上比较特殊。首先,连续用益权是由当事人协议设立的一种固定期限的用益权,这

---

[1] 使用权与居住权,由确立此种权利的证书规定;并且依证书之具体条款,权利范围有所不同。

个期限可至最后一位连续用益权人的死亡之日终结。连续用益权是针对数人而设立的,这些受益人必须在连续用益权设立时已经存在或者至少是已经受孕的,这样就在契约自由的范围内遵守了用益权的法定要求:用益权是临时性质的,避免所有权永久性派生的风险。其次,连续用益权附有中止期限,这个中止期限是指前一个用益权结束时后一个用益权开启,连续用益权成为一种可期待的权利,但是又是一项确定在将来实现的权利。结合我国用益物权制度的实际情形来看:我国实行物权法定,《民法典》物权编中规定的用益物权包括土地承包经营权、建设用地使用权、宅基地使用权、地役权,还有探矿权、采矿权、取水权等。并且,每一种用益物权都具有明确的期限。既然立法的权威性决定了扩展用益物权的种类不可能一蹴而就,并且法定的用益物权又各自具有明确的期限,可以考虑借鉴法国连续用益权的理论,来解决我国土地承包经营权和建设用地使用权的一些实际问题。

（一）土地承包经营权的继承

我们知道土地承包经营权可以合法流转,土地承包经营权人作为用益权人可以将用益权进行转让,也就是说土地承包经营权人对自己的权利可以进行处分。那么,现实中如在土地承包经营期限之内,土地承包经营权人死亡,土地承包经营权是否能够继承?我国学界对土地承包经营权能否继承有不同的看法,《中华人民共和国民法典》第 1122 条规定遗产是自然人死亡时遗留的个人合法财产,而《农村土地承包法》认可承包人应得的承包收益的继承,只是有限地认可土地承包经营权的承包,即承包人死亡的,其继承人可以在承包期内继续承包。但是,这只是对收益的继承,而不是对用益权的继承,因为继承人并没有处分用益权的权利。我们已经知道,连续用益权最大的功能价值就是保障家庭成员能够充分享有家庭财产上的收益,通过连续用益权的设立,可以很好地解决土地承包经营权的继承问题。在设立土地承包经营权的连续用益权时,将设立时已经存在或者至少已经受孕的后代作为连续的承包经营权人,在第一位土地承包经营权人死亡时,开启第二位的土地承包经营权,连续的土地承包经营权的期限应当符合法定期限。这样的设计合法可行,因为遵守了法定的原则,既没有改变物权的种类,也没有改变物权的期限,并且在法律框架内给予当事人足够的契约自由。从法律效果上讲,这样的设计规避了土地承包经营权的继承问题,直接由当事人的自由意愿来决定自己死后的权利行使问题。同时,赋予连续承包经营权人的权利不仅是用益财产上的收益,而且是完整的用益权,连续承包经营权人可以根据我国用益物权的一般法规定享有合法流转土地承包经营权的权利。

(二)住宅用地使用权的续期

建设用地使用权中住宅用地使用权的问题随着时间的推移愈发尖锐起来。我国相关立法对住宅用地使用权的期限规定为70年,而对70年以后如何处理住宅用地使用权的问题没有明确。这个问题关系重大,在我国特有的国情下,住宅用地使用权的问题其实就是房屋产权的问题,而房屋产权问题是涉及千家万户和社会稳定的敏感问题。从法律的角度来分析,住宅用地使用权实际上是一种用益权,它的真正价值在于地上的建筑物。在我国,购买房屋的价款中包含了土地使用权的出让费用,房屋的权属是归于购房人个人,但是土地的权属仍旧属于国家或者集体,也就是说所谓的房地产权包含两种不同性质的权利:一种是房屋的所有权,另一种是土地的使用权。所有权当然是永久性的,使用权必然是临时性质的,那么使用权到期后,如果返还给虚有权人——国家或集体,如何保障个人房屋的所有权?这里面隐含一个重大的社会公共秩序问题,也隐含对私权利的维护和尊重的问题。我国《民法典》明确了土地使用权续期的问题,并根据情况区分无偿续期和有偿续期,这不失为一个较好的解决方法。但是续期的做法实际上隐含用益权带来的另一个风险,即对所有权的永久性派生。如何解决法律价值和法律秩序之间的冲突?连续用益权的理论或许可以提供一条路径。我们知道,家庭住房是最主要的一项继承财产,也和继承人的切身利益息息相关,我们可以为某个房产产权人的三代或者数代继承人设立相关土地使用权的连续用益权,也就是说,在70年的使用期限内,设立时的土地使用权人(可能是最初的房地产权人或其继承人)为当时已经存在或者说已经受孕的继承人设立连续用益权,这个连续的用益权最多只能持续到最后一个连续用益权人死亡时。这样的设计目的不是改变法律规定的70年的土地使用期限,而是保证在70年期限到期后的土地无偿续期,或者说在连续用益权持续期间内以土地无偿续期为原则,充分保障房屋上的产权。而随着时间的推移,连续用益权的期限结束,房屋的价值相对下降,对土地使用权的处理以用益权的返还为原则,如果土地使用权人认为房屋的价值仍旧相对较高,应当在获得许可的条件下,交纳土地有偿续期的费用,在一定期限继续使用房屋所在的土地。应当注意的是,有偿续期后的土地使用权已经是一项新的用益权,只是仍旧在相同的土地范围上设立。

## 第二节　法国用益权制度对我国商事立法的启示

### 一、在商法单行法中对非典型用益权的补充

《法国民法典》第581条规定:各种动产或不动产,均可设立用益权。这是在各种财产上设立用益权的法律依据,在实践中,越来越多的有别于传统有形财产的物或者权利成为法律框架内的用益权设立之财产:第一,有形动产相应的股份上设立的用益权,等同于在该有形动产上设立的用益权;第二,债权以及债权相应股份上设立的用益权,属于无形财产上设立的用益权;第三,证券可将有形动产非物质化,例如,被商行和承运人采用的收据、仓单、提单;证券也可以将债权无形化,如无记名证券。另外,可转让证券还可以代表公司份额。除前述已经列举的情况外,法国用益权越来越多的涉及无形财产用益权,如知识财产用益权,这些都极大地丰富了法国非典型用益权理论的发展。

那么,法国非典型用益权的权利属性又当如何呢?如前所述,我国民法采取的是物债两分的物权债权划分体系,但是法国民法并没有用益物权的概念,法国民法体系中的用益权属于所有权派生权利的一种,而所有权派生权利的性质是否就当然属于物权,这在法国民法中尚有争议。法国民法规定用益权可以设立在所有性质的不动产和动产上,那么对于设立在概括性财产,如商事营业资产(公司股份)或者金融资产(有价证券)上的用益权属于什么性质呢?法国民法用不动产用益权和动产用益权的分类而规避了物权属性的争议。但是近年来,随着无形财产用益权的运用越发频繁,一些民法学者开始关注非典型用益权的权利属性,如法国学者 Jean Carbonnier 提出:现有权利的非物质化是否会产生出新的不为所知的权利?由此,关于非典型用益权的权利属性的考量已经延伸到对传统物权理论结构的挑战,这些争议已经在法国民法学界成为一个前沿问题。目前尚不能用物权和债权的概念来界定非典型用益权的性质,应当跳出物债两分的传统理论体系来研究。

我国用益物权的立法体系和法国用益权差别巨大,似乎对法国用益权的移转适用十分困难。然而,实践中存在一些无法很好地用我国现有的物权理论去解释的权利,在与法国用益权的对照下,得出了合理的解释。比如,将某酒店的

经营权设立给债权人,由债权人来经营并收取经营的收益来抵偿债务。我国有学者认为这是一种权利质押,但是仔细分析会发现:权利质押只是一种法律操作的形式,它可以设立在酒店经营权上,但是通过对他人所有的酒店经营权的行使而获取收益的权利到底是什么性质的权利呢?其实,酒店经营权通过酒店作为中介获取收益,类似于公司权利通过公司作为中介而获取收益,这不正是法国公司权利用益权吗?因此,尽管存在很多法律移植的问题,现实却证明了法国非典型用益权给我国的物权法律问题提供了更好的解答。结合我国实际,法国非典型用益权制度可以为完善我国用益权立法提供以下启示:

(1)我国关于用益权的立法规定仅限适用于用益物权中,对法国非典型用益权和我国用益物权的关系很难厘清,主要困难在于法国无形财产用益权的规定很难类型化修订到我国《民法典》物权编中。鉴于现实中已经出现和逐步发展的公司权利用益权、知识产权用益权,有价证券用益权等,可以在商法特别法中分别增加相关规定。比如,在《知识产权法》中规定知识产权用益权、《公司法》中规定公司股份的用益权、《证券法》中规定有价证券的用益权等。

(2)我国实行的是民商合一的立法体系,并没有专门的商法一般法,所以对于商事营业资产用益权如何规定值得考量。商事营业资产本身是概括性财产,并不专门属于哪一门商法特别法调整管理的范畴,那么对我国目前的实际而言,《民法典》总则部分明确采用了物权和债权的划分方式,且《民法典》物权编将物权划分为所有权、担保物权、用益物权,将无形财产用益权纳入《民法典》总则或者物权编不具备科学性。因此,将商事营业资产的用益权视为商事营业资产的租赁经营,由《民法典》合同编予以调整更为符合我国当前实际。

(3)周期性产物的用益权可以归入用益物权类,由于森林、矿山的开发在我国尚具有较浓的宏观调控色彩,完全开放用益权还不具备条件,所以可以暂不考虑。

## 二、收费权的合理解释

由于我国《民法典》物权编将用益物权限制为有限列举的几种不动产上的用益权利,根据物权法定的原则,对于现实中存在的经营使用他人所有的不动产而取得收益的权利,我国学者纷纷从不动产担保或者权利质押的角度去寻求合理解释,但是这些解释只是对某种法律操作形式的确定。换言之,我们可以认为这是一种不动产担保的形式,也可以认为是一种权利质押的形式,但是相关权利本身到底是一种什么性质的权利呢？比如，高速公路的收费权。我们知道法国用益权被定义为一种使用他人之物并为之收益的权利，那么我国高速公路的所有权属于国家，高速公路的投资者享有因经营高速公路而收益的权利，即收费权。收费权具有一定的期限，在期限届满时收费权终止，且高速公路的完全所有权复归于国家。这样看来，似乎高速公路收费权完全符合法国民法中不动产上的用益权的性质。

然而我们注意到，实际上收费权的运行方式和法国传统的用益权有一定的区别，主要在于：第一，法国民法中的用益权是指使用他人所有的财产并为之收益的权利。但是，高速公路收费权实际上是将高速公路这种财产提供给非用益权人本人的第三人使用，而由用益权人收益的权利。那么这种权利还能归于用益权吗？回答是肯定的，关键在于对使用的理解。高速公路收费权中的使用并不是指用益权人自己在高速路上的通行，因为高速公路这一财产本身的性质决定了对它的使用是指提供给不特定的车辆通行，无论是所有权人的使用还是用益权人的使用都具有这样的特定内容。所以，当所有权人把使用权设立给用益权人时，就是赋予用益权人把高速公路开放给不特定车辆通行的权利。因此，这里的使用仍旧属于用益权所定义的使用范畴。第二，法国用益权的标的是财产的孳息，而法国民法中的孳息概念具有特定的法律界定。《法国民法典》第582条规定："用益权人对其享有用益权之物可以产生的任何种类的孳息，不论是自然孳息、人工孳息或民事上规定的孳息，均有权享益。"我们可以将高速公路收益界定为孳息吗？答案仍旧是肯定的。可以将高速公路的收益自分配起作为人为设立的人工孳息，这样就可以合理地用孳息和用益权的概念来解释和理解高速公路的收费权。

因此，收费权的本质完全满足构成用益权的条件，将这种在实践中已经广泛存在的权利以立法的形式明确下来，对解决相关法律问题具有良好的指导作用。建议在我国《民法典》物权编的用益物权一章中添加不动产经营权，不动产经营权是指以经营的方式使用他人的不动产并为之收益的权利，不动产经营权人在经营权终止时应当将不动产返还给所有权人。

### 三、财产信托的本土化

在信托中受托人管理和运用委托人的财产，并为受益人谋利益，即受托人掌握信托财产的使用权，而受益人拥有收益权。这种财产所有权和使用权、收益权相分离的制度正是来自“用益权”制度。在我国,信托已经成为一项广泛适用的理财制度。委托人将其财产委托给其信任的受托人,受托人按照信托目的,以自己的名义,为受益人的利益管理和处分该财产。我国《信托法》规定,信托设立后,委托人死亡或者依法解散、被依法撤销、被宣告破产时,委托人是唯一受益人的,信托终止,信托财产作为其遗产或者清算财产;委托人不是唯一受益人的,信托存续,信托财产不作为其遗产或者清算财产,但委托人的信托受益权作为其遗产或者清算财产。在此法律框架下,是否可以考虑设立连续的信托受益人以最大限度地发挥信托理财的功能价值?如前所述,连续用益权的特殊性和设立用益权的财产性质没有关系,而是在用益权的设立方式上和设立期限上比较特殊。连续用益权是针对数人而设立的,这些受益人必须在连续用益权设立时已经存在或者至少是已经受孕的。连续用益权具有期限,这个期限可以在最后一位连续用益权人的死亡之日终结。如此,财产所有权人可为可预见的数代受益人设定最长期限的用益权,由于信托财产的独立性,即使委托人死亡或依法解散、被依法撤销、被宣告破产,该项财产合法规避成为被继承或清算财产,受益人的财产权利得以保障,同时家庭财产得以延续。

因此,在财产信托制度本土化的过程中,将法国用益权的精妙设计充分运用完全符合我国经济发展所需,与时俱进适应社会及个人在财富增加后的理财需要,更能体现出我国财产信托制度的专业性和科学性。

# 结　语

法国用益权是最主要的一种所有权派生权利，最初是一种家庭财产管理工具。随着社会经济的发展，财产种类的增多和变化，逐渐出现了许多特殊性质的用益权，这些特殊性质的用益权，设立在特殊性质的财产上，比如概括性财产和无形财产，不能完全适用《法国民法典》中关于用益权的一般规定。这些特殊的用益权在实践中发挥着财产管理、资源优化的功能价值，十分活跃地应用在经济生活的各种领域，已经超越了用益权最初的功能设计，却极大地丰富了实证法的内容。因此，对这些特殊的用益权进行研究显得十分必要。法国民法学者没有忽视这些向传统民法理论提出挑战的特殊存在，各种理论研究得以发展。然而，传统的用益权适用到各种特殊财产领域，却产生了不那么容易解决的法律问题，这些问题更多地存在于对用益权的理论构建中。毕竟存在即合理，社会现实中存在并广泛应用的用益权如同一匹黑马在社会经济生活中驰骋，产生了十分重大的影响，这些影响既有对法国用益权的法律质疑，也有对经济财务领域提出的疑问。而一切就如此合理地运行着，权威的民法学者们急切地要将这些特殊用益权纳入合适的民法理论中，却发现没有哪一种理论和观点能够完全适用，甚至反映出原本的民法体系构建之不足。具体地讲，在知识产权用益权方面,所有权的定义和用益权是否必然是所有权派生权利的问题紧密相关;在公司权利用益权方面,他物权概念的演变以及孳息概念的解读尤为关键;在连续用益权方面,用益权是否必然是养老性质产生了疑问;在准用益权方面,提出了概括性财产的定义以及准所有权的观点。这些问题只是民法学者们孜孜不倦的研究中的冰山一隅,研究还在继续,现有的观点和理论并非终结性的也不可能就此终结。然而,从民法学者们的研究中看到了思维的火花和创新的亮点,这一切都是法国用益权法律问题研究的价值。本书在对法国学界关于用益权法律问题的研究进行分析的基础上,提炼出核心的内容介绍给读者,但本书的价值不在于简单的介绍,而是将法国用益权相关法律问题系统化,根据一定的规则和安排对法国用益权法律问题进行总体性研究。这种研究方式的好处在于,让读者对法国用益权的过去、现在和未来有一个整体的清晰认识,在这个认识的基础上理解法国用益权的价值所在。另外,本书还结合我国立法状况的实际,就法国用益权的借鉴价值,形成对我国民商事立法中若干法律问题的启示。

# 参考文献


## 一、法文专著

1. Ch. Atias, Droit civil, Les biens, 11$^{e}$ éd., Litec, 2011.

2. J. Carbonnier, Droit civil, Tome 3: Les Biens, 19$^{e}$ éd., PUF, 2000.

3. Patrice Jourdain, Les biens, 1$^{e}$ éd., Dalloz, 1995.

4. Sylvain Durand, L'usufruit successif, 1$^{e}$ éd., Defrénois, 2006.

5. Bertrand Laronze, L'usufruit des droits de propriété intellectuelle, 1$^{e}$ éd., PUAM, 2006.

6. Anne Rabreau, L'usufruit des droits sociaux, 1$^{e}$ éd., UDS, 2006.

7. Franck Eliad, Démembrement de propriété: usufruit et quasi-usufruit, 1$^{e}$ éd., Ellipses, 2008.

8. Jérôme Balland, L'usufruit: outile de gestion et transmission, 1$^{e}$éd., PNIL, 2008.

9. G. Marty et P. Raynaud, Droit civil, Les Biens, 9$^{e}$ éd., Defrénois, 2004.

10. Demolombe, Cours de Code Napoléon, 4$^{e}$ éd., Paris, 1869-1882.

11. G. Cornu, Droitcivil: Introduction – Les personnes – Les biens, 10e éd. , Montchrestien, 2001.

12. P. –Y. Gautier, Propriété littéraire et artistique, 5e éd. , PUF, 2004.

13. C. Larroumet, Les biens, Droits réels principaux, 4e éd. , Ecnomica, 2004.

14. J – M. Mousseron, J. Raynard, T. Revet, *De la propriété comme modèle*, Mélanges Colomer, 1e éd. , Litec, 1993.

15. F. Terre et P. Simler, Droit civil, Les biens, 5e éd. , Dalloz, 1998.

16. F. zenati et T. Revet, Les biens, 2e éd. , PUF, 1997.

17. M. Grimaldi, *Droit civil*, Liberalités, Partage d' ascendants, 1eéd. , Litec, 2000.

18. Bruno pays, Pratique du démembrement de propriété sur le capital décès d' assurance–vie, 1eéd. , JCP, 2010.

19. R. Libchaber, Le portefeuille de valeurs mobilières, bien unique ou pluralité de biens? 1eéd. , Defrénois, 1997.

20. A. Seriaux, Droit canonique, 1eéd. , PUF, 1996.

21. Ph. Malaurie, L. Aynes et Ph. StoffleL – Munck, Les obligations, 1e éd. , Defrénois, 2004.

22. Larroumet, Droit civil, Les biens: Droits réels principaux, 3e éd. , Economia, 1997.

23. M. Plniol et G. Ripert, Traité pratique de droit civil français, 2e éd. , Paris, 1963.

24. M. Planiol, Traité élémentaire de droit civil, 1e éd. , Paris, 1896.

25. P. Malaurie et L. Aynes, Droit civil, Les obligations, 10e éd. , Cujas, 2000.

26. G. Cornu, Droit civil, introduction, les personnes, les biens, 9e éd. , Montchrestien, 1999.

27. J. –P. Chazal, L' usufruit d' un fonds de commerce, 1e éd. , Défrénois, 2001.

28. Proudhon, Traité des droits d' usufruit, d' usage personnel et d' habitation, 2e éd. , Dijon, 1836.

29. R. Libchaber, La société, contrat special, Mélanges Jrantin, 1eéd. , Dalloz, 1999.

30. P. Roubier, Le droit de la propriété industrielle, $1^e$ éd., Sirey, 1952.

31. H. Desbois, Le droit d'auteur, droit français, $1^e$ éd., Dalloz, 1950.

32. B. Starck, H. Roland et L. Boyer, Introduction au droit, $5^e$ éd., Litec, 2000.

33. J. Foyer et M. Vivant, Le droit des brevets, $1^e$ éd., PUF, 1991.

34. C. Colombet, Propriété littéraire et artistique et droits voisins, $8^e$ éd., Dalloz, 1997.

35. M. Vivant, Le droit des brevets, $1^e$ éd., Dalloz, 1997.

36. J. Schmidt-Szalewski, Le droit des marques, $1^e$ éd., Dalloz, 1997.

37. L. Josserand, Cours de droit civil positif français, $3^e$ éd., Sirey, 1938.

38. F. Polland-Dulian, Droit de la propriété industrielle, $1^e$ éd., Monchrestien, 1999.

39. A. Pélissier, Possession et meubles incorporels, $1^e$ éd., Dalloz, 2001.

40. G. Cornu et J. Foyer, Procédure civil, $3^e$ éd., PUF, 1996.

41. C. Pourquier, Propriété et perpétuité, Essai sur la durée du droit de propriété, $1^e$ éd., PUAM, 2000.

42. P. Malaurie et L. Aynèse, les biens, la publicité foncière, $4^e$ éd., Cujas, 1998.

43. A. et H. -J. -Lucas, Traité de la propriété littéraire et artistique et les successions testamentaires, $1^e$ éd., Defrénois 2001.

44. M. Grimaldi, Libéralités. Partages d'ascendants, $1^e$ éd., Litec, 2000.

45. F. Collart Dutilleul et P. Delebecque, Contrats civils et commerciaux, $7^e$ éd., Dalloz, 2004.

46. B. Starck, H. Roland et L. Boyer, Les obligations. Regime général, $6^e$ éd., Litec, 1999.

47. P. -Y. Gautier, Le mandat en droit d'auteur in Propriétés intellectuelles, Mélanges en l'honneur de André Françon, $1^e$ éd., Dalloz, 1995.

48. F. Terré et Y. Lequette, Droit civil, Les successsions, les libéralités, $3^e$ éd., Dalloz, 1997.

49. H. LetJ. MazeaudetF. Chabas, Leçonsdedroitcivil, Successions, Libéralités, $5^e$ éd., Montchrestien, 1999.

50. G. Goubeaux, Réforme des successions: l'inquiétant concours etre

collatéraux prvilégiés et conjoint survivant, 1e éd., Défrénois, 2002.

51. J. Grosclaude et P. Marchessou, droit fiscal général, 5e éd., Dalloz, 2005.

52. J. Ghestin, Traité de droit civil, La formation du contrat, 3e éd., LGDJ, 1993.

53. Yves Picod, *Sûretés, Publicité foncière*, Montchrestien, 7e éd., 1999.

54. François Terré et Philippe Simler, Droit Civil, Les biens, Dalloz, 4e éd., 1992.

55. Gérard Légier, Droit civil, les obligations, Dalloz, 14e éd., 1993.

## 二、法文期刊

1. P. -C. Imbert, le démembrement de la clause bénéficiaire, *Revue de droit bancaire et financier*, n° 5, 2003.

2. François Bianchi, Rapport et réduction d' une donation avec réserve d' un usufruit ou d' un droit d' habitation, *Revue de droit privé et fiscal du patrimoine*, n° 19, 2011.

3. Margareta Baddeley, L' usufruit au service de la planification du patrimoine familial, *Revue de droit des succession*, n° 13, 2013.

4. Pierre Fernoux, Démembrement de propriété de l' immobilier d' entreprise: clap de fin ?, *Revue du doit fiscal*, n° 11, 2013.

5. Aleandra Farine Fabbro, Quelque problèmes pratiques liés ɑ̀ l' usufruit immobilier, *Revue de notariat et du registre foncier*, n° 25, 2011.

6. Sophie Paschoud, L' usufruit du conjoint survivant sur une entreprise, *Questions de Droit*, n° 15, 2002.

7. Denis Barthélemy, Evaluation économique de l' usufruit: la nécessité d' une approche dualiste, *Revue du droit fiscal*, n° 29, 2012.

8. M. Grimaldi, Démembrement de propriété-vulnérabilités et parades, droit et patrimoine, *Hors série*, n° 2, 1995.

9. R. Gentihomme, La dissociation du pouvoir et de l' avoir dans la trans, isson familial de l' entreprise sociétaire, *Droit et Patrimoine*, n° 2, 2001.

10. I. Robert-Cadet, L' usufruit des droits sociaux, *les Petites affiches*, n° 26, 2000.

## 三、法文学位论文

1. S. Ginossar, Droit réel, propriété et créance, Elaboration d'un système rationnel des droits patrimoniaux, thèse, Paris, 1960.

2. F. Zenati, la nature juridique de la propriété, Contribution ὰ la théorie du droit subjectif, thèse, Lyon, 1981.

3. L. Rigaud, Le Droit Réel-Histoire et Théories, thèse, Toulouse, 1912.

4. R. Caillemer, Origine de développement de l'exécution testamentaire, thèse, Lyon, 1901.

5. Michon, Des obligations propter rem en droit civil, thèse, Nancy, 1891.

6. Le Gall, L'obligation de garantie dans le louage de choses, thèse, Paris, 1962.

7. H. Aberkane, Essai d'une théorie générale de l'obligation propter rem, thèse, Alger, 1955.

8. M. de Juglart, Obigation réelle et servitudes, thèse, Bordeaux, 1937.

9. J. Scapel, La notion d'obligation réelle, thèse, Paris Ⅰ, 2002.

10. C. Croizat, la notion de fruits en droit civil, commercial er fiscal, thèse, Lyon, 1925.

11. H. Michas, Le droit réel considéré comme une obligation passive universelle, Thèse, Paris, 1900.

12. R. Quéru, Synthèse du droit réel et du droit personnel, Thèse, Caen, 1905.

13. J. Prodan, Essai d'une théorie g énérale des droits réels et des droits de créance, Thèse, Paris, 1912.

14. R. Basque, De la distinction des droits réelet des obligations, Thèse, Montpellier, 1914.

15. M. Palmade, la propriété littéraire et artistique et les régimes matrimoniaux, thèse, Bordeaux, 1909.

16. H. Allart, De l'occupation en droit romain; des brevets d'invention en droit français, Thèse, Paris, 1877.

17. A. Maffre-Baugé, L'oeuvre de l'esprit, l'empreinte de la personnalité de l'auteur ? Thèse, Montpellier, 1997.

18. S. Alma - Delettre, Unitéou pluralité des propriétésintellectuelles, Thèse,

Montpellier Ⅰ,1999.

19. A. Robin,Propriété intellectuelle et indivision,Thèse,Montpellier Ⅰ,2001.

20. B. Parance,La possession des biens incorporels,Thèse,Paris Ⅰ,2003.

21. C. Joubert,La protection des oeuvres posthumes,Thèse,Paris,1959.

**四、中文著作**

1. 尹田:《法国物权法》,法律出版社 2009 年版。

2.《法国民法典》,罗结珍译,北京大学出版社 2010 年版。

3. 梁慧星:《民法总论》,法律出版社 1996 年版。

**五、中文期刊**

1. 孙宪忠:《物权法基本范畴及主要制度的反思》(下),载《中国法学》1999 第 6 期。

2. 于海涌:《法国工资优先权制度研究——兼论我国工资保护制度的完善》,载《中山大学学报(社会科学报)》2006 年第 1 期。

3. 赵俊劳:《论用益物权的客体及其立法政策选择——兼评我国〈物权法〉第 117 条的规定》,载《法律科学(西北政法大学)》2012 年第 2 期。

# 后　记

《法国用益权法律问题研究——兼论对中国民商事立法的启示》这篇尘封已久的论文，时隔数年终于在我和于海涌老师一起完成修订、补充以后，最终得以杀青并顺利出版。心中感慨博士毕业之后似乎难再企及当年那般钻研的劲头，每日凌晨四五点独占一方清宁，翻译写作思如泉涌，日积月累如此这般完成毕业论文初稿。论文答辩当时，中山大学法学院民商法学的四位重量级教授给予论文一致肯定，于我而言如履薄冰总算完成攻读博士学位的初衷，以自己所学所长将法国民商法先进制度进行介绍和比较，为我国民法典的制定贡献些许学术力量。毕业后，我没有继续理论研究工作，转而投向一线实践，我希望我所理解的法律是鲜活和现实的。在驻非洲法语国期间，我也在持续关注法国法律制度在国外的移植效果，然而大部分的时间，我仍然是一个兢兢业业的驻外干部，很多一手的信息资料成为调研成果和工作报告，对于理论研究终究还是耽搁了。回国以后，我的工作和学术研究并不挂钩，与比较法研究的道路相去甚远，只是我的博士生导师于海涌教授一直都在鼓励和鞭策我尽自己所能，将法学研究坚持做下去。

于老师在《瑞士民法典》官方法语版中文译著后记中称瑞士洛桑为“那片离天堂最近的地方”，那里有他多年前访学的瑞士比较法研究所。正是那段美好的时光里,他结识了研究所内精通中国文化的胜雅律教授并向其许下翻译《瑞士民法典》中文译本的诺言。当我踏入中山大学南草坪时,这个诺言仍然有效,并成为我攻读博士学位期间和导师合作的重要项目。当我为这项艰巨的任务发愁不知如何着手时,于老师向胜雅律教授推荐了我前往瑞士比较法研究所访学。2014 年的春天,我收到比较法研究所的回复,授予我 Van. Calker 奖学金邀请我前往访学。5 月的洛桑风景怡人,我亲身领略了这片离天堂最近的地方,每天背着电脑、书籍沿着莱芒湖(日内瓦湖)往返于研究所和公寓之间,如同虔诚的学子每日投入学术研究中甘之如饴。研究所为我开展项目提供了极好资源,首先是这里的教授都是比较法领域相当权威的翘楚,我对瑞士民法的理解上无论有任何问题都可以直接向他们请教;其次,旁边的瑞士联邦理工大学是开放式的,我可以选择适合自己的法律课程参与旁听;还有就是不得不提的唐伟玲女士,她移民瑞士多年,总是为前往瑞士比较法研究所的中国青年学者提供诸多帮助和便利。她不但参与了这个项目的翻译工作,还于我在瑞士期间给予诸多的关照。访学日程很紧张,我总算在结束时诚惶诚恐地完成翻译初稿。最重要的是,我撰写毕业论文的基础资料就是在研究所收集到的,我相信当时没有其他地方能提供更多更合适的资源了。

回国后的几年,正是国内大力开展《民法典》制定研究工作的时期。于老师铆足了劲,带着我完成《瑞士民法典》《瑞士债法典》法文版翻译工作。我至今都记得那段特殊的时期,于老师当面一个个词、一句句话去推敲修改,从早到晚十几小时也不一定能敲定几条法条,唯一能放松的间歇就是在法学院楼下的草坪一圈圈地散步整理思绪。2015 年的春天,翻译工作大体完成,我的女儿也出生了。待生活有序后,我在产假期间便开始着手撰写《法国用益权法律问题研究》。大量的一手前沿资料需要时间来攻克,如何同时平衡工作、家庭和研究?为了推进论文写作,我给自己制订了计划,每天凌晨 4 点起床,保障至少 2 小时全身心投入翻译,每周和每月要完成既定翻译写作目标。在推进的过程中,我又适时整理和撰写了两篇论文,《法国准用益权:消耗性财产上的用益权》《法国知识产权法律性质探析》发表到核心期刊,达到了博士毕业的论文发表要求。因为扎实的写作基础,当我把毕业论文初稿提交导师审核时,于老师总体上认可,从结构和翻译准确度方面给予了指导意见。博士学位论文写作的辛苦自不待言,如今想来仍十分感激导师的推荐和帮助,我才能顺利完成学业。

毕业以来，于老师也时常提起要我将毕业论文修订出版，发挥其应有的价值。2020年，我国《民法典》颁布，在用益物权部分赫然增加了居住权，而居住权正是法国用益权中最古老的一项制度，这让我十分欣喜。论文中还有大量的内容涉及法国用益权制度的前沿理论，研究成果的出版仍然对目前的学术研究具有一定的参考价值。为了让论文的内容与实际更接轨，于老师督促和指导我进行后续的深入研究，同时他还直接操刀对论文进行了修订，并补充了两章内容，尤其关注法国用益权的物权变动及其对我国民法典的立法可能提供的启示。

一路行来，无论身在何方，我仍然保持着对学术研究的崇敬和敬畏，仍然维护着内心的初衷和理想。感谢在我求学时给予我指导的恩师，感谢多年来无条件包容理解我的家人，感谢工作中鼓励支持我开展问题研究的领导。我将继续在理想和现实之间坚持独立思考、继续勤于钻研，不负那片离天堂最近的地方。

赵希璇

2023年4月25日

# 致　谢

中山大学“中国立法研究”大平台为《法国用益权法律问题研究——兼论对中国民商事立法的启示》的出版提供了资助,没有“中国立法研究”大平台的资助,这部著作就不可能如此顺利地完成出版,特此致谢!

赵希璇是我的博士生,不仅悟性较高,而且勤奋好学,经过几年的潜心研究,学术水平有很大的提高,更难能可贵的是,她还始终保持着对学术的热情。在中国正如火如荼地编纂民法典之际,鉴于瑞士是世界上第一个采用民商合一立法体例的国家,而我国的民法典正是借鉴瑞士的立法体例,为了能够为中国的立法提供有益的参考,尽管她已经毕业多年,而且身怀六甲,仍然顽强地坚持翻译完了《瑞士民法典》和《瑞士债法典》这两部译著,并先后在北京和台北出版,精神可嘉!在和我合作研究的过程中,考虑到我的视力严重下降,每每都由她帮助我完成了资料的整理和书稿的编排,节省了我很多精力,在此一并表达我的感激之情!

1997 年 7 月我从北京大学毕业来到中山大学,转眼我已经在中山大学工作了二十余年,不知不觉中我已经到了知天命的年龄。回首往事,从安徽省淮北市那个叫曹坊的村子里一路走来,心中充满感恩。小时候还在人民公社时期,我经常到曹坊村生产大队的办公室外玩耍，听村子里的老人说，生产大队的办公室原先就是村子里的于氏祠堂，在解放后就改造成了曹坊大队的办公室。据我所知，后来还曾经改造成小学的课室和村里的医院，现在则成为村子里的基督教堂。至于于氏宗祠，那早就已经是尘封已久的回忆。听村里的老人口口相传和他们的记忆，我隐隐约约知道我们的祖先原来生活在山东菏泽，后来不知道什么时候又南迁到安徽符离集的青山寨。在青山寨有一个叫于伦的汉子，虽然已经娶妻生子，但和太太关系不和，有一次夫妻吵架，于伦一怒之下，竟负气出走南方。老太太事后很是后悔，扶着门前的一棵老槐树，不停地向南张望，渴望她的丈夫能够早日归来。可惜，一直到老太太去世，她的夫君也没有回来。在安葬老太太的时候，她的子女就把那棵树砍下来，让这棵老槐树陪同老太太一起长眠在青山寨的山水之间。

于伦离家出走，一路向南，就在双堆集镇东边大约 10 华里的曹坊村安顿了下来，在这里又娶妻生子，繁衍生息，后来就成了曹坊村很多于姓人家的共同祖先。如果按照族谱，村子里的很多家庭原来竟然都是一家人，但因为年代久远，早已经出了五服，以至于村来人之间在发生冲突之际，不仅没有任何亲情，反而恶语相向，甚至拳脚相加，竟然像仇敌一般。老祖宗若地下有知，一定很不满意。

于景虞是我家的这一支血脉，我家祖上人丁不旺，自于景虞之下，于士聪和于继允两代都是单传，直到我爷爷于文恕这一代才兄弟两人，偏偏我的二爷爷又不能生育。到我父亲于敬鼎这一代，总算有兄弟三人，其中父亲年龄最小，排行老三。在兵荒马乱的抗日战争时期，我的两个伯父都参加了抗日，其中一位伯父竟死在鬼弁子的手中，年仅 28 岁。也许伯父的死对爷爷有所触动，也许是因为我的父亲喜爱读书的缘故，爷爷就支持父亲弃武从文，远离枪棒，于是不惜变卖粮食也要坚持送父亲到宿州县城去读书。

新中国成立之初，百废待兴，父亲是乡里为数不多的文化人，他不仅高中毕业，而且通古文，会英语，更写得一手漂亮的毛笔字，在新中国成立初期就顺理成章地成了当地少有的人民教师。父亲在张圩、大塘、曹坊、双堆等农村学校执教，始终在乡间小道上奔波，风风雨雨，教书育人共计 38 年。由于父亲执教时间长，所以就出现了一些有趣的现象，比如，有的整个家庭包括父母子女都是父亲的学生，有的祖孙三代都是父亲的学生，甚至有的整个村子几乎都是父亲的学生。父亲把自己毕生的精力都贡献给了农村的教育事业，贡献给了乡土社会的十里八乡。有一件事我的印象尤其深刻,由于村子里识字的人比较少,能够写春联的人更少,在我的记忆里,每逢过春节,几乎半个村子的春联都是出自父亲之手。我常常陪着父亲,在他写春联的时候做他的帮手。淮北地区的冬天,地冻天寒,而且没有暖气,我的手冻得发抖,竟然也陪着父亲一直忙到深更半夜,以便保证父老乡亲们在大年初一之前能够贴上喜气盈门的春联。

父亲是一个文化人,在我上小学的时候,我就和父亲一起猜谜语,听父亲讲故事,他还教我写打油诗,对楹联,我平时也顺便阅读父亲带来的一些报刊杂志,父亲还专门为我订了一份《中国少年报》,从小就使我养成了喜欢阅读的好习惯,所以和其他同龄人相比,我很早就受到了相对良好的家庭教育和文化熏陶。当时农村教育水平落后,在初中毕业以后绝大多数的学生都是回家务农,所谓的义务教育,其实更像是一个扫盲班,考大学几乎是不可想象的奢望。我从曹坊小学毕业之后,父亲为了更好地培养我,不惜代价地送我到安徽省重点中学淮南二中去读初中,在这里我打下了良好的基础。正是父母这种呕心沥血的培养,才使我在 1987 年以孙疃中学文科第一名的优异成绩考取中国政法大学,成为我们村子里自改革开放以来的第一个大学生。我是幸运的,我虽然出生在穷乡僻壤的农村,但我并不缺少爱,自小我就被浓浓的爱所包围。我的外祖母王明兰爱我,我的母亲刘继华爱我,我的哥哥姐姐爱我,我的父亲于敬鼎更爱我。我仿佛一棵幼苗,而我身边的这些亲人们则是一片温柔地等待我成熟的果园。在这个果园里,我这棵刚刚破土而出的幼苗,可以美美地享受温暖的阳光,蔚蓝的天空,清新的空气,甘洌的泉水。

当我在中国政法大学尚未毕业的时候,父亲就已经退休。父亲退休后的生活轨迹,与我的求学和工作地点息息相关,我趁着学习和工作的便利,带着父亲游遍了长城内外,大江南北,北京、南京、广州、珠海、厦门、黄山、屯溪、淮北、我国香港特区、我国澳门特区、我国台湾地区。我到中山大学工作之后,每年的冬天就回老家接父亲来广州,过个温暖的冬天。第二年春暖花开的时候,我再送父亲回安徽老家,以便他在北方避暑。父亲的晚年生活幸福而平静,在他 95 岁的时候,回首人生,他曾经写过一首小诗,名曰《自嘲》:

耄耋之年已过去,
行走蹒跚成老翁。

为国仅做小贡献，
治家未立大业功。
教书育人一般化，
所领薪水不算丰。
碌碌无为白两鬓，
平平淡淡度一生。

父亲年事渐高，不过他的身体一直非常硬朗，思维清晰，谈吐风趣，有时候还给我们讲一些笑话。不幸的是，新冠病毒在全国流行，97 岁高龄的父亲也没有能够幸免，尽管他感染后很快就退烧，但是身体大不如前，开始卧床，饭量也随之锐减。我很为他的健康担心，专程从广州回安徽老家去探望他。我和他聊天的时候，他头脑还很清醒，聊到兴奋的时候还咧嘴欢笑。当时我心中有一种盼望，盼望他先慢慢熬过冬天，也许在春暖花开的时候还能重新站起来。结果我的盼望没有实现。尽管父亲陪我们欢度了 2023 年的春节，又以爷爷的身份坚持参加了孙子于明武的婚礼，还陪我们欢度了元宵节，但最终还是在 2023 年 2 月 5 日下午 5 点 8 分在平静安详中永远地睡着了。

父亲自嘲是一个平凡的人，父爱如山，我的心里充满感恩！感恩有他这样一位平凡而伟大的父亲！

于海涌

2023 年 4 月 27 日于广州中山大学康乐园